우보현·장원재의

EPIC 대박 영어
ENGLISH

마흔에도 미국 드라마가 들린다 

우보현·장원재 지음

BNP
BOOK & PEOPLE

contents 목차

001 It's just way of the world. — 022
그게 세상 이치입니다.

002 Irrespective of any situation. — 023
어떠한 상황이 되더라도.

003 You must take your right! — 024
당신의 권리를 찾으세요!

004 You can feel a sense of achievement. — 025
당신은 성취감을 느낄 수 있을 겁니다.

005 The traffic is bumper to bumper! — 026
교통체증이 엄청납니다. (교통이 엄청 복잡합니다.)

006 Don't swear black is white! — 027
억지논리 좀 부리지 마세요!

007 There is nothing more to tell! — 028
더 이상 할 말이 없습니다!

008 I am authorized to take my rights. — 029
나는 내 권리를 찾을 권한이 있다.

009 I heard you're riding high nowadays! — 030
요즘 잘 나간다고 들었습니다.

010 Do I look that easy to you? — 031
내가 그렇게 우습게 보이니?

011 Short hair is in, long hair is out. — 032
짧은 머리가 유행이고 긴 머리 유행은 지났다.

012 Don't even think about S + V — 033
~한다는 것은 상상도 하지 마세요!

013 Please stop playing word game! — 034
말장난 그만 좀 합시다!

014 Forgive him for my sake please! — 035
내 얼굴을 봐서라도 한번만 봐주세요!

015 Then you won't be ~ ing! (regretting) — 036
~할 일이 죽어도 없을 겁니다!

016 Good for you because you're not greedy.   037
너 욕심이 없어서 좋겠다!

017 You can't hide your age!   038
나이는 못 속이는 법이죠!

018 If you don't take it easy…   039
좀 더 여유를 가지고 하지 않으면…

019 They are so pathetic!   042
그들은 참으로 한심하다!

020 He's always quick on the draw.   043
그는 언제나 상황판단이 빠르다.

021 I can't get you out of my mind!   044
당신이 내 머리 속에서 떠나질 않아요!

022 He always flaps his lip!   045
그는 항상 뭐라고 혼자 지껄이고 다녀요!

023 It's amazing what can be achieved!   046
그것을 해내다니 정말 놀라워요!

024 That is only a passing phenomenon!   047
그건 지나가는 일시적 현상일 뿐이에요!

025 Don't take your eyes off the road!   048
한 눈 팔지 마세요!

026 Don't make me look like an irresponsible.   049
저를 실없는 사람으로 만들지 마세요.

027 Most men is suckers for pretty women.   050
대부분 남자는 예쁜 여자라면 사족을 못 쓴다.

028 I am just about to + 동사원형   051
지금 막 ~하려고 하던 참이었습니다.

029 Do you want to crawl back?   052
당신은 내가 굽실거리길 원하나요?

030 Don't give a handle to the others!   053
남에게 약점을 잡히지 마시오!

031   **He is trying to get into woman's good grace.**   054
그는 여자의 환심을 사기 위해 노력 중입니다.

032   **Once in a blue moon!**   055
가뭄에 콩 나듯 하네요!

033   **How is your business?**   056
사업은 어떻습니까?

034   **Wait, the time will tell you!**   057
기다리세요, 시간이 해결해 줄 것입니다.

035   **How often do you go there?**   058
거기는 얼마나 자주 가시나요?

036   **I felt a terrible letdown after meeting.**   059
나는 미팅 후 심한 허탈감을 느꼈습니다.

037   **For some reason she is studying hard.**   060
무슨 바람이 불었는지(영문인지) 그녀가 공부하고 있네.

038   **She has really high standards (of)~**   063
그녀는 너무 콧대가 높아요!

039   **Please think twice before you go there.**   064
거기 가시기 전에 한 번 더 생각해 보세요.

040   **Please feel free to talk to me.**   065
저에게 편하게 이야기해 보세요!

041   **Please take it into consideration.**   066
그것을 고려하셔야 합니다.

042   **There is no easy way!**   067
세상에 쉬운 건 없는 겁니다.

043   **I don't drink coffee as much as I used to be.**   068
예전처럼 그렇게 많이 커피를 마시지는 않습니다.

044   **My mind is somewhere else.**   069
제 마음이 콩밭에 가 있습니다.

045   **Is it possible to get a VISA?**   070
비자 받는 것이 가능한가요?

046 We can have it out the problem first. 071
그 문제부터 해결하자구요.

047 It's not to be taken lightly. 072
그것은 가볍게(쉽게) 받아들여서는 안 된다.

048 Are you trying to deceive me, or what? 073
날 속이자는 건가, 아님 뭔가요?

049 I used a good cop bad cop method to him to understand. 074
나는 그가 우리를 이해할 수 있도록 회유와 협박책을 썼다.

050 He is a pioneer in that field. 075
그는 그 분야의 선구자입니다.

051 You can speak English well by means of practice. 076
연습을 하면 영어를 잘 할 수 있습니다.

052 What have you done to your hair? 077
머리에다가 대체 무슨 짓을 한 거니?

053 We must overcome our weakness. 078
우리의 약점을 극복해야 한다.

054 Every Tom, Dick and Harry!! 079
어중이떠중이 전부다!

055 So it is what it is! 082
법이 그렇다는데 어쩌겠는가!

056 I don't have the guts to do it. 083
그것을 할 용기가 없습니다.

057 You don't need to overreact about that. 084
그것에 대해 과민반응을 보일 필요는 없다.

058 Seems like only yesterday that I was a student. 085
학생 때가 엊그제 같습니다!

059 I am just a bit worry! 086
그냥 조금 조심하는 것뿐입니다.

060 I will come for the kill. Okay? 087
다시는 말썽 안 나게 하겠습니다!

061 I find his manner very off putting! 088
그의 행동은 정말 정이 안 간다!

062 What I want to say is ~ S + V 089
내가 하고 싶은 말은 ~

063 Don't fuss too much, okay? 090
호들갑 좀 떨지 마세요, 아셨죠?

064 The winner takes it all. 091
승자가 모든 것을 가져간다.

065 I am so bitter that S + V 092
제가 억울한 것은요…

066 It's the first step! 093
그게 첫걸음입니다.

067 We have work as effective. 094
우리는 효율적으로 일을 해야 한다.

068 This is really not like you! 095
이것은 정말 당신답지 않습니다!

069 The most unusual thing is that~ 096
가장 신기한 것은~

070 That is a charade and playing. 097
그것은 가식이고 연기다.

071 It can't be obstacle (to). 098
그건 장애가 될 수 없습니다.

072 Can't be obvious was I told myself but it was. 099
혹시나 했지만 역시나였다.

073 She has an obsession about love. 102
그녀는 사랑에 너무 집착한다.

074 I got a habit of smoking all the time. 103
저는 담배를 계속 피우는 버릇이 있습니다.

075 I am not the only one! 104
저뿐 아닙니다!

076 **I will keep my ear open!** 105
귀 좀 기울이고 다녀야겠군요!

077 **How far are you going?** 106
어디까지 가십니까?

078 **Apathy is more terrible than others.** 107
무관심이 그 무엇보다 나쁩니다.

079 **So then, you really want to have a go at it?** 108
그럼, 한번 해보자는 겁니까?

080 **So what if you don't trust me?** 109
못 믿으면 어쩌시려구요?

081 **You know what I regret the most?** 110
내가 제일 후회스러운 게 뭔 줄 아십니까?

082 **There is no substance in that.** 111
그것은 실속이 전혀 없다.

083 **I'll take your words for it!** 112
당신 말을 한번 믿어 보겠습니다.

084 **This work doesn't fit (suit) me.** 113
이 일은 제 적성에 안 맞는 거 같습니다.

085 **I can't judge fairly by hearing only one side of the story.** 114
한쪽 말만 듣고서는 정확하게 판단을 할 수 없네요.

086 **You won't believe how awesome it feels!** 115
그 느낌이 얼마나 끝내 주는지 당신은 모를 겁니다.

087 **He has a positive drive!** 116
그는 추진력이 있습니다!

088 **Most people prefer the high-tech field.** 117
대부분의 사람들은 첨단기술 분야를 선호한다.

089 **There is no question about it!** 118
그것에 대해서는 의심할 여지가 없습니다!

090 **I have no antipathy (animosity) to him.** 119
그에 대한 반감은 없습니다.

091 You look on only one side of the shield. 122
당신은 하나만 알고 둘은 모르는군요.

092 I'll tell you when it is settle into shape. 123
정리가 되면 제가 말씀 드릴게요.

093 They're neck and neck! 124
그들은 정말 막상막하입니다!

094 I have a dream which is up to dick. 125
난 멋진 꿈을 가지고 있습니다.

095 What kind of music do you like? 126
어떤 종류의 음악을 좋아하세요?

096 I don't want to be restrained by her. 127
그녀에게 구속받고 싶지 않아요.

097 He acts like there is no tomorrow. 128
그는 아주 막가파식 행동을 합니다.

098 No matter what you + 동사원형, you're beautiful. 129
~해도 당신은 아름답습니다.

099 He made his name as a bestselling writer! 130
그는 베스트셀러 작가로서 이름을 날렸다!

100 Why do I have to arrange my schedule to fit into yours? 131
내가 왜 당신 스케줄에 맞춰야 합니까?

101 You can't hide your trade what you do for a living. 132
직업은 속일 수가 없는 것입니다.

102 Take my words to heart! 133
내 말 잘 새겨들으세요.

103 We can feel free to talk to American. 134
우리는 편안하게 미국인과 이야기 할 수 있습니다.

104 I really feel for her. 135
난 정말 그녀가 너무 가엽다.

105 I feel something is missing! 136
뭔가 허전한 느낌이에요!

106 Do you think I am that easy? 137
내가 그리 쉽게 보이니?

107 You're giving a family's bad name. 138
어물전 망신은 꼴뚜기가 다 시킨다.

108 I'll keep my fingers crossed for you! 139
제가 당신 기도해 드릴게요!

109 I am just stoked about knowing you! 142
당신을 그냥 알게 된 것만으로도 기뻐요!

110 Nothing can justify your act. 143
당신의 행동은 정당화 될 수 없습니다.

111 I am not gonna let you + V 144
~하는 것을 용납하지 않을 것입니다.

112 He acts like he is sick on purpose! 145
그는 일부러 아픈 척을 했습니다!

113 That's the fatel to human! 146
그것은 인간에게 치명적인 것입니다!

114 She is too choosy! 147
그녀는 눈이 높아요!

115 Don't make a decision on a whim! 148
즉흥적으로 결정하지 마세요!

116 I can't trust you as much as I used to. 149
예전만큼 당신을 믿지 않아요.

117 He is the man who I can trust! 150
그는 내가 믿을 수 있는 사람이다!

118 We can take one more picture just in case. 151
만약의 경우를 대비해서 사진 한 장 더 찍죠.

119 Why are you singing the same song? 152
왜 같은 말만 자꾸 되풀이 합니까?

120 We're the brother on paper. 153
우리는 무늬만 형제입니다.

121 You're always asking me at a bad time.   154
당신은 항상 내가 어려울 때만 부탁하는군요.

122 Please give me a ballpark figure.   155
대충이라도 말씀해 주세요.

123 That's the way she is. (you are)   156
그 여자는(당신은) 항상 그런 식이더라.

124 I am not what I used to be!   157
예전의 제가 아닙니다!

125 That movie is a real killer.   158
그 영화 정말 깜박 죽인다.

126 She always sponge off me!   159
그녀는 항상 나에게 빈대 붙으려고 해요!

127 I'll be the judge of that. Okay?   162
그건 내가 판단합니다, 알겠어요?

128 You tried to start to fight from the beginning!   163
당신은 처음부터 시비조였어요!

129 I don't have any other want!   164
아무런 소원이 없습니다!

130 She is very mean to me every day.   165
그녀는 매일 저를 구박합니다.

131 I am just about to ~ V   166
지금 막 ~하려고 하던 참이었어요!

132 I am still smarting from the memory.   167
그 생각하면 아직도 가슴이 아프다.

133 It's pulling your strings all the time.   168
그것이 늘 당신 발목을 잡고 있군요.

134 There is something fishy about it.   169
이게 뭔가 냄새가 나는데요!

135 Can you fix me up with some one?   170
누구 하나 소개 좀 시켜 주세요?

136 I am sorry, I got you into this! 171
이 일에 끌어들여서 미안해요!

137 He has no human affection! 172
그는 인간미(정)가 없다!

138 That's not in my field. 173
그건 제 전공이 아닙니다.

139 She will go nets if she knows this one. 174
이것을 그녀가 알면 난리 칠 것입니다.

140 We have to face up to the reality. 175
현실을 직시해야 합니다!

141 Let me + Verb ~ 176
~하게 해 주십시오.

142 She goes through fire and water for money! 177
그녀는 돈이라면 물불을 가리지 않는다!

143 That's why I oppose that plan. 178
그래서 내가 그 계획을 반대하는 겁니다.

144 I was possessed by something! 179
뭔가에 홀렸습니다!

145 I will not meet her and deal with that. 182
그렇게 하면서까지 그녀를 만나지는 않을 겁니다.

146 I have no incentive to study. 183
공부할 의욕이 안 생긴다(없다).

147 It's nip and tuck. 184
막상막하일 겁니다.

148 You can help me by leaving me alone. 185
저를 가만히 내버려 두는 게 도와주는 겁니다.

149 Is that guy really you feel about me? 186
넌 진짜 나를 그런 놈으로 보는 거냐?

150 Hyperbole is lost on some people. 187
어떤 사람들에겐 과장법이 통하지 않습니다.

151 Why do I have to fawn you? — 188
내가 왜 너의 비위를 맞춰야 하는 거지?

152 They prefer to get vicarious satisfaction from TV drama. — 189
그들은 TV 드라마를 통해 대리만족을 느낍니다.

153 That's the one of privileges! — 190
그것도 하나의 특권이지!

154 I filled my empty heart with alcohol. — 191
난 나의 공허한 마음을 술로 달랬다.

155 The plan fizzled out in 6 months! — 192
그 계획은 6개월 만에 흐지부지 되어버렸습니다!

156 You thought I'd be touched if you do like? — 193
이렇게 하면 누가 감동이라도 할 줄 알았어?

157 Violence cannot be justified under any pretext. — 194
폭력은 어떤 핑계로도 정당화 될 수 없다.

158 You're the one who must tell sorry for that! — 195
그것에 대해 미안해 할 사람은 당신입니다!

159 Don't come at me just because you know English a bit! — 196
영어 조금 안다고 너무 까불지 마시오!

160 I know this is presume but… — 197
이거 주제 넘는다는 건 알지만요…

161 Just split with her! — 198
그녀랑 헤어져 버리세요!

162 I am trying to gain my feet again. — 199
저는 다시 재기하기 위해 노력하고 있습니다.

163 I feel I am spinning my wheels with my English! — 202
난 영어가 늘지 않고 제자리걸음인 것 같아요!

164 That's your duty as a son! — 203
그게 자식으로서 해야 할 일입니다!

165 I want to do something as best I can! — 204
전 제가 잘 할 수 있는 것을 하고 싶습니다!

166 You must learn the art of living. 205
당신은 처세술을 배워야 합니다.

167 I have a problem of ~ing! 206
저는 ~에 문제가 있습니다.

168 It's time to get myself sort out! 207
이제 마음의 정리를 해야 할 때입니다!

169 I'll be the judge of that. 208
그것은 내가 판단합니다.

170 Since when are you a man of studying huh? 209
네가 언제부터 그렇게 공부공부 했냐?

171 I loved you without art! 210
나는 당신 있는 그대로를 사랑했어요!

172 I saw it coming! 211
내 이럴 줄 알았다!

173 Stay hungry, stay foolish! I have always wished that for myself. 212
항상 내 자신에게 되뇐다. 만족하지 말고 계속 정진하라!

174 I don't incite you to fight. 213
난 네가 싸우라고 부추기지 않는다.

175 You name the time and place! 214
시간과 장소는 당신이 정하시오!.

176 I will carry out my lover's wish! 215
나는 내 연인의 희망에 따를 것이다!

177 Don't butt in while others are speaking! 216
다른 사람이 말할 때 끼어들지 마세요!

178 Don't forget your original intention! 217
초심을 잊지 마세요!.

179 The most important thing is ~ 주어+동사 218
보다 더 중요한 것은 ~

180 I don't want to provoke him! 219
그를 화나게 하고 싶지 않습니다!

181 **I begin to sing and the rest people chimed in.** 222
내가 노래를 부르기 시작하자 나머지 사람들도 덩달아 불렀다. (맞장구를 치다)

182 **I feel irritating by the way he works.** 223
그 사람이 일하는 것 보면 정말 답답합니다.

183 **Even if she doesn't appreciate us~** 224
그녀가 우리에게 감사하지 않을지라도 ~

184 **I make no claim to be a paragon!** 225
난 내가 모범이라고 주장하는 것이 아니다.

185 **How long have you been ~ ing?** 226
~하신지는 얼마나 됐습니까?

186 **There is no reason to + 동사원형** 227
~을 계속 할 이유가 없습니다.

187 **I am still living under my parents.** 228
아직도 부모님 그늘에서 살고 있어요. (보살핌을 받고)

188 **Can you introduce me someone?** 229
어떤 사람 좀 소개시켜 줄 수 있나요?

189 **There is nothing to be sorry.** 230
미안해 할 필요가 전혀 없습니다.

190 **We should be an example for them!** 231
우리는 그들의 본보기가 되어야 한다!

191 **We have to wait until we sort everything out.** 232
모든 것이 잘 정리될 때까지 우리는 기다려야 한다.

192 **It's on the tip of my tongue!** 233
입안에서 빙빙 돌고 말은 나오지 않습니다!

193 **Now I need your focus!** 234
집중해서 대답해!

194 **Do not meet and talk to him, he is not worth it.** 235
그와 만나서 이야기 하지 마라. 그는 그럴 가치가 없다.

195 **It can happen to anyone of us.** 236
누구에게도 그런 일들이 일어날 수 있는 거죠.

196 There is always a gap between reality and ideals. 237
현실과 이상은 늘 차이가 있는 법이죠!

197 You're just saying that, right? 238
그냥 말로만 그러는 거죠, 그죠?

198 You don't need to say something so mean. 239
그렇게 정 떨어지게 말할 필요 없잖아요!

199 I saw you flirt with some girl! 242
내가 당신이 어떤 여자하고 시시덕거리는 것을 봤어요!

200 You have no sincerity about that! 243
당신은 그것에 대해 진정성이 없어요!

201 Your careless words hurt her feeling. 244
무심코 던진 당신의 말 한마디가 그녀에게 상처를 주었어요.

202 Practically speaking it's impossible! 245
현실적으로 말해서 그것은 불가능합니다!

203 This calls for celebration! 246
이거 축하할 일이네요!

204 That is only her pride and joy. 247
그것이 유일한 그녀의 자랑거리다.

205 I only need it for reference purpose! 248
오직 참고용으로 필요할 뿐입니다!

206 He is trying to rationalize his violence. 249
그는 그의 폭행을 합리화시키려고 한다.

207 They turn a blind eye to this kind of practice. 250
이러한 관행은 눈감아 주고 있다.

208 I think, your shyness is a part of your charm. 251
수줍음도 당신의 매력 중 하나입니다.

209 That design is very polished! 252
그 디자인은 정말 세련되었습니다.

210 I feel out of place! 253
이거 썰렁하군요!

211	He is always bad mouthing others.	254
	그 사람은 남에게 안 좋은 소리를 잘해요.	
212	I feel very heavy with worries.	255
	걱정으로 가슴이 답답해요.	
213	Different people call it different things.	256
	코에 붙이면 코걸이 귀에 붙이면 귀걸이.	
214	I don't like the man who is a flash in the pan.	257
	전 용두사미형 인간은 되기 싫어요(반짝하고 끝인 사람이 되기 싫어요).	
215	I'll consider it over and over again.	258
	심사숙고 하겠습니다.	
216	I'll keep that in mind.	259
	꼭 명심하겠습니다.	
217	I know that woman by sight not personally!	262
	나는 그 여자를 본 적은 있지만 개인적으로 아는 것은 아닙니다!	
218	It's not a time to be laughing!	263
	지금 웃고 있을 때가 아닙니다!	
219	What is your favorite song?	264
	당신이 제일 좋아하는 노래는 어떤 건가요?	
220	You must do it whether you like or dislike it!	265
	당신은 좋든 싫든 그것을 해야 합니다!	
221	Just use your common sense, okay?	266
	그냥 상식적으로 생각하세요, 아셨죠?	
222	I don't mean to disparage your company.	267
	당신의 회사를 폄하하고 싶은 생각은 없습니다.	
223	She has a strong attachment to life!	268
	그녀는 삶의 애착이 강해요!	
224	Do you want to be a know-it-all?	269
	그렇게 나대고 싶니?	
225	What are you good at then?	270
	그럼 당신이 잘 하는 건 뭡니까?	

226	I don't see anything I like!	271
	마음에 드는 것이 하나도 없군요!	
227	It is well know that time is gold!	272
	잘 알려진 바와 같이 시간은 돈이다!	
228	I don't know how to + 동사원형	273
	난 ~ 하는 법을 모른다!	
229	I am not asking you to pay okay?	274
	당신보고 돈 내라고 하는 건 아닙니다, 알아요?	
230	What do you think of Korean movie?	275
	한국영화를 어떻게 생각하세요?	
231	Shallow people tend to make a big show!	276
	실속 없는 사람이 겉만 요란한 법이요.	
232	Isn't there anyway out?	277
	뾰족한 방법이 있을까요?	
233	He has a funny notion that no money no woman(pussy).	278
	그는 돈 없으면 여자도 없다는 이상한 개념을 가지고 있다.	
234	She answered my question brusquely!	279
	그녀는 아주 무뚝뚝하게 나에게 대답했다!	
235	Do as I say not do as I do!	282
	내 말은 따라 하되, 행동은 따라 하지 마세요!	
236	That is the microcosm of the life!	283
	그것은 인생의 축소판입니다!	
237	You don't need to be aware of others!	284
	남을 의식할 필요는 없습니다!	
238	Don't rub it in like that!	285
	그딴 식으로 염장 지르지 마라!	
239	She tends to look down on people!	286
	그녀는 사람을 경시하는 경향이 있습니다!	
240	They don't get on so well as before!	287
	그들 사이가 서로 서먹서먹해졌습니다!	

241 He wants to bring me to my knees! 288
날 굴복시키고 싶은 거겠죠!

242 Don't count too much on your parents! 289
부모님에게 너무 기대지 마세요!

243 I am really sick and tired of your antics now. 290
이젠 당신 뒤치다꺼리하는 것도 진절머리가 납니다.

244 He makes fun of my face. 291
그는 자꾸 내 얼굴 가지고 놀립니다.

245 I only came there out of courtesy! 292
예의상 거기 갔던 것뿐입니다!

246 It's tantalizing that you teach me like that! 293
그렇게 가르쳐 주니 정말 감질납니다!

247 How can I take it on? 294
어찌 더 이상 버티겠어요?

248 Please have the courage to try it! 295
그것을 시도할 수 있는 용기를 가지세요!

249 If this keeps up I'll go nuts! 296
계속 이렇게 간다면 내가 미쳐버릴 겁니다!

250 Are you sparing of yourself like that? 297
왜 그렇게 몸을 사리는 겁니까?

251 You lost my face! 298
내 체면을 당신이 다 잃는군요!

252 Do you think you're something special just because you study? 299
공부가 무슨 벼슬입니까?

우보현·장원재의
EPIC 대박 ENGLISH 영어

마흔에도 미국 드라마가 들린다 ②

001

It's just way of the world.
그게 세상 이치입니다.

대박영어

'세상 말세다'라고 할 때에는 **What's the world coming to!**라고 한다. 이 상황은 어처구니없는 상황이 나에게 닥칠 때 쓰는 표현이다. 일반적으로 '세상말세'는 **End of the world**, 혹은 **The world is coming to an end!**라고 하는 것이다. 이것을 줄여서 **What's the world coming to**라고 하는 것이다. 영화 '데몰리션맨'에서는 **The world is going to the dogs**라고 표현했다. 이 말은 '개판이 되어간다'의 의미로 '세상 참 요지경이네'의 뜻으로 풀이하면 될 것이다. 어느 누군가 개판을 영어로 표현하라고 했더니 **this is a dogs table**이라고 한 것이 생각난다.

말 그대로 100% 엉터리 영어인 **broken English**이다. 이 같은 상황에서는 **This is a crazy**라고 하거나 **mad**라고 해야 한다. Crazy에는 '미친'의 뜻도 있지만 '터무니없는'의 뜻이 있고 **mad** 역시 형용사형으로 '미친, 제 정신이 아닌, 정상 이하인'의 뜻이 있기 때문이다. 그래서 영어공부를 할 때에는 한 가지 단어 뜻만 익히면 자칫 곤란을 당할 수도 있으며 오해를 불러일으킬 수도 있다.

마지막으로 '나는 죽었다 깨어나도 ~는 못한다'라는 표현이 있는데 이것을 영어로 하면 **Not be + good at ~ (에 능숙하지 못하다)**를 쓰지 않고 **I am the world worst at ~** 라고 한다는 것을 숙지해 두자.

유사 표현 문장

○ **I am the world worst at speech!** 난 연설은 젬병이에요.
○ **It's jungle here.** 여기는 무법천지입니다.
○ **As you sow, so you reap.** 콩 심은데 콩 나고, 팥 심은데 팥 납니다.
○ **That's the way it goes.** 세상사 다 그런 것이죠 뭐.

Conversation

A) **All the pains were for nothing.**
모든 게 수포로 돌아갔어요.

B) **It's just way of the world.**
그게 바로 세상의 이치입니다.

A) **Yes, that's always the case.**
그래요, 세상만사가 다 그렇지요.

002

Epic English

Irrespective of any situation.
어떠한 상황이 되더라도.

'상황'은 situation이다. 그래서 I am in a catch 22 situation이라고 하면 '옴짝달싹 못하는 상황'을 의미한다. 숙어형으로 catch 22 situation에 '이러지도 저러지도 못하는 상황'의 뜻이 있기 때문이다.

영화에 I am in a rock and hard place라는 대사가 자주 나온다. 이 또한 '진퇴양난' 즉, 이러지도 저러지도 못하는 상황을 의미한다. 숙어형으로 사용하는 according to situation은 무슨 뜻일까? 이것은 '상황껏' 또는 '상황에 따라 ~'의 뜻이다. According to가 '~에 따르면, ~에 따라'의 뜻이기 때문이다.

Irrespective는 형용사형으로 '~을 돌아보지 않고, ~을 무시하고, ~에 개의치 않고'의 뜻이다. 그래서, irrespective of cost라고 하면 '비용이 얼마든지 간에'의 뜻이 되고, irrespective of rank 하게 되면 '상하 구별 없이'의 뜻이다. 그래서 irrespective of sex라고 하면 '남녀를 불문하고'의 뜻이 되는 것이다.

영화에 자주나와 유명해진 irrespective of position은 '위치에 상관없이, 포지션에 상관없이'의 뜻이다. 우리말로는 '계급장 떼고' 정도로 번역할 수 있겠다. 예문을 보자. '그녀는 가격에 상관없이 쇼핑을 했다'라고 한다면 She bought many clothes irrespective of price다. 회화에서 자주 사용하는 no matter what happen 혹은 no matter what 역시 '무슨 일이 생기더라고, 무슨 일이 있더라도…'의 뜻이다. 예) No matter what, I'll marry her. (무슨 일이 있더라고 난 그녀와 결혼을 할 것이다.)

유사 표현 문장

○ **We must complete our mission irrespective of the number of casualties.** 우리는 사상자 수에 상관없이 임무를 완수해야 한다.
○ **They treat all people alike irrespective of sex and age.** 그들은 나이와 성별에 상관없이 모든 사람들을 동등하게 대한다.
○ **Irrespective of situation, I will go there.** 무슨 상황이 생기더라고 난 거기에 갈 것이다.

Conversation

A) **You should come here by 7 PM, irrespective of any situation.**
무슨 일이 있더라도 당신은 여기에 7시까지 와야 합니다.

B) **Oh, That's going too far!**
오우, 그건 정말 너무 하는데요?

A) **Come here, sharp. Period.**
그 시간에 칼같이 오세요. 끝. (토 달지 마세요.)

003 You must take your right!

대박영어

당신의 권리를 찾으세요!

외국영화를 보면 범죄자를 체포할 당시 형사들이 하는 말이 있다. 묵비권 행사를 비롯해, 체포된 사람들이 행사할 수 있는 모든 권리를 통지하는 것이다.

'묵비권'은 **The Fifth**이다. 그래서 숙어형으로 **take the Fifth**는 '묵비권을 행사하다'이다. **You have the right to take the Fifth(remain silent) and the right to consult a lawyer.** (당신은 묵비권을 행사할 수 있으며 변호사를 선임할 수 있습니다.) '의뢰인'이라는 영화에 **You have the right to remain silent if you choose (want)**라는 말이 나왔는데 이 말은 '원하신다면 묵비권을 행사할 수도 있습니다'라는 대사가 나온다.

I'll take the Fifth 대신에 **plead the Fifth**라고 하기도 한다. 여기서 **right**라는 단어를 눈여겨 보자. **Right**는 '권리, 권한'이다.

그래서 '법적 권리'는 **legal right**라고 하고 **equal right**는 '동등한 권리'다.

예) **I don't like it when you disrespect the rights of others.** (난 당신이 다른 사람의 권리를 무시하는 게 싫습니다.) **I have the right to speak here.** (전 여기서 말할 권리가 있습니다.)

참고로 '권한, 권리'를 나타내는 단어로는 **authority**나 **power jurisdiction**도 있다.

유사 표현 문장

- **They authorized me to get a job.** 그들은 나에게 일할 수 있는 권한을 주었다.
- **Parents have the rights to protect their children.** 부모는 자식을 보호할 권리가 있다.
- **I'm entitled to do as I choose.** 나는 내가 선택한대로 할 권리가 있다.
- **Oust a person of his right.** 남에게서 권리를 박탈하다.

Conversation

A) **Look! You must take your rights, okay?**
이거 봐요, 당신의 권리를 찾으세요. 아셨죠?

B) **However, it is easier said than done.**
그러나 그게 말처럼 쉬운 게 아닙니다.

A) **But that will be the first step to get a job.**
하지만 그것이 일자리를 찾기 위한 첫걸음이라구요.

004 You can feel a sense of achievement.

Epic English

당신은 성취감을 느낄 수 있을 겁니다.

'~을 느끼다'는 일반적으로 **feel**을 쓴다. 하지만 '~에 대한 느낌'은 **a sense of ~**를 쓰는 게 일반적이다. 그래서 **a sense of achievement**라고 하게 되면 '느끼는 성취'이니 결국 성취감을 의미한다.

'성취감을 느끼다'는 **feel a sense of accomplishment (achievement)**라고 한다.

Fulfill 역시 '성취감, 만족감'의 뜻으로 **I need a job that really fulfills me**가 바로 '난 내게 진정으로 성취감을 줄 수 있는 직업이 필요하다'이다. '성취감'은 **achievement** 대신에 **satisfaction**(만족감)을 쓰기도 한다. 그래서 **I need a feeling of satisfaction**은 '만족감(성취감)이 필요합니다'이다.

'보람'은 **worthwhile**이다. 그래서 '보람이 있다'는 **be + worthwhile (to do)**이다. 예) **I suppose in a way it was worth while to wait.** (어떤 면에서 생각해 보면 기다린 보람이 있었던 것 같다.)

또한 '~이 뿌듯하다'라고 할 때에는 **a full of heart and joy**를 쓴다. 그래서 **With a full of heart and joy, we headed back home**이라고 하면 '뿌듯한 마음으로 우리는 집으로 돌아 왔다'이다. '~에 만족하십니까?'는 **Are you satisfied with ~**를 쓴다. 예) **Are you satisfied with your first work?** (첫 작품에 만족하십니까?)

유사 표현 문장

○ **I never ever satisfied with my job.** 전 제 직업에 만족해 본 것이 없습니다.
○ **We have to feel sense of duty.** 우리는 사명감을 가져야 합니다.
○ **I sometimes feel sense of real.** 나는 가끔 현실감을 느낍니다.
○ **The people feel a sense of freedom.** 사람들은 자유를 느꼈다.

Conversation

A) **I don't feel doing anything nowadays.**
전 요즘 무엇이든 하기가 싫어요.

B) **You can feel a sense of achievement if you study English.**
영어를 공부하면 성취감을 느낄 수 있을 겁니다.

A) **Yes, the sky is the limit.**
그래요, 한계란 없는 것이겠지요.

005 대박영어

The traffic is bumper to bumper!
교통체증이 엄청납니다. (교통이 엄청 복잡합니다.)

'교통체증'을 영어로 뭐라고 할까? 먼저 '교통'은 **traffic**이다. 그래서 **traffic is heavy** 또는 **traffic is busy**라고 하면 '교통이 상당히 복잡하다'가 된다. **Traffic jam**은 '교통체증'이다. 그래서 **I was late for the meeting because of traffic jam**이라고 하면 '교통체증 때문에 미팅에 늦었습니다'가 된다. 또한, 영화의 단골표현 가운데 하나인 **Our bus was stuck in a traffic jam**은 '우리가 탄 버스가 교통체증 때문에 옴짝달싹도 못했습니다'이다. 교통체증을 뜻하는 재미있는 표현으로 **bumper to bumper**를 익혀두었으면 좋겠다. 가장 생생한 표현 가운데 하나이기 때문이다. 예를 들어 교통이 엄청하게 복잡할 경우 미국인들은 **The traffic is bumper to bumper**라고 한다. 자동차 **bumper**가 꼬리에 꼬리를 물고 가는 것, 소위 말하면 도로 전체가 주차장 같은 느낌이 들 때 쓰는 표현이다. 그리고 **traffic accident**는 '교통사고'이고, **traffic officer**는 '교통경찰관'이다. **Policeman**이라고 해도 되지만 그냥 **officer**라고 하는 것이 훨씬 더 공손한 표현이다. 간혹 **cop**이란 말을 하곤 하는 데 이것은 경찰을 다소 비하하는 표현이다. **Cops and robbers**는 어린이들이 하는 '경찰과 도둑 놀이'이다.

참고로 '목격자'는 **witness**이고, '뺑소니 운전자'는 **a hit and run driver**이다. 그러므로 **driver**를 **car**로 바꾸어서 **a hit and run car**라고 하면 '뺑소니 차'가 되는 것이다.

유사 표현 문장

- We're looking for a hit and run driver. 뺑소니 운전자를 찾습니다.
- We're looking for a witness. 목격자를 찾습니다.
- I won't be able to get there on time because traffic is bumper to bumper. 교통체증이 너무 심해서 제 시간에 도착을 할 수 없을 것 같습니다.
- There's a lot of traffic on Friday. 금요일엔 교통이 복잡합니다.

Conversation

A) What took you so long today?
오늘은 왜 그렇게 늦으셨나요?

B) Sorry, because the traffic was bumper to bumper.
죄송합니다. 교통체증이 엄청나더군요.

A) I know, all the road is conjested by cars.
알아요, 모든 도로가 차들로 꽉 막혔더군요.

006 Don't swear black is white!
억지논리 좀 부리지 마세요!

Epic English

'논리'는 logic 혹은 reasoning이라고 한다. 그리고 '논리적으로'는 logically라고 한다. 예) What you say is logically wrong. (당신의 말은 논리적으로 틀렸다.) '논리적이다'는 그냥 logical이다. 그래서 '남자는 여자보다 더 논리적이다'는 Men are more logical than women이다. '이성적이다'는 rational을 써서 The human is a rational animal (인간은 이성의 동물이다)이라고 하며, rational에는 '합리적인'의 뜻 말고도 '이성적'의 뜻도 있다. 예) Think rationally. (이성적으로 판단하세요.)

이제 white를 활용한 재미있는 표현들은 살펴보자. 먼저 white elephant가 있는데 이 말은 무용지물일 경우에 쓰는 말이다. 예) This is a white elephant. (이건 무용지물이다.) 그리고 white lie가 있다. 이 말은 '선의의 거짓말'이라는 뜻이다. 그리고 비교적 우리가 잘 알고 있는 white color job이 있다. '사무직'이라는 뜻이다. 반대는 blue color job으로 '일용직이나 힘든 직업'을 의미한다. 한때 3D job이 있었다. 3D란 1) difficult, 2) dangerous, 3) dirty이다. 이 뜻은 '어렵고, 위험하고, 더러운 직업'을 말하는 것으로 우리사회에서 널리 쓰이던 용어였다.

'흑백논리'는 black and white issue이고, '흑백사진(TV)'는 black and white picture (TV)라고 한다. '명백한 해결책'은 black and white solution이다.

유사 표현 문장

- His logic is self-contradictory. 그의 논리에는 모순이 있다.
- There is a leap in your logic. 당신의 논리에는 비약이 있다.
- He is perfectly logical. 그는 논리정연 하다.
- He tends to view everything as a black and white issue. 그는 모든 것을 흑백논리로 보는 경향이 있다.

Conversation

A) Apple phone is better than Samsung phone whatever you say.
당신이 뭐라고 해도 애플 핸드폰이 삼성 핸드폰 보다 낫습니다.

B) Hey look! Don't swear black is white okay?
이것 봐요. 억지논리 좀 부리지 마세요! 아셨어요?

A) It's just a difference between tastes. There is no black and white solution.
이건 취향의 문제라구요. 명백한 해결책이 없답니다.

007 대박영어

There is nothing more to tell!
더 이상 할 말이 없습니다!

외화를 보다 보면 **If you say so, I can't tell you more**라는 문장이 자주 등장한다. 이 말의 뜻은 '당신이 그렇게 말씀하신다면 더 이상 드릴 말씀이 없습니다'이다. **I have nothing more to tell you!**라고 해도 같은 말이다. 또한, **There is nothing that I can tell you!** 라는 표현도 널리 쓰인다.

간혹 **Sink or swim**이라는 말이 나오는데, 이 말의 뜻은 '가라앉거나 헤엄치거나' 즉 '이판사판입니다'이다. 참고로 '할 말이 없습니다'와 비슷한 의미로 **I got tongue tied**라고 하면 '말문이 막혔다(막힌다)'이고 **Cat get your tongue?**은 '고양이가 네 혀를 물어갔나?' 즉 '왜 꿀 먹은 벙어리가 되었니?'이다. **I am so speechless** 역시 '할 말을 잃었다'이다. 또한, **Who's talking?**이라고 반문하면 '사돈 남 말하시네요?'가 된다.

반대로 **You're talking to the wall**은 '당신은 마이동풍이네요'이고, **You're barking up the wrong tree**는 '자다가 봉창 두드리시는군요!'이다.

반대로 '~할 말이 있습니다'는 **something to tell**이다. 그래서 **I have something to tell her**라고 하면 '그녀에게 할 말이 있어요'가 된다.

유사 표현 문장

- **I have nothing to say for myself.** 나로서는 할 말이 없다.
- **There is nothing that I can do now.** 더 이상 할 수 있는 일이 없다.
- **No comment.** 할 말이 없습니다.
- **I lost my tongue when I heard that news.** 그 뉴스를 듣고 말문이 막혔습니다.

Conversation

A) **Whatever you say, there is nothing more to tell.**
당신이 뭐라고 물으셔도 더 이상 전 할 말이 없습니다.

B) **What? You want to have a go at it?**
뭐라구요? 정말 이렇게 나올 겁니까?

A) **This is my final answer. Period!**
이게 제 마지막 대답입니다. 그만 끝!

008 I am authorized to take my rights.

Epic English

나는 내 권리를 찾을 권한이 있다.

'권한'은 영어로 right(s), authority, power 그리고 jurisdiction 등의 단어가 있다. 예) **Only the manager has the authority to sign checks.** (지배인만이 수표에 사인할 권한이 있다.)

'권리' 역시 right라는 단어를 사용하거나 claim을 쓴다. 그래서 **have a right to do**라고 하면 '~할 권리가 있다'이다. 또한 **I have a right to stay here** 역시 '나는 여기서 머물 권한이 있습니다'이다.

숙어형으로 '법률상의 권리'는 **a legal right**이고 '묵비권'은 **the Fifth**이다. 그래서 '묵비권을 행사하겠습니다'는 **I'll take the Fifth**라고 한다. 이것을 **the right of silence**라고도 한다.

'정당한 권리'는 **a just right**라고 하고 '당연한 권리'는 **a natural due**나 **natural right**이다. '평등한 권리'는 **an equal right**이고 '권리와 의무'는 **rights and duties**이다. '권리를 포기하다'는 **give up one's right**를 쓴다.

우리가 자주 사용하는 '권리를 침해하다'는 **infringe up on (a person) right**이다. '권리를 주장하다'는 **assert one's right**이고 '권리를 남용하다'는 **exercise (abuse) one's right**이다. 또한 '권리를 다투다'는 **claim a right**라는 것도 알아 둘 필요가 있다.

유사 표현 문장

- **A citizen has the right to life, liberty and happiness.** 시민은 생명, 자유, 행복을 누릴 권리가 있다.
- **You have no right to love her.** 너는 그녀를 사랑할 권리가 없다.
- **None of us can lay claim to the estate.** 우리는 아무도 그 땅에 대한 권리가 없다.
- **I have no right to read that letter.** 나는 그 편지를 읽을 권리가 없다.

Conversation

A) **You'd better leave here before he comes back.**
그 사람이 오기 전에 여기를 떠나는 게 좋겠습니다.

B) **No! I am authorized to take my right.**
아니요. 전 내 권리를 찾을 권한이 있어요.

A) **Okay. I have no right to tell you come or stay.**
네, 내가 당신께 오라 가라 할 권리는 없습니다.

009

I heard you're riding high nowadays!
요즘 잘 나간다고 들었습니다.

대박영어

아무리 영어에 대한 일가견(**second to none**)이 있어도 영어표현에 자유로울 수가 없다. 왜냐하면, 단어를 많이 안다고 해서 문화적 맥락까지 꿰고 있는 것은 아니기 때문이다. '잘 나간다'를 영어로 해보라고 하면 과연 몇 사람이나 표현할 수 있을까? **Go well**이라고 할 수는 없지 않는가?

각 분야마다 다르겠지만, '잘 나간다'에는 일반적으로는 **on first track**을 쓰거나 **ride high** 그리고 **on a roll**을 쓰는 게 가장 일반적이다. 그래서 **I heard you're on a roll these days**라고 하게 되면 '요즘 잘 나간다고 들었습니다'가 되고, **ride**의 과거형인 **rode**를 써서 **It was very hard to contact him when he rode high**는 '그 사람 잘 나갈 때는 연락조차하기 힘들다'이다.

또한, **hit the ground running** 역시 '잘 나간다'고 할 때 쓰이는 숙어이다. 숙어형인 **pay well** 역시 '잘 되어가는, 잘 나가는'의 뜻이고, **be + riding high** 역시 '의기양양 하는, 잘 나가는'의 뜻이다. **Success**나 **succeed** 역시 '성공하다'인데 명사형은 **success**를 쓴다.

유사 표현 문장

- **At that time, Republican Party was riding high in the opinion polls.** 그 당시 공화당은 여론조사에서 잘 나가고 있었다.
- **This novel is a good seller.** 이 소설은 잘 나간다(팔린다).
- **This company pays well.** 이 회사는 잘 나간다.

Conversation

A) **I heard you're riding high nowadays!**
요즘 잘 나간다고 들었습니다.

B) **Yes! I am on my way up.**
네. 요즘 제가 출세가도를 달리고 있습니다.

A) **Congratulation! Your book sells like hot cakes.**
축하해요, 당신 책이 날개 돋친 듯 팔리고 있네요.

010
Do I look that easy to you?
내가 그렇게 우습게 보이니?

Epic English

Easy에는 '쉽다'는 뜻도 있지만 '쉽게 보다'는 뜻도 있다. 이것만이 아니다. **Easy come easy go**라는 영어 속담도 있는데, 이 뜻은 '쉽게 얻은 것은 쉽게 없어진다'이다. 결국 easy에는 '쉽다'는 뜻만 아니라 '수월한, 용이한, 편의성' 등 여러 가지의 뜻이 있다.

'세상에 쉬운 것은 없다'라고 할 때에는 **There is no easy way**라고 하고, 사람을 가리켜 **She is so easy**라고 하면 '줏대가 없는 여자'가 되어 버린다. 그래서 '넌 내가 그리 쉽게 보이니?'라고 할 때, **Do I look that easy to you?**라고 하는 것이다. '줏대'는 영어로 **backbone**이라고 하고, 우리가 '운전하다'의 뜻으로 알고 있는 **drive** 역시 명사형으로 '추진력, 줏대' 등의 의미가 있다. 예컨대 **positive drive**는 '강한 추진력', **will power**는 '추진력'이다.

참고로 '전 바보가 아닙니다'는 **I am not stupid**도 있겠지만 **I wasn't born yesterday**라는 말을 더 많이 사용한다. 즉, '어제 태어나지 않았으니 눈 가리고 아웅하지 마시오!'이다. Easy가 들어가는 문장 중에 **Isn't there easy way out to** + 동사원형가 있는데, 이 말은 '~하는 데 쉽고 빠른 방법은 없을까요?'이다. Easy가 형용사로 사용되는 단어라면 **easily**는 부사형인데 그 뜻은 '쉽게, 수월하게, 용이하게'의 뜻이 있다. 그래서 **I am easily get tired to ~**는 '저는 쉽게 ~에 싫증을 느끼곤 합니다'이다.

유사 표현 문장

○ **Do I look that ridiculous to you?** 내가 그렇게 우습게 보여?
○ **Do I look that stupid to you?** 내가 그렇게 바보로 보여?
○ **Do I look that rich to you?** 내가 그렇게 돈 많은 걸로 보이니?
○ **Do I look that strong?** 내가 그렇게 강하게 보이니?

Conversation

A) **Please help me, this is the last time ask!**
이번이 마지막입니다. 제발 도와주세요!

B) **Look! Do I look that easy to you?**
이것 봐! 내가 그렇게 만만하게 보여?

A) **Oh, I'm very serious this time, please.**
이번에는 진짜라니까요, 제발.

011 대박영어

Short hair is in, long hair is out.
짧은 머리가 유행이고 긴 머리 유행은 지났다.

'유행'을 영어로 뭐라고 할까?

우리가 잘 아는 **fashion**이다. 그 밖에도 '유행'을 지칭하는 단어로는 **trend, vogue** 등이 있다. 동사형으로는 **be in fashion**이나 **be in**이 있는데 이는 '인기가 있다'의 뜻이다. **Be popular** 역시 '유행을 따르다'의 뜻을 가진 숙어형이며, **follow the fashion**이나 **trend**를 써도 된다.

여기서 '새 유행'은 **a new fashion**이라고 하고 '최신유행'은 **the latest fashion**이라고 한다. 참고로 '열풍'은 **fever**나 **crazy**를 쓴다. 그래서 '교육열풍'은 **fever of education**이다.

그리고 '대세'는 **general trend**를 쓴다. '군중 속으로 들어가다'의 뜻인 **join the crowd**가 바로 '대세를 따르시오'이다. 또한 '흥행'은 **box-office**이다. 그래서 **box-office profit**가 '흥행수익'이 된다. '인기'는 영어로 **fashion**도 쓰고 **popularity**를 쓴다. 그래서 '인기가요'를 줄여서 **pop song**이라고 하는 것이다. **Audience**는 관객이다.

영화대사에서 간혹 **I heard you're on a roll these days**라고 하는데 이 말은 '당신 요즘 잘 나간다고 들었습니다'이다. **On a roll**은 숙어형으로 '계속 이기다, 승운을 타다, 순조롭게 진행되다'의 뜻이 있다.

유사 표현 문장

- **It was very hard to contact him when he rode high.** 그가 잘 나갈 때 연락하기도 힘들었다.
- **Our team was in a roll.** 우리 팀은 승승장구했다.
- **This is behind the time.** 이것은 한 물 간 것이다. (구시대적)
- **Long hair was all the vogue long time ago.** 오래 전에는 긴 머리가 대유행했다.

Conversation

A) Short skirts is in, long skirts is out.
짧은 치마는 유행이고 긴 치마는 한 물 간 것 같아요.

B) Yes, short skirts are in the groove this year.
네, 올해는 짧은 치마가 유행입니다.

A) Young girls are crazy about short skirts.
아가씨들이 짧은 치마에 열광합니다.

012 Epic English

Don't even think about S + V
~한다는 것은 상상도 하지 마세요!

'~한다는 것은 상상도 하지 마세요!'라고 할 때, '상상'이라는 단어가 있다고 무조건 동사형인 **imagine**이나 명사형인 **imagination**을 상상하지 말자.

위에서 말하는 것은 '~한다는 것은 꿈도 꾸지 마라'이니 결국 '생각조차 하지 마라'의 의미다. 그래서 **Don't even think about ~ing**를 쓰는 것이 일반적인 표현방법이다. 예) **Don't even think about meeting her.** (그녀를 만나는 것은 꿈도 꾸지 마시오.)

Even은 부사형으로 '~에도, ~조차, 심지어' 등의 뜻이 있다. Even에 해당되는 숙어도 상당히 많다. 먼저 **even though** '비록 ~일지라도' 혹은 '~라고 할지라도'의 뜻이 있고 **even if**는 '~에도 불구하고, ~라 하더라도'의 뜻이 있다. **I'll get there even if I have to walk.** (난 걸어서라도 거기에 갈 것이다.) **Even so** 또한 '그렇기는 하지만, 그렇다손 치더라도'의 뜻이 있다.

비슷한 용도로 쓰이는 **in spite of**이나 **nevertheless**, **although** 등도 모두 '~에도 불구하고, 그럼에도, ~이긴 하지만'의 뜻을 가진 단어나 숙어들이다. 예) **Although the sun was shining, it wasn't very warm.** (해가 비치고 있지만 날씨가 따뜻하진 않다.)

유사 표현 문장

- **Nevertheless they are not doing the trick.** 그럼에도 불구하고 그들은 속임수를 쓰지 않는다.
- **Don't even think about going there.** 거기 갈 생각일랑 아예 하지도 마세요.
- **In spite of his poverty he likes to go shopping all the time.** 가난함에도 불구하고 그는 늘 쇼핑을 한다.
- **Her voice was shaking despite all her effort to control it.** 목소리가 떨리지 않게 무진장 애를 썼는데도 그녀의 목소리는 떨렸다.

Conversation

A) **Don't even think about having a party here.**
여기서 파티를 할 생각은 아예 하지도 마세요.

B) **Why not?**
왜 안되죠?

A) **Because it was very hard to contact you when you rode high.**
당신이 잘 나갈 때는 당신한테 연락도 안 되었기 때문이죠.

013 Please stop playing word game!

대박영어

말장난 그만 좀 합시다!

'숨바꼭질'은 영어로 **hide and seek**이다.

그래서 **Let's play hide and seek, okay?**라고 하면 '우리 숨바꼭질 합시다!'가 된다. **Game**에는 여러 가지 뜻과 용례가 있다.

먼저 **Let's make it 20 questions**라고 하게 되면 '스무고개 합시다'이다. 또한 **Let's make it the best two out of three** 하게 되면 '삼판양승제로 합시다'이고 **what your game is**…는 '너의 꿍꿍이속을 모르겠다'이다.

그렇다면 **word game**은 뭘까? **Word game**은 원래 '낱말 맞추기'인데, **play word game**이라고 하면 '말장난'이 된다. 그래서 **Stop playing word game**이 '말장난 좀 그만 하세요!'가 되는 것이다.

'말장난'의 뜻을 가진 영어단어로는 **pun, wordplay, play on words**가 있고, 동사형으로는 **play with words**나 **play with language**가 있다. **Play with love**는 '불장난'이 된다. **Gambling**은 '도박'이다. **He was rapt away while gambling.** (그는 도박에 푹 빠져 있었다.)

유사 표현 문장

- **That was not an intended pun.** 의도된 말장난은 아니었다.
- **That's a play on words, nothing more nothing less.** 그건 말장난, 그 이상도 그 이하도 아니다.
- **I don't want to hear your play of words.** 난 당신의 말장난을 듣고 싶지 않다.
- **I am not playing word game, okay?** 지금 말장난하는 거 아닙니다. 아세요?

Conversation

A) Enough is enough, stop playing word game, okay?
그만하면 충분하니까 말장난 그만 하세요.

B) No, I am not playing word game.
아뇨! 저 말장난하는 게 아닙니다.

A) Are you serious indeed?
진담이라구요?

014 Epic English

Forgive him for my sake please!
내 얼굴을 봐서라도 한번만 봐주세요!

'한번만 봐주세요'라고 할 때에는 **Please give me a break**를 쓰거나 **Please have a heart**를 쓴다. 말 그대로 '좋은 마음을 한번 가져 달라'는 말이다.

Heart는 명사형으로는 '가슴, 마음, 심장'을 뜻하지만 동사형으로는 '사랑하다, 소중히 여기다, 아끼다'의 뜻도 함께 가지고 있다. 또한, 형용사형인 **hearty**는 '(마음이) 따뜻한, 다정한'의 뜻으로 명사 앞에 주로 쓰인다. 그래서 우리가 비교적 잘 알고 있는 숙어인 **heart to heart**가 '마음을 터놓고 하는 대화, 허심탄회한 대화'의 뜻이 되는 것이다.

영화를 보면 **Give me a chance!**라는 말이 자주 나오는데, 이 말 역시 '한번만 봐주세요'이다. 다시 말해서 '한번만 더 기회를 주세요!'이다.

속어로 **Let me off the hook just this once**라는 말이 있는데, 이 문장 '역시 한번만 봐주세요'이다. '한번만 눈감아 주세요'라고 한다면 **Please let it slide just this one time**이라고 한다. **Pass**라는 단어를 써서 **Please let it pass just one time**해도 '한번만 봐주세요'가 된다. **Face**에도 '얼굴'의 뜻 말고 '체면'의 뜻이 있다는 것도 알아두자. **They saved my face**. (그들이 내 체면을 살려줬어.)

유사 표현 문장

○ **I can't pass over your mistake**. 당신 실수를 묵과할 수 없어요.
○ **See him in good way for my sake**. 제 얼굴을 봐서라도 그를 좋게 봐주세요.
○ **Let this mistake through only this time**. 이 실수를 이번 한번만 눈감아 주세요.
○ **Please understand her for my sake**. 저를 봐서라도 그녀를 한번 이해해 주세요.

Conversation

A) **Please look over this for my sake**.
이번만 저를 봐서라도 한번 눈 감아 주세요.

B) **No! Personal is personal, business is business**.
안됩니다. 공은 공이고 사는 사입니다.

A) **Please give an opportunity to save my face**.
제발 제 체면을 살릴 수 있는 기회를 주세요.

015 대박영어

Then you won't be ~ ing! (regretting)
~할 일이 죽어도 없을 겁니다!

Won't는 will not의 축약형이다. 그러므로 won't be라고 하게 되면 will not be가 되는 것이다. 뒤에는 명사나 동명사 ing가 와야 한다. 먼저 우리가 잘 알고 있는 can (조동사)을 보자. Can은 다른 식으로 하면 be + able to이다. 그래서 '나는 그것을 할 수 있을 것이다'라고 할 때 I will be able to do it이라고 한다. Will can을 같이 한 문장에 쓸 수 없기 때문이다.

Won't be able to 역시 '~할 수 없을 것이다'의 뜻이다. 예) He won't be able to come here today. (그는 오늘 여기 올 수 없을 것 입니다.) 여기서 won't be ~ing의 형태를 보자. 그 뜻은 '~할 일이 없을 겁니다'인데 You won't be coming here again이라고 하면 '당신이 여기 다시 오는 일은 없을 것입니다'이다.

Be는 become의 축약형으로도 쓰인다. 그래서 '나는 의사가 되고 싶습니다'라고 할 때 I want to be a doctor라고 말한다. 또한 be에는 '되다'의 뜻 말고도 '있다'의 뜻도 있다. To be or not to be, that is the question라는 말이 있다. 셰익스피어의 〈햄릿〉에 나오는 유명한 독백으로, '사느냐 죽느냐 그것이 문제로다!'의 뜻이다. '살다, 살아 있다'라고 쓰일 때에는 be alive를 쓴다. 수동태형은 be + p.p (과거분사)를 쓴다. He is not to be trusted. (그는 신뢰가 안 간다.)

유사 표현 문장

○ **I won't be saying him again.** 내가 그녀에게 더 이상 말하는 일은 없을 겁니다.
○ **I wouldn't be bothering you anymore.** 제가 당신에게 더 이상 폐 끼치는 일은 없을 겁니다.
○ **She won't be calling you again.** 그녀가 당신에게 다시 전화하는 일을 없을 겁니다.
○ **We won't be contacting you again.** 우리가 당신에게 다시 접촉하는 일은 없을 겁니다.

Conversation

A) I won't be asking you help, okay?
죽어도 당신에게 도움 바라는 일은 없을 겁니다.

B) Time will tell it.
그거야 시간이 지나봐야 알 일이죠!

A) You mean, money talks, right?
돈이면 다 된다, 그 말인가요?

016 Epic English

Good for you because you're not greedy.
너 욕심이 없어서 좋겠다!

우리나라 말에 '넌 ~가 없어서' 혹은 '~해서 참 좋겠다'라는 말이 있다.

뉘앙스에 따라 다소 차이가 있지만 '~해서 넌 참 좋겠다'라고 할 때에는 **good for you because ~** 를 많이 쓴다. 자주 쓰이는 문장표현인데. 다소 빈정대는 뜻이 있다.

하지만 억양에 따라 혹은 그 뒤에 따라오는 문장에 따라 **good for you**의 의미도 달라진다. 잘했다고 칭찬을 할 때에도 **good for you!**나 **You got a good job!** (참 잘했어요!)이라는 문장을 쓴다. 우리가 잘 아는 **Bravo!** 대신에 **Good for you**를 쓰기도 한다.

이뿐만 아니라 '축하'의 의미로도 **Good for you**를 쓴다. 상황에 따라서 이 표현이 '축하드립니다'가 되는 것이다. 쓰임새에 따라 의미가 조금씩 변하는 예문들을 살펴보자. 먼저 **Whenever is good for you!**라고 하면 '당신만 좋다면 언제든 환영입니다'이고 **This is good for you!**라고 하면 '이것은 몸에 좋은 겁니다'가 된다.

'부럽다'라고 할 때에는 **envy**라는 단어를 쓴다. **I envy you**. 물론 **wish**라는 단어를 써서 **I wish I was in your good fortune.** (네 행운이 부럽다)라고 표현할 수도 있다.

유사 표현 문장

○ **I hope you and she hook up together.** 그녀랑 너랑 잘 되었으면 좋겠다.
○ **Good for you because you're all that.** 넌 잘나서 좋겠다.
○ **It's better if we start it tomorrow.** 내일 시작하는 것이 좋겠네요.
○ **I wish my husband were so thoughtful.** 제 남편도 그렇게 사려가 깊으면 좋겠습니다.

Conversation

A) **Good for you because you have a beautiful girl friend.**
넌 예쁜 여자 친구가 있어서 좋겠다.

B) **Hey, Look! Beauty is only skin deeps, okay?**
여자 예쁜 것은 쓸모가 없어요!

A) **Okay, but I'm still envy you.**
알았어, 그래도 난 네가 부럽다.

017 You can't hide your age!
나이는 못 속이는 법이죠!

'감정을 속이지 마시오!'라고 할 때에는 **Don't hide your feeling**이라고 한다.

Feeling은 '감정'이고 **hide**는 '감추다'와 '숨기다'의 뜻이다. 그래서 **hide and seek**이 '숨고 찾기' 즉, '숨바꼭질'이 되는 것이다.

미국에서는 숨바꼭질을 할 때 '열까지 셀 동안 숨어라'고 말한 뒤 헤아리는 방법이 있다. 우리말 '무궁화꽃이 피었습니다'에 해당하는 영어가 있다는 뜻이다. 이것이 **Mississippi one**, **Mississippi two**, **Mississippi three**로부터 **ten**까지 세는 것이다. 왜냐하면 **Mississippi**라는 단어가 어린아이들에게 가장 긴 단어라고 인식되어 있기 때문이다. 충분한 시간을 줄 테니 빨리 숨으라는 의미다.

'속이다'의 단어 뜻을 가진 영어로는 **deceive**, **trick**, **fool**, **lie**, **swindle**, **cheat** 등이 있다. '눈을 속이다'에는 숙어형인 **pull the wool over one's eye**를 쓴다. 외화를 보다 보면 **Am I that transparent?**라는 말이 자주 나오곤 하는데 이 말의 뜻은 '내가 그렇게 속이 다 들여다보입니까?'이다. 참고로 **Your face tells it**은 '네 얼굴에 다 씌어 있다'이고 **Do you see any green in my eyes?**는 '내가 그것을 믿을 것 같아?'이다. 마지막으로 '제가 나이를 속였습니다'는 **I am sorry I lied my age**이다.

유사 표현 문장

○ **Age can't tell lie.** 나이는 속이지 못한다.
○ **60 years old is coming around the corner.** 내일 모레 육십입니다.
○ **His white hair betrays his age.** 그의 흰머리가 나이를 말해준다.
○ **He may be old but he is still quite spry.** 그는 나이는 많으나 아직 팔팔하다.

Conversation

A) **You look way younger than your age.**
나이보다 훨씬 젊어 보입니다.

B) **But, I can't hide my age!**
그러나 나이는 속이지 못하는 법이죠!

A) **Take the seat. Age before everything.**
여기 앉으세요. 나이가 우선이니까요.

018

If you don't take it easy…
좀 더 여유를 가지고 하지 않으면…

Epic English

'여유'는 여러 가지 상황에 따라 다르게 표현된다.

장소의 여유, 시간의 여유, 마음의 여유, 제각기 다르다고 할 수 있다.

먼저, '공간의 여유'에는 room이나 space라는 단어를 쓰고, '시간의 여유'에는 time을 쓴다. 그래서 I have no space 하게 되면 '공간의 여유가 없다'이고 I have no time to ~ 하게 되면 '~할 시간이 없다'이니 '여유가 없다가'된다. 그 앞에 enough를 붙이면 더 완벽한 영어표현이 된다.

하지만, '마음의 여유' 즉, '침착성'을 의미할 때는 composure ~ placidity 그리고 one's presence of mind를 쓴다.

예) **Don't lose your presence of mind.** (여유 있는 태도를 잊어서는 안 된다.)
　　I have no enough money to help others. (남을 도울 만큼의 여유 돈이 없다.)
　　Can't affor to 동사원형도 '~에 대한 여유가 없다'라고 할 때 쓰이는 숙어이다.

예) **I can't afford to buy a new car.** (새 차를 살 여유가 없다.)

숙어로 '여유를 갖다'에는 **keep one's composure**, '여유만만'에는 **relaxed**를 쓴다. **The situation is no good but he seems relaxed about it.** (상황이 좋지 않지만 그는 여유만만 해 보인다.)

유사 표현 문장

○ **The boy had presence of mind to turn off the gas.** 그 사내는 침착하게 가스불을 껐다.
○ **You'll be trouble if you don't take it easy.** 여유를 가지지 않으면 문제가 생길 겁니다.
○ **Can we afford a new car?** 우리가 새 차를 살 여유가 되나요?
○ **He appeared relaxed and confident before the match.** 그는 경기 전에 느긋하고 자신 있어 보였다.

Conversation

A) **I need a few days to mull things over.**
　　며칠 심사숙고할 시간이 필요해요.

B) **Good! You must take it easy.**
　　그게 좋아요! 당신은 천천히 하세요.

A) **Most of all, I want to make a sleep like a log tonight.**
　　무엇보다도, 오늘 밤엔 푹 자고 싶습니다.

쉬면서 알고 가는 영어표현

A

A piece of cake. 식은 죽 먹기지요.

Absolutely. 절대적으로 그렇지요.

After you. 먼저 가시지요.

Alway. 항상 그렇지요.

Amazing. 신기하군요.

And then? 그리고 나서는요?

Any good ideas? 어떤 좋은 생각 있어요?

Any time. 언제라도.

Anybody home? 집에 누구 있어요?

Anything else? 그 밖에 뭐 있어요?

Are you in line? 당신은 줄에 서 있어요?

Are you kidding? 농담이죠?

Are you serious? 진심이에요?

At last. 드디어.

Attention, please! 좀 주목 해주세요!

Awesome! 와우~ 멋지다!

B

Back me up. 나를 지원해주세요.

색깔 있는 영어

- whiten 더 하얗게 되다
- white-lie 악의 없는 거짓말
- white-hot 백열상태의/ (기운, 열정이) 최고조의
- white-out 화이트아웃, 설맹(雪盲)(눈이나 난반사로 시계확보가 안 되는)

일상생활에 자주 사용되는 영어 표현들입니다.

Be my guest. 사양하지 말고 하세요.

Be patient. 좀 참으세요.

Be punctual! 시간 좀 맞춰!

Be right back with you. 곧 당신에게 돌아올게요.

Be seated. 앉으세요.

Best it. 이 자리에서 꺼져.

Beer please. 맥주 주세요.

Behave yourself. 행동에 주의하세요.

Better late than never. 늦는 것이 안 하는 것보다 낫지요.

Better than nothing. 없는 것 보다 낫지요.

Boy! It hurts. 이봐, 아파요.

Break it up. 그만 싸워요.

C

Call me Sam, Please. 샘이라고 불러 주세요.

Can I get a ride? 차 좀 태워 줄 수 있어요?

Can you hear me now? 지금 잘 들려요?

Can't argue with that. 왈가왈부할 필요가 없지요.

Can't better than this. 이것보다는 좋을 순 없지요.

색깔 있는 영어

- white meat (닭고기 등) 흰살 고기 • white hope (비격식) 유망주 • white flag (항복을 표시하는) 백기
- lily-white 백합같이 하얀, (도덕적으로) 순결한

019 They are so pathetic!
대박영어
그들은 참으로 한심하다!

'미안하다, 슬프다, 괴롭다' 등은 영어로 쉽게 표현이 가능하다. **Sorry**, **sad**, **pain**, **bother** 등을 알기 때문이다. 하지만, '한심하다'라고 한다면 **poor**를 쓸지, **sorry**를 쓸지 헷갈린다. 이럴 때는 **pathetic**이라는 단어를 쓰면 된다.

Make a pathetic mistake는, '한심한 실수를 저지르다'이다. **Pitiful** 역시 '한심하다, 애석하다'의 뜻이 있다.

Woeful 역시 형용사형으로 '한심한, 통탄할' 등의 뜻이 있어 **She displayed a woeful ignorance of the rule**하게 되면, '그녀는 한심할 정도로 규칙에 대해 무지를 드러냈다'이다.

Miserable 역시 '비참한'의 뜻이 있지만 '한심한'의 뜻도 있다. 그래서 **How miserable I am!**이라고 하면 '내 신세가 참으로 한심하다'의 뜻이 된다. 우리가 잘 알고 있는 **Feel sorry for** 역시 '가엽다, 측은하다'의 뜻으로 자주 사용하는 표현이다. 예) **I feel sorry for the horse**. (그 말(馬)이 참 가엽게 느껴진다.) **Pity**나 **pitiful** 역시 '측은한, 가엾은, 불쌍한'의 뜻으로 사용되는 단어이다.

유사 표현 문장

○ **It's so pathetic that a thirty years old man is just idling away**. 나이 서른 먹은 놈이 일도 안 하고 빈둥거리다니 한심하기 짝이 없다.
○ **To me, it's nothing more than a pathetic masquerade**. 나에게 측은한 가면보다 더 한 것은 없다.
○ **It's so pathetic that I don't speak any English**. 영어 한 자 모른다는 것은 참으로 한심한 일이다.
○ **It's so pathetic that he doesn't know A from B**. 낫 놓고 기역자도 모른다는 것이 참으로 한심하다.

Conversation

A) **It's so pathetic that they don't understand what I said nevertheless I told them many times**.
내가 그들에게 그렇게 많이 이야기 했음에도 불구하고 아직도 이해를 못하다니 참으로 한심한 일이로세.

B) **Yes. They're talking to the wall**.
그러게요. 소귀에 경 읽기지 뭐예요.

A) **You can say that again**.
내 말이 그 말입니다.

020

He's always quick on the draw.
Epic English
그는 언제나 상황판단이 빠르다.

'상황판단'은 **judge the situation**이다.

그래서 우리는 '상황판단을 잘해야 한다'라고 할 때, **We must judge our situation**이라고 쓴다. **Misjudge**는 '판단미스'이다. 그래서 '판단을 잘못했다'는 **I misjudge the situation**이다.

어느 영화대사에 나오는 **He acts very well according to the situation**라는 말은 '그는 상황에 따라 행동을 잘 한다'이다.

관용어 표현으로 **I'll play it by ear**라는 표현도 있다. '임기응변 식으로 대처하겠다'라는 뜻이다.

'눈치가 빠르다'는 **be quick-witted**를 쓴다. 또한 **feel out**도 역시 '~을 알아차리다, 떠보다'의 뜻이 있어 **feel out a situation** 하게 되면 '~의 상황을 알아차리다, 눈치채다'의 뜻이 된다.

예) **The child knows how to feel out a situation**. (그 애는 상황에 따라 눈치가 빠르다.) **He has a quick-wit**. (그는 눈치가 아주 빠르다.)

유사 표현 문장

○ **A CEO must have an ability of the logic of the situation**. CEO는 빠른 판단력을 가지고 있어야 한다.
○ **If you get the stock, just make it something**. 하다가 막히면 요령껏 하세요.
○ **We can't fool him, because he is always quick on the draw**. 우리는 그를 속일 수가 없다. 왜냐하면 그는 항상 판단이 빠르니까.
○ **She is very shrewd at dealing with the media**. 그녀는 매체를 상대하는데 상황판단이 아주 빠르다.

Conversation

A) **We must trust him and wait because…**
우리는 그를 믿고 기다리면 되요. 왜냐하면…

B) **I know he's always quick on the draw, right?**
알아요. 그는 상황판단이 아주 빠르니까요, 그죠?

A) **He's the man who always hit the head of a nail**.
그 사람은 늘 정곡을 찌르는 사람입니다.

021
I can't get you out of my mind!
대박영어 당신이 내 머리 속에서 떠나질 않아요!

'지우다'에는 여러 가지 단어가 있다.

그 중에서도 가장 많이 쓰고 낯에 익은 단어가 **erase**나 **delete**이다. 이들 단어 이외에도 **rub out**이나 **wipe away**, **strike out** 역시 숙어형으로 '지우다'의 뜻이다.

Remove 역시 '지우다' 혹은 '없애다'의 뜻으로 자주 사용된다. 그래서 **remove the noisy from a CD**라고 하면 'CD의 잡음을 없애다'가 된다. 흔히 쓰는 **remove the paint**라는 표현은 '페인트를 지우다'의 뜻이다.

하지만 '추억을 지우다'는 **erase**를 주로 쓴다. 예) **Erase the memories of the past**. (과거의 추억을 지우다.) 이 밖에도 '벽에 낙서를 지우다'는 **rub out the scribbling on the wall**이라고 하고, **My name was struck off the list** 하게 되면 '내 이름이 명단에서 지워졌다'가 된다. **struck off** 대신에 **taken off**를 써도 같은 뜻이다.

'잊다'는 주로 **forget**을 많이 쓴다. 그래서 **I can't forget about it** 하게 되면 '그것을 잊을 수가 없다'가 되고, '깜박 잊다'는 **slip one's mind**를 써서 **it slipped my mind** 하게 되면 '그것을 깜박 잊어버렸다'가 된다.

유사 표현 문장

- **I can't get it out of my mind.** 내 머리 속에서 그것이 떠나질 않습니다.
- **It slipped my mind that I come by the bank.** 은행에 들린다는 것을 깜박했어요.
- **I've drawn a blank.** 완전히 까먹었어요!
- **I can't get out of my mind how I get angry at him!** 그에게 화낸 것이 자꾸 마음에 걸리네요!

Conversation

A) **I can't get her out of my mind.**
그녀가 내 머리 속에서 떠나질 않아요.

B) **Please let bygones be bygones.**
제발 과거지사는 잊어버리세요.

A) **How Can?**
어떻게요?

022
Epic English

He always flaps his lip!
그는 항상 뭐라고 혼자 지껄이고 다녀요!

'말이 많은 사람'을 **talkative**라고 하고 '허풍이 센 사람'은 **big mouth**라고 한다. '악담을 잘 하는 사람'을 **bad mouthing**이라고 하고, '말만 하고 행동을 하지 않는 사람'을 영어로 **he is all talk and no action**이라고 한다.

그렇다면, **He always flaps his lip**은 무슨 뜻일까? 먼저 **flap**이라는 단어를 알고 갈 필요가 있다. **Flap**은 명사형으로는 '덮개(봉투를 봉하는 부분)'이지만 형용사형으로는 '파닥거리다, 날갯짓을 하다, 펄럭이다' 등의 뜻이 있다. 그래서 '촉새처럼 입술을 파닥거리다'의 뜻으로 '혼자 뭐라고 지껄이는 사람'을 그들은 **falp one's lip**이라고 하는 것이다.

Flap one's lip에는 그 외에 '지껄이다, 잡담하다, 수다 떨다'의 뜻도 함께 지니고 있다. 그래서 **Sex and the City**라는 미국 드라마를 보면 **They flapped their lips endlessly**라고 표현이 자주 나온다. 이 말의 뜻은 '그들은 끝도 없이 수다를 떨어댔다'이다.

'중얼거리다'는 **mutter**를 쓰기도 한다. **He's always muttering.** (그는 항상 중얼거리고 있다.)

유사 표현 문장

○ **The crazy man talked to himself all the time.** 미친 사내는 계속 중얼거렸다.
○ **She murmured her agreement.** 그녀가 속삭이듯 그러겠다고 했다.
○ **He is muttering something all the time.** 그는 항상 뭐라고 중얼거린다.
○ **He is muttering something to himself.** 그는 혼자 뭔가를 중얼거리고 있다.

Conversation

A) **What is he talking about?**
그 사람이 뭐라고 하는 겁니까?

B) **I don't know. He always flaps his lip.**
모르겠어요. 늘 항상 혼자 뭐라고 지껄이고 다녀요.

A) **Okay, let's get it back to the main issue.**
좋아요, 다시 본론으로 돌아갑시다.

023 It's amazing what can be achieved!

대박영어

그것을 해내다니 정말 놀라워요!

Amazing은 형용사로써 '감탄스러운, 놀라운, 경이적인'의 뜻으로 쓰이는 단어이다. 동사로는 **amaze**인데 그 뜻은 '대단히 놀라게 하다'이다.

예) **Just size of the place amazed her.** (그 장소의 크기만 해도 그녀에게는 놀람 그 자체였다.)

'신기하다'의 형용사형으로는 **amazing**을 비롯하여 **wonderful**, **marvelous** 등을 꼽을 수 있다.

예) **It is amazing that animals can sense upcoming dangers.** (동물들은 신기하게도 다가올 위험을 잘 감지할 수 있다.)

참고로 '경이롭다'의 뜻을 가진 단어로는 **wonderful**을 비롯하여 **marvelous**, **extraordinary**, **amazing, miraculous, phenomenal** 등이 있다.

예) **Nature's wonder.** (자연의 경이로움.) **I think she is a girl who has extraordinary abilities.** (내 생각엔 그 사람은 비범한 능력이 많은 여자야.) **That's a marvelous suggerstion.** (그거 기막힌 제안이군요.)

유사 표현 문장

○ **It's amazing that he hasn't crocked yet.** 그가 아직 폐인이 되지 않은 게 놀라워.
○ **Oh my god! This is amazing!** 와 세상에! 이거 정말 놀라운 일이로군!
○ **He is marvelous, warm and witty and down to earth.** 그는 너무 멋져요. 따뜻하고 재치 있고 실제적이죠.
○ **She was a truly extraordinary woman.** 그녀는 정말로 비범한 여인이었다.

Conversation

A) **It's amazing what can be achieved.**
그것을 해내다니 정말 놀랍군.

B) **Yes, I couldn't believe my eyes either.**
네, 저도 제 눈을 믿을 수 없었어요.

A) **Anyway, he is some piece of work.**
아무튼 그 사람은 대단해.

024 That is only a passing phenomenon!

Epic English

그건 지나가는 일시적 현상일 뿐이에요!

Quick as a flash는 '번개처럼 눈 깜박 할 사이에'란 뜻이고 **a blink of an eye** 역시 '눈 깜박할 사이에'의 뜻이다. 간혹 **in no time**을 쓰기도 한다.

예) **He come to my house in no time.** (그는 눈 깜박할 사이에 우리 집에 왔다.)

예) **People judge websites in less than a blink of an eye.** (사람들은 눈 깜박할 사이에 웹 사이트를 판단한다.) **In a split second** 역시 '순식간에'의 뜻이다. **In a split second, lion caught rabbit.** (사자는 순식간에 토끼를 잡는다.) 또한 **before I know it** 역시 '나도 모르게, 순간적으로'의 뜻이 있다. **I spent all my money what I had before I knew it.** (나도 모르게 내가 가진 모든 돈을 써버렸다.)

be + a passing phenomenon 은 '일시적으로 지나가는 현상'을 말하는 것이다. **A passing** 은 '일시적인, 지나가는'의 뜻이 있다. 그래서 **a passing fad** 하게 되면 '일시적인 유행'을 말한다. **phenomenon** 은 명사형으로 '현상'의 뜻이다. 그래서 지나가는 '일시적인 현상'을 말할 때는 **be + a passing phenomenon**을 쓰는 것이다. 누군가 평소에 안하던 행동을 하면 이렇게 표현해 보는 것도 좋을 듯하다.

유사 표현 문장

- **No worry! That's nothing but a passing phenomenon.** 염려 마세요! 그건 지나가는 일시적 현상에 불과해요.
- **We're reminded daily of this phenomenon.** 우리는 매일 이 현상을 상기하게 된다.
- **That maybe part of the phenomenon.** 그것은 그 현상의 일부일 수도 있다.
- **I don't care about that because that will be a passing phenomenon.** 전 신경 쓰지 않아요. 왜냐하면 그건 일시적인 현상일 겁니다.

Conversation

A) **Why don't you see a doctor?**
의사한테 진찰 한번 받아보지 그래요?

B) **No need it. I know this is only a passing phenomenon.**
필요 없어요. 그건 일시적으로 지나가는 현상이라는 걸 전 알아요.

A) **But you said you're ache and pained all over.**
하지만 온 몸이 쑤신다고 그랬잖아요.

025

Don't take your eyes off the road!
한 눈 팔지 마세요!

대박영어

영화대사에 **Don't look the other way**라는 말이 있다.
'다른 곳을 보지 마라'이니 한국식으로 하면 '시치미 떼지 마시오'이다.
비슷한 뜻으로 **She tried to brazen it**이 있고 **He is putting an air of innocence** 역시 '그는 아무것도 모르는 척, 순수한 척 한다'이니 '그는 시치미를 떼고 있다'고 해석할 수 있다.
숙어형으로 **with an air of innocence**나 **affecting** 하게 되면 '~에 시치미를 떼다'가 된다. 우리가 잘 아는 **pretend to be ignorant** 역시 '시치미를 떼다'이다.
그렇다면 '한 눈 팔지 마세요'는 어떻게 표현할까? **Don't take your eyes off the road when I say something**이라고 하면 '내가 뭔가를 말할 때 한눈 팔지 마라!'가 된다. **Look away from ~** 역시 '한 눈을 팔다'이다. **Looking else where** 역시 '한 눈 팔다'의 뜻이다. 참고로 **focus to ~** 동사원형은 '~을 하는데 집중하라'의 뜻이다.
예) **Please focus to study English.** (영어공부 하는 것에 집중하세요.)

유사 표현 문장

- **If you take your eyes off the road, you'll cause a traffic accident.** 도로에서 한 눈 팔면 사고가 난다.
- **The boy saw off a book for a moment.** 소년은 책을 읽다가 잠시 한눈을 팔았다.
- **My bag disappeared while I was looking away.** 잠시 한 눈 파는 사이에 내 가방이 없어졌다.
- **If you don't pay close attention, this might lead to a very serious accident.** 한 눈 팔았다가 자칫 큰 사고로 이어질 수도 있다.

Conversation

A) **Don't take your eyes off the road.**
한 눈 팔지 마세요!

B) **Okay! I'll keep my eyes open.**
알겠습니다. 조심하겠습니다.

A) **We should pay close attention while doing this job.**
이 일은 할 때는 주의를 집중해야 합니다.

026
Epic English

Don't make me look like an irresponsible.
저를 실없는 사람으로 만들지 마세요.

'만들다'는 사역동사인 make를 쓴다. '피곤하게 만든다, 돈을 번다, 상황을 어렵게 만들다' 등 모든 것을 make로 쓴다. 그만큼 make의 용도가 많다.

'돈을 번다'라고 할 때, 흔히 earn money라고 하는 경우가 많다. 구태여 틀린 표현이라고 말할 수는 없지만, 원어민들은 make money를 더 자주 쓴다. Make의 과거형은 made이다. Made in Korea 혹은 Made in Vietnam은 '한국에서 혹은 베트남에서 만들어진 제품'이라는 뜻이다. 사람을 바보로 만들거나 멍청이로 만들 때도 make를 쓴다. 그래서 You make me a fool이라고 하면 '넌 나를 바보로 만드는구나'이다.

예) **You made me a fool when I meet her.** (넌 내가 그녀를 만날 때 나를 바보로 만들었다.)

Make me look like an irresponsible은 '나를 무책임한 사람으로 만들다'이니 결국 '실없는 사람으로 만든다'의 뜻이다. Irresponsible은 '무책임한, 믿을 수 없는' 등의 뜻을 가진 단어이다.

예) **The irresponsible mother left her baby alone for two hours.** (그 무책임한 아기 엄마가 두 시간이나 아이를 혼자 버려두었다.)

유사 표현 문장

○ **He is an irresponsible teenager.** 그는 무책임한 십대이다.
○ **She show an irresponsible attitude.** 그녀는 무책임한 태도를 보였다.
○ **They had an irresponsible promise.** 그들은 무책임한 약속을 했다.
○ **It is very irresponsible of him to say that.** 그것을 그렇게 말하는 그는 정말 무책임하다.

Conversation

A) Please don't make me look like an irresponsible this time.
이번에는 제발 절 실없는 사람으로 만들지 마세요.

B) Okay, I'll give you my word.
알겠어요, 제가 약속할게요.

A) Please keep in touch and drop me a line.
계속 연락하고 메시지도 남기세요.

027

Most men is suckers for pretty women.
대부분 남자는 예쁜 여자라면 사족을 못 쓴다.

대박영어

영어에도 '사족을 못 쓴다'는 표현이 있다. 세상을 살아가는 이치는 지구촌 어디든 다 같은가 보다.

우리는 일반적으로 '~에 미쳤다' 혹은 '환장했다'라고 할 때 **be + crazy about + 명사**를 쓰곤 한다. 그래서 '그 사람은 그녀에게 완전 미쳤어요'할 때면 **He is crazy about her**라고 쓴다. '그는 미국영화에 미쳤어요'는 **He is crazy about American movies**라고 한다.

그런데 '~을 미치도록 좋아한다'에는 **be mad on ~** 을 쓰기도 한다.

예) **I'm mad on tennis.** (테니스를 미치도록 좋아합니다.)

또한 **can't live without ~** 을 쓰면 '~없이는 못 산다'이니 이 또한 '미치도록 좋아한다'가 될 것이다.

예) **I can't live without sports.** (난 스포츠 없이는 못살아요.)

위의 제목에도 **be + suckers for ~** 가 있는데 이 역시 '~라면 사족을 못 쓴다'라고 할 때 쓴다.

예) **He is a sucker for pretty young women.** (그는 젊은 여자라면 사족을 못 쓴다.)

원래 **sucker**는 '잘 속는 사람'이라는 뜻인데 명사형으로 '~라면 사족을 못 쓰는 사람'의 뜻도 함께 있다. 참고로 '남자라면 누구나가 똑같다'는 **Men are all alike**라고 하고 '예쁘고 안 예쁜 건 피부 한 겹 차이다'는 **Pretty(Beauty) is only skin deep**이라고 한다.

유사 표현 문장

○ **They are more or less the same thinking.** 그들은 생각하는 게 도토리 키재기다.
○ **He is a sucker for freebies.** 그는 공짜라면 사족을 못 쓴다.
○ **I was crazy about her when I was young.** 내가 젊었을 때 그녀에게 미쳤었지.
○ **I am a huge fan of the baseball.** 난 야구에 광팬이다.

Conversation

A) **Have you seen Tommy?**
토미 못 봤어?

B) **I heard he went the party because there are many pretty girls there.**
파티 갔다고 들었어. 예쁜 여자가 많다구.

A) **Oh, Lord. He is suckers for women.**
저런, 그 친구는 여자라면 사족을 못 써.

028
Epic English

I am just about to + 동사원형
지금 막 ~하려고 하던 참이었습니다.

Be + about to do something은 '막 ~ 하려던 참이다'인데, at the pint of doing, just when 역시 '~비슷한'의 뜻이 있다. When은 '언제'의 뜻도 있지만 '~할 때'의 뜻도 있기 때문이다.

예) I need your help when I get there. (내가 거기 갈 때 너의 도움이 필요하다.)

또한 in the act of ~ 역시 '~하고 있는 중에', 또한 '~하려던 참에 ~'의 뜻이다. I caught him in the act of pickpocketing. (나는 소매치기를 하던 그를 잡았다.) Bet doing to do 역시 '~하려던 참이다' 혹은 '~할 것이다'의 뜻이 있다. 그래서 be 동사의 과거형인 was를 써서 was going to ~ 하게 되면 '~하려고 했었다'가 되는 것이다.

예) I was going to study hard too. (나 역시 공부를 열심히 하려고 했었다.)

I wasn't supposed to tell but I did라고 하면 '내가 얘기 안 하려고 했는데 그만 해버렸다'가 된다.

참고로 '고의가 아니었어요'는 일반적으로 didn't mean to + 동사원형을 쓴다. 음주운전 방지 캠페인 가운데 사고 피해자를 클로즈업해서 보여주는 공익광고가 있었다. 그때 운전자가 흐느끼며 하는 말이 I didn't mean it (고의가 아니었어요)였다.

예) I didn't mean to tell a lie. (거짓말을 하려고 했던 것은 아니었습니다.)

유사 표현 문장

○ I wasn't supposed to meet her. 그녀를 만나려고 했던 것은 아닌데…
○ I am just about to leave. 지금 막 떠나려던 참이었어요.
○ I was just about to have dinner. 지금 막 저녁 먹으려고 했던 참이었다.
○ I didn't mean to hold you up. 지연되게 하려고 했던 것은 아니었습니다.

Conversation

A) What are you waiting for?
뭘 그리 꾸물대는 거야?

B) Sorry, but I was just about to do it.
미안해. 그렇지 않아도 지금 막 하려고 했어.

A) Be quick!
서둘러!

029 Do you want to crawl back?

당신은 내가 굽실거리길 원하나요?

'아첨꾼'은 **Yes man**이나 **flatterer** 혹은 **flunkey** 그리고 **bootlicker**를 쓴다.

흔히 **Yes man**을 자주 쓰는데 뭐든지 'Yes, Yes한다'에서 비롯된 말이다. **He is the best yes man to his higher ups.** (그는 자기 윗사람들에게 최고의 아첨꾼이다.)

동사형으로 '아첨하다'는 **flatter**나 **kiss up to** 그리고 **butter up**을 쓴다. 그래서 영화에서는 자주 **It's no use trying to butter me up**이 나온다. 이 말은 '나에게 아첨해 봐야 소용없습니다'이다.

그렇다면 '굽실거리다'는 어떻게 표현할까? **Crawl**이라는 단어를 써서 **crawl back**이라고 한다. **Crawl**에는 동사형으로 '엎드려 기다, 기다, 굽히다, 굽실거리다'의 뜻이 있다.

그래서 **My baby can't even crawl yet**이라고 하면 '우리 아기는 아직 기지도 못 한다'이다.

Crawl back은 '허리를 굽히다'의 뜻으로 '굽실거리다'이다. 그래서 **He tried to crawl back into favor** 하게 되면 '그는 환심을 사기 위해 연일 굽실거렸다'이다. '환심'은 **favor**나 **woman's grace**라고 한다.

예) **He crawled back to his girl friend.** (그는 그의 여자 친구에게 설설 기었다.)

유사 표현 문장

- **I wanted to crawl into a hole die.** 쥐구멍에라도 들어가고 싶었어요!
- **I won't crawl to him anymore.** 더 이상 그 사람에게 굽실거리지 않을 겁니다.
- **I bet they were crawling all over you.** 그들은 틀림없이 네 주위에서 굽실거릴 걸.
- **He is subservient to his wife because he's afraid of her.** 그는 아내를 무서워하고 아내에게 굽실거린다.

Conversation

A) **Don't need to crawl to her that much.**
그렇게까지 그녀에게 굽실거릴 필요가 없잖아요?

B) **But, I couldn't help it.**
그러나 어쩔 수가 없어요.

A) **I konw you're under the petticoat government.**
공처가라더니 사실이군요.

Don't give a handle to the others!
남에게 약점을 잡히지 마시오!

'장점'은 영어로 **strong point** 혹은 **merit, virtue, advantage** 등 부지기수가 있다. 이와 반대로 '약점'은 **weak point** 또는 **weakness** 혹은 **vulnerable point**라고 하는 것이 가장 일반적이다.

'약점을 잡다'는 **hold a sword over one's hand**를 쓰고, '약점을 잡히다'는 **have one's weakness**라고 한다. **Don't give a handle to the others**는 글자 그대로 '남들에게 손잡이를 주지 말라'이니 '약점을 잡히지 말라'가 되는 것이다. 참고로 **disadvantage**는 명사형으로 '불리한 점, 약점, 단점'의 뜻이고, **demerit** 역시 명사형으로 '단점, 약점'의 뜻이 있다.

또한 **frailty**은 명사형으로 '(성격상의) 단점이나 취약점'을 의미한다. 그래서 **human frailty** 하게 되면 '인간적 약점'이 된다. **Blind spot** 역시 '맹점, 약점'으로 사용되는 단어다. **It looks logical analysis but ther's a blind-spot in your paper.** (논리적인 분석으로 보이지만, 당신 보고서에는 맹점이 있어요.)

영화에서는 간혹 **blind side**를 써서 **He likes that catch a person on his blind side**라고 하는데 이 뜻은 '그는 사람들의 약점 찌르기를 좋아한다'이다.

유사 표현 문장

- **That is his one of weakness.** 그것이 그의 단점 중 하나이다.
- **There is a strong and weak point of them.** 그것에는 장점과 단점이 있다.
- **That is where he is at his strongest.** 그것이 그의 최대 장점이다.
- **You must not give a handle to the enemy.** 적에게 약점을 잡히면 안 된다.

Conversation

A) **Every person has their weak point.**
누구에게나 단점이 있기 마련이죠.

B) **But, you must not to give a handle to the others.**
그러나 약점을 잡히면 안돼요.

A) **I'll keep it mind.**
명심하겠습니다.

031

He is trying to get into woman's good grace.
그는 여자의 환심을 사기 위해 노력 중입니다.

'환심'을 영어로 어떻게 표현할까?

우리가 잘 알고 있는 **favor**는 '호의, 친절'의 뜻이고, **curry favor**는 숙어형으로 '~에 아첨하다' 혹은 '~에 비위를 맞추다'의 뜻이다. 그래서 **curry favor with ~** 하게 되면 '환심을 사다'의 뜻이 되는 것이다.

같은 뜻을 가진 숙어형으로는 **make up to ~** 나 **good grace**를 쓴다. **Ingratiate oneself** 역시 '환심을 사다'의 뜻을 가진 표현이다.

어느 영화의 다음과 같은 대사가 생각난다. **I tried to win her favor!** 이 말의 뜻은 '나는 그녀에게 환심을 사기 위해 노력했었다'이다.

Person's favor 역시 '사람의 환심'의 뜻으로 **insinuate oneself into a person's favor**하게 되면 '교묘하게 남의 환심을 사다'의 뜻이 되는 것이다. 또한 '~에게 잘 하려고 노력하다'는 **be nice to somebody**를 쓴다. 그래서 **I tried to be nice to her**라고 하면 '그녀에게 잘 하려고 노력했었다'이다. 물론 **I was trying to be nice her**라고 해도 같은 표현이 된다.

유사 표현 문장

- **The player has designs on her.** 그 바람둥이는 그녀에게 흑심을 품었다.
- **He approached her with bad intention.** 그는 그 여자에게 흑심을 품고 접근했다.
- **He said yes with a good grace.** 그는 기분좋게 승낙했다.
- **He tried to crawl back into favor.** 그는 굽실거리며 환심을 사려 했다.

Conversation

A) **Why he is so nice to her everyday?**
왜 그 사람은 매일 그녀에게 그토록 잘 하는 건가요?

B) **Well, I think, he is trying to get into her good grace.**
글쎄요, 제 생각에는 아마도 그녀의 환심을 사기 위한 게 아닌가 싶네요.

A) **What for?**
이유가 뭘까요?

032 Epic English

Once in a blue moon!
가뭄에 콩 나듯 하네요!

우리나라 속담에 '가뭄에 콩 나듯 한다'라는 말이 있다.

이것을 영어로는 **once in a blue moon**이라고 한다. 즉, '한 번은 푸른 달이 뜬다'인데 그만큼 '아주 드물게 ~이 나타나다'라는 뜻이다.

'한번'은 **once**이고 '두 번'은 **twice**라고 표현한다. 그 뒤로는 **three times and four times**이다.

만약에 '일생에 한번 있을까 말까'한 기회라고 한다면 **This is once in a life time chance**라고 한다. **Chance** 대신에 **opportunity**를 쓰기도 하는데 **opportunity** 역시 '기회'의 뜻이다. 그래서 **miss an opportunity**라고 하면 '기회를 놓치다'이고 **take an opportunity**는 '기회를 포착하다', **a golden opportunity**는 '절호의 기회', **a favorable opportunity**라고 하면 '호기', 그리고 **worth one's opportunity**는 '기회를 기다리다'의 뜻이다.

참고로 가능성을 이야기 할 때도 **chance**를 쓰는데 **There is a fifty fifty chance that S + V**가 되면 '~할 가능성은 반반입니다'이다. '가능성이 있습니다'는 **chances are good**, '가능성이 없습니다'는 **chances are slim**이다.

유사 표현 문장

○ **He comes here once in a blue moon.** 그는 가뭄에 콩 나듯 여기 온다.
○ **He sometimes comes here and drink coffee.** 그는 가끔씩 여기 와서 커피를 마시곤 한다.
○ **He often comes here and play with me!** 그는 종종 여기 와서 나랑 놀곤 한다.
○ **She usually comes here and talk about business.** 그녀는 언제나 여기 와서 사업 이야기를 한다.

Conversation

A) **How often do you come here?**
얼마나 자주 여기 오시나요?

B) **Just once in a blue moon.**
가뭄에 콩 나듯 오긴 하죠.

A) **You mean, once a month?**
한 달에 한 번 쯤요?

033

How is your business?
사업은 어떻습니까?

대박영어

How was ~ 는 '~이 어땠습니까?'이다. 다시 말해서 '주말은 어땠습니까?'라고 한다면 How was your weekend?라고 한다.

예) **How was your English?** (영어수업이 어땠습니까?)
　　How was the movie? (영화가 어땠습니까?)

Was는 is의 과거형이다. 현재형인 How's나 How is는 '~이 어떻습니까?'이다. 그래서 '사업이 어떻습니까?'가 How's your business?가 되는 것이다. **How's everything?** (요즘 경기가 어때요?) **How's it going?** (어떻게 지내?)

How about ~ 역시 상대방의 의사나 느낌을 물을 때 사용되는 문장이다. 그래서 **How about your health?**라고 하면 '건강이 어떻습니까?'이고 **How about going there?**라고 하면 '거기 가는 것은 어떻습니까?'이다.

또한 '~에 대해 어떻게 생각하십니까?'는 **What do you think of** 명사를 쓴다.

예) **What do you think of this computer?** (이 컴퓨터를 어떻게 생각하십니까?)

그렇지만 상대방의 감정을 물을 때는 **How do you feel about ~**을 쓴다.

예) **How do you feel about her?** (그녀를 어떻게 생각하십니까?)

유사 표현 문장

○ **How was your summer vacation?** 여름휴가는 어떠했는지요?
○ **How do you feel about him?** 그에 대한 느낌이 어떠신지요?
○ **What do you think of this project?** 이 계획은 어떠신지요?
○ **How's your health nowadays?** 요즘 건강은 어떠신지요?

Conversation

A) **How's your new business?**
　　새로 시작한 사업은 어떠신지요?

B) **Well, it's getting settle into shape.**
　　점점 자리가 잡혀 가고 있습니다.

A) **Oh, what a good news.**
　　좋은 소식이에요.

034

Wait, the time will tell you!
기다리세요, 시간이 해결해 줄 것입니다.

Epic English

왜 다수의 한국 사람들은 수많은 영어단어를 알고 있음에도 불구하고 영어표현에 약한 것일까? 첫째, 문화가 다른데서 오는 개념의 차이가 크기 때문이고 둘째, 너무 단어에만 집착하기 때문이다. 가령 '해결하다'를 놓고 말한다면 한국 사람들은 거의 **90%** 이상이 **solution**이라는 단어를 연상하거나 **solve**라는 단어를 떠올린다.

단어로만 영어회화를 잘 할 수 있다면 얼마나 좋겠는가? 하지만 미국인들이나 원어민들은 문장전체에 의미를 두기 때문에 단어는 그다지 신경 쓰지 않는다. '해결하다'에는 **work out**이나 **have it out** 등의 숙어도 있다. 그래서 **We must to have it out the problem first** (그 일을 먼저 해결해야 합니다)도 있고 **We must take care of urgent thing first**라고 하면 '급한 것부터 처리합시다'도 있다.

여기서 **care of**는 '돌보다, 다루다, 처리하다'의 뜻도 함께 있기 때문이다. '시간이 해결해준다'라고 할 때, **time will solve you**라고 해도 되겠지만 미국영화를 보면 **The time will tell you everything**이라는 대사가 자주 나온다. 이 말의 뜻은 '시간이 모든 것을 말해준다'라기 보다는, '모든 것은 시간이 해결해 준다'라는 뜻이다. 문장의 의미를 잘 알고 전체를 해석할 수 있어야 영어의 고수가 된다.

유사 표현 문장

- **We need time because the time will solve the problem.** 우리는 시간이 필요합니다. 시간이 그 일을 해결해 줄 겁니다.
- **There is time to work out any concerns.** 어떤 문제라도 해결하려면 시간이 필요하다.
- **I guess only time will tell.** 시간이 흐르면 자연히 알게 될 겁니다.
- **Only time will tell he fares as a boss.** 그가 사장으로 성공할지는 시간이 말해 줄 것이다.

Conversation

A) **What if he failed the project?**
그 사람의 계획이 실패하면 어쩌죠?

B) **Only time will tell everything.**
모든 것은 시간이 말해줄 겁니다.

A) **Please tell me what the exact situation is.**
현재 정확한 상황이 어떤지 알려주세요.

035 How often do you go there?
거기는 얼마나 자주 가시나요?

'자주'는 **often**이나 **frequently** 그리고 **repeatedly**를 쓴다.
그리고 **usually**는 '항상'이고 **everyday**는 '매일'이다. '매우 자주'는 **very often**을 쓰고 **not often**은 '자주 하지 않는다'를 의미한다. 또한 **never**는 '결코 ~하지 않는다'인데 **never ever**는 '결코 하지도 않고 해본 적도 없다'라고 할 때 사용하는 단어이다.
그래서 누군가가 **Have you ever smoked?** (담배 피워 본 적 있습니까?)라고 할 때, '**Never and ever**'라고 대답한다면 '피지도 않고 피워본 적도 없습니다'의 뜻이 된다.
횟수를 물어볼 때 우리는 **how many times S + V** 식으로 말하는 경우가 많다. 하지만 **How often do you ~ V** 식으로 해야 '얼마나 ~을 자주 하십니까?'가 되는 것이다. 그래서 간혹 외국 여행시 **How often do the buses run?**이라는 말을 자주 하거나 듣게 되는데 이 말의 뜻은 '버스 배차시간은 어떻게 되나요?' 이다.
참고로 **several times**라는 말이 있는데 이는 '몇 번, 가끔'의 개념으로 우리 식의 **sometimes**와 같다. 그리고 **once**는 '한번', **twice**는 '두 번', '세 번'부터는 숫자대로 **three times**, **four times** 식으로 한다.

유사 표현 문장

- **How many times must I tell you, I don't like coffee!** 제가 커피 싫어한다고 몇 번이나 말했습니까!
- **How often do you eat out with family?** 식구들하고 얼마나 자주 외식하십니까?
- **How often do we receive inventory reports?** 우리는 재고조사 보고를 얼마나 자주 받죠?
- **How often do you go to see a movie?** 얼마나 자주 영화 보러 가시나요?

Conversation

A) **How often do you meet your friend?**
   얼마나 자주 친구들을 만나시나요?

B) **Well, once a week because of my schedule.**
   일주일에 한 번이요. 왜냐 하면 스케줄 때문에.

A) **It's not bad.**
   나쁘지 않네요.

036
Epic English

I felt a terrible letdown after meeting.
나는 미팅 후 심한 허탈감을 느꼈다.

'실망'은 **disappoint**나 **be disappointed** 혹은 **get disappointed**이다. **I am so disappointed about love**라고 하면 '사랑이라는 것에 대해 너무 실망스럽다'이다. 또한 '무력감, 우울감, 실망감'은 **bore out**을 쓴다.

그렇다면 '허탈감은' 뭘까? 영어로 **despondency**나 **absent-mindedness**가 가장 비슷한 어감을 갖는다. 또한 **dejected** 역시 '허탈감, 공허함'을 표현하고자 할 때 자주 쓰이는 단어. **The players who lost the game collapsed to the ground feeling dejected.** (경기에 진 선수들은 허탈감에 경기장에 주저앉았다.)

하지만 **letdown ~** 역시 숙어형으로 '허탈감'의 뜻이 있다. 그래서 **I felt a terrible letdown after meeting** 하게 되면 '미팅 후 허탈했다' 혹은 '허탈감을 느꼈다'가 된다. **That play was a real letdown.** (그 연극 정말 실망이야.)

참고로 **All the pains were for nothing**은 '십년공부 나무아미타불이 되었다'이고 **I made a trip for nothing**은 '괜히 헛걸음만 했다'이다.

유사 표현 문장

○ **Nothing comes from nothing.** 무(無)에서는 무(無) 밖에 나올 것이 없다.
○ **I felt a terrible letdown after the party.** 파티 후 나는 심한 허탈감을 느꼈다.
○ **I am very disappointed to meet my first lover.** 난 첫사랑을 만나고서는 엄청 실망했다.
○ **After that, you know, it is all a letdown.** 그 후에 너도 알다시피 모든 게 허탈했다.

Conversation

A) **That was a real letdown for me!**
나는 그것으로 인해 정말 실망했다.

B) **Oh, I am sorry to hear that.**
그것 정말 유감이네요.

A) **Yes, it was so disappointing!**
정말 실망이었어!

쉬면서 알고 가는 영어표현

C

Cash or charge? (계산할 때)현금이에요? 카드에요?

Catch you later. 나중에 봐요.

Certainly. 확실히 그렇지요.

Charge it please. 크레디카드로 부탁드려요.

Check it out. 이것을 확인해 보세요.

Check, please. 계산서 좀 주세요.

Cheer up! 기운을 내세요.

Cheers! 건배!

Coffee please. 커피 주세요.

Come and get it. 와서 드세요.(가셔가세요)

Cash and carry. 돈 내고 가져가세요. (현금으로 사면 싸게 판다는 광고.)

Come on. 설마.

Congratulations! 축하합니다!

Could be. 그럴 수도 있겠지요.

Couldn't be better then this. 이보다 더 좋을 순 없어.

D

Definitely. 확실히 그렇지요.

Delicious! 맛있어요.

색깔 있는 영어

- white water 급류, 거친 바다
- white-bread 전통적인
- white-goods 백색 가전제품(세탁기, 냉장고 등)
- white pages 인명별 전화번호부

일상생활에 자주 사용되는 영어 표현들입니다.

Depends. 경우에 따라 다르지요.

Did you get it? 알아들었어요?

Didn't I make myself clear? 제 입장을 확실하게 말하지 않았나요?

Disgusting! 기분 나빠. 재수 없어.

Do I know it? 저도 압니다. 누가 아니래요?

Do I look all right? 제가 괜찮게 보여요?

Do you follow me? 내말 알아듣겠어요?

Do you have everything with you? 모든 것을 가지셨나요?

Do you? 당신은요?

Doing okay? 잘 하고 있어요?

Don't get too serious. 너무 심각하게 그러지 말아요.

Don't miss the boat. (보트를 놓치듯이) 기회를 놓치지 말아요.

Don't press(push) your luck. 너무 날 뛰지 마세요.(행운을 밀지 말아요)

Don't ask. 묻지 말아요.

Don't be a chicken. 너무 소심하게 굴지 말아요.

Don't be afraid. 두려워하지 마세요.

Don't be a fool. 멍청하게 굴지 말아요.

색깔 있는 영어

- white-collar 사무직의
- white knight 백기사(매수 위기의 기업을 구하기 위해 나선 조직이나 개인)
- white day 재수좋은 날
- egg white 달걀흰자

037

대박영어

For some reason she is studying hard.
무슨 바람이 불었는지(영문인지) 그녀가 공부하고 있다.

'이유'에 해당하는 단어는 **reason**이다.

다른 말로 하면 '사유, 까닭'의 뜻도 함께 있다. **Cause**나 **grounds** 역시 '원인, 근거'의 의미로 자주 쓰이는 단어들이다.

그래서 **This is the reason for the seasons**라고 하면 '이것이 계절이 존재하는 이유이다'가 된다. 또한 회화시 자주 쓰는 **That's the reason why ~ S + V** 식은 '그런 이유로 인하여, 그렇기 때문에'의 뜻이다.

예) **That's the reason why I want to learn English.** (그렇기 때문에 난 영어를 배우고 싶습니다.)

반대로 '영어공부를 하려는 이유가 무엇인가요?'라고 한다면 **What is the reason why you want to study English?**라고 쓰면 된다.

또한 **reasonable**은 '타당한, 사리에 맞는, 합리적인'의 뜻이고 **reasoning**은 '추리, 추론' 등의 뜻이 있다. 그래서 **It's no use reasoning with a child**라고 하면 '아이에게 이치를 말해도 아무 소용없다'가 된다. **I think it's a reasonable price(terms/excuse).** (합리적인 가격(조건/변명)이라고 생각합니다.)

유사 표현 문장

○ **My leg hurts for some reason, so I can't walk.** 무슨 이유인지 다리가 아파서 걸을 수가 없어요.
○ **It taste really good today for some reason.** 무슨 영문인지 오늘은 정말 맛이 좋네요.
○ **He is studying hard for some reason.** 무슨 영문인지 그가 열심히 공부하고 있다.
○ **The office looks different for some reason.** 왠지 사무실이 좀 달라 보이네요.

Conversation

A) **I can't start my motorbike engine for some reason.**
무슨 이유인지 오토바이 시동을 걸 수가 없어요.

B) **Then why don't you check engine oil?**
엔진오일을 체크해 보지 그래요?

A) **All right. I'll get it back to basic and check.**
네, 기본부터 살려보겠습니다.

038 She has really high standards (of)~

Epic English

그녀는 너무 콧대가 높아요!'

Standard는 '기준'이다.

그래서 **your standard**나 **my standard** 가 바로 '당신의 기준', '나의 기준'이 되는 것이다.

Base나 **criterion** 역시 '기준'의 뜻이 있다. 하지만 '기준'으로써 가장 많이 쓰이는 단어는 역시 **standard**이다. 어느 유명 시인이 이런 말을 했다고 한다.

There is no absolute standard of beauty. (미에는 절대적 기준이 없다.)

'기준'에는 여러 가지가 있다.

'감사기준' audit standards, '국제기준' international standards, '안전기준' safety standards, '환경기준' environment standards 등 부지기수이다.

참고로 '자존심이 세다'는 **too proud**를 써서 **She is too proud**라고 한다.

간혹 영화에 **She is a talking from a high horse**라는 대사가 나오는데, '그녀는 (백작부인처럼) 높은 말에서 앉아 이야기 한다'에서 비롯되어 '사람을 업신여기거나 깔보며~'라는 뜻이다. **Don't look down on me**는 '저를 깔보지 마세요'이다.

유사 표현 문장

○ **She is so stuck up.** 그녀는 콧대가 높다.
○ **He is a shit on wheels.** 그 사람은 아주 콧대가 높다.
○ **She is haughty.** 그녀는 콧대가 높다.
○ **She is self assertive.** 그녀는 콧대가 아주 세다.

Conversation

A) **I have no idea, why she has no boy friend.**
그 여자가 왜 남자친구가 없는지 이해가 안 되요.

B) **Because she has really high standards.**
왜냐하면 그녀는 콧대가 너무 높거든요.

A) **Does she look down upon her class-mates?**
그 여자가 급우들을 깔보나요?

039

Please think twice before you go there.
거기 가시기 전에 한 번 더 생각해 보세요.

대박영어

팝송 가운데 **Once more**라는 노래가 있다.

Once more는 '한번 더 ~'이다. 우리는 **one more**나 **one more time**이라고 한다. '한 번'은 **once**다. '횟수'를 말할 때는 **one time, two time**이라고 하지 않는다. '두 번'은 **twice**라고 해야 한다.

그러므로 '한 번 더 생각하다'는 **think twice**라고 해야 한다. 팝송 가사에 **Think twice before the answer**라는 구절이 있다. 말 그대로 '대답하기 전에 한 번 더 생각해 보십시오!'라는 말이다. 이 문장에서 **the answer**를 **make decision**으로 바꾸면 '결정하기 전에 한번 더 생각해 보십시오'이다.

이처럼 어느 순간에 단어만 살짝 바꾸면 거기에 해당되는 여러 가지 다채로운 표현을 할 수 있다. **More**를 보자. **More**는 '더욱 더, 보다 더'의 뜻이다. 그래서 **in a way that is easier more convenient** (보다 쉽고 편안한 방법으로)가 있다.

하지만 **more or less**는 숙어형으로 '많든 적든'의 뜻이다. 아래 문장이 여기에 해당된다.

예) **I don't care money more or less**. (돈은 많든 적든 신경 쓰지 않는다.)

유사 표현 문장

○ **I want to think twice before I go there**. 거기 가기 전에 한 번 더 생각하고 싶습니다.
○ **Let's think twice before making decision**. 결정하기 전에 한 번 더 생각합시다.
○ **You must think twice before you get married**. 결혼하기 전에 한 번 더 생각하셔야 합니다.
○ **You need to think twice before standing as guarantor even for the family**. 가족이라해도 보증을 설 때는 한 번 더 생각 할 필요가 있다.

Conversation

A) **I want you to think twice before you go out with her**.
전 당신이 그녀와 교제하기 전 한 번 더 생각했으면 합니다.

B) **No worry, she is a very good woman**.
걱정 마세요. 그녀는 아주 좋은 여자입니다.

A) **Okay, decision is yours**.
그래요, 결정은 당신이 하는 거죠.

040 Please feel free to talk to me.

Epic English

저에게 편하게 이야기해 보세요!

'편안하게'의 의미를 가진 단어에는 **comfortable**이나 **relaxed** 그리고 **easy**, **comfy** 등이 있다. **peaceful**이나 **clam** 그리고 **restful** 역시 '편안하게' 혹은 '평온하게'의 뜻을 가진 단어들이다. 그리고 '편리한'의 뜻을 가진 **convenient**도 있다. 그래서 '편리한 곳'은 **a convenient place**이다.

하지만 '편안하게 ~하세요'라고 할 때 쓰이는 숙어로는 **just feel free**나 **please feel free**를 쓴다. 그래서 **I want you to feel free to tell me**라고 하면 '난 당신이 저에게 편안하게 말했으면 좋겠습니다'가 된다.

또한 **please**를 **let's**로 바꾸어서 **Let's feel free to talk**라고 하게 되면 '우리 서로 편안하게 이야기 합시다'가 된다.

참고로 '~ 약속을 할 때, 언제가 편리하십니까?'라고 한다면 **When's the convenient time for you?**가 되고, **Are you comfortable?**라고 하면 '편안하세요?'이다. **Please make yourself at home** 역시 '집처럼 편안하게 계십시오'이다.

유사 표현 문장

○ **Please feel free to talk to me if you have any problem**. 무슨 문제가 있으면 편안하게 말씀하세요.
○ **I want to feel free to meet her**. 그녀를 편안하게 만나고 싶습니다.
○ **We can feel free to study here**. 우리는 여기서 편안하게 공부할 수 있어요.
○ **Why don't you feel free to stay here**. 여기서 편안하게 지내십시오.

Conversation

A) **Please feel free to join us anytime!**
부담 갖지 말고 편안하게 오세요!

B) **Thank you very much!**
정말 감사합니다!

A) **Just come and make yourself at home**.
와서 집처럼 편안하게 지내시라구요.

041

Please take it into consideration.
그것을 고려하셔야 합니다.

대박영어

우리가 영어를 할 때 가장 틀리기 쉽고 또한 잘 표현하지 못하는 문장 중 하나가 바로 이것이다. 영어에서는 '고려하다'와 '이해하다' 사이에 차이가 많다. 우리는 이 두 개념을 섞어서 쓰는 경우가 대부분이다.

즉, 다시 말해서 '전 영어를 잘 하지 못합니다. 그 점을 고려해 주셨으면 합니다'라고 한다면 우리는 **Please understand me because my English is no good**이라고 한다. 하지만 원어민들은 '~ 때문에 ~하니 고려해 주십시오'라고 할 때면 **Please take it into consideration**이라고 한다.

Must를 써서 **You must take it into consideration**이라고 한다면 '당신은 그 점을 고려해야 합니다'가 된다. '더 이상 ~함을 이해해 달라'고 하여 **understand**를 쓰지 않는다.

숙어에는 **take account of**나 **consider of**, **spell over** 등도 역시 '고려하다'의 뜻이다. 동사형인 **contemplate** 역시 '고려하다'의 뜻이 있어 **You're too young to be contemplating retirement**라고 하면 '당신은 은퇴를 고려하기에는 너무 젊습니다'가 된다.

참고로 '감안하다'는 **allow for**를 쓰고 '감수하다'는 **put up with**나 **submit to** 그리고 '반영하다'는 **reflect**를 쓴다.

유사 표현 문장

○ **They refused to submit to threat.** 그들은 협박에 굴복하기를 거부했다.
○ **She doesn't want to take it into reconsideration.** 그녀는 그 점에 대해 재고하기를 원치 않습니다.
○ **We must take it into consideration.** 우리는 반드시 그 것을 고려해야 합니다.
○ **I want you to take it into consideration.** 전 당신이 그것을 고려해 주셨음 합니다.

Conversation

A) **They don't keep that contract, you know?**
그들은 그 계약을 지키지 않아요. 아시나요?

B) **Yes, that's why we must take it into consideration.**
네, 그래서 우리는 그 점을 고려해야 합니다.

A) **We should point out this tomorrow's meeting.**
내일 회의 때 이 점을 꼭 짚어야 합니다.

042 There is no easy way!

Epic English

세상에 쉬운 건 없는 겁니다.

'세상에 쉬운 것은 없다'를 영어로는 **There is no easy way!**라고 한다.

There is는 '~이 있습니다'이다. 그러므로 **There is no ~** 는 '~이 없습니다'가 된다. **There is no free ride** 나 **There is no free lunch**는 '세상에 공짜는 없다'이다.

또한, **There is never too late**는 '세상에 늦은 것은 없다'이다. 속담 중에 **There is no smoke without fire**는 '아니 땐 굴뚝에 연기 나지 않는다'이다. 이처럼 **There is ~** 로 시작하는 문장이 많다.

Is의 과거형인 **was**를 써서 **There was a book on the table**이라고 하면 '책상 위에 책이 한 권 있었습니다'가 된다.

여기서 잠시 **be** 동사에 대해 알아보자. **be** 동사는 **am, are, is**인데 이것들의 과거형은 **was, were, was**이다. 그래서 **I am going to study hard** (나는 열심히 공부할 것이다)의 과거형을 쓰게 되면 **I was going to study hard** (나는 열심히 공부하려고 했었다)가 되는 것이다.

There is의 의문문은 **Is there**이다. 그래서 많은 사람들이 **Is there a god?**이라고 반문한다. 이 말은 '이 세상에 신은 과연 존재할까?'이다.

유사 표현 문장

○ **There is a time and place for everything.** 세상 모든 것에는 때와 장소가 있습니다.
○ **There is the Dos and Don'ts of studying English.** 영어공부를 함에 있어 해야 될 일과 하지 말아야 될 것이 있습니다.
○ **There is such a saying.** 그런 속담이 있습니다.
○ **There was a big building around there.** 그 근처에 큰 빌딩 하나가 있었습니다.

Conversation

A) **The more I study English the more, it's very difficult!**
영어공부를 하면 할수록 어려운 것 같습니다.

B) **There is no easy way.**
세상에 쉬운 건 없죠.

A) **I know, trial and error makes me strong.**
저도 알아요, 시도와 실패가 절 강하게 만든다는 걸.

043

I don't drink coffee as much as I used to be.
예전처럼 그렇게 많이 커피를 마시지는 않습니다.

Before와 ago의 차이점은 뭘까?

둘 다 '이전에, 전에'의 뜻으로 과거를 말하는 것이다. 하지만 **ago**는 '오래 전의 과거'를 말하는 것이고, **before**는 '~ 전'의 뜻으로 현재나 미래에 있는 일들을 이야기 할 때 쓰인다.

즉, 다시 말해 '오래 전에 난 미국에 있었다'라고 한다면 **I was in USA a long time ago**이고 '가기 전에 한 번 더 생각해 보세요'라고 한다면 **Please think twice before you go there**이다.

Since와 from 역시 차이가 있다. **From**은 '~부터'로 since와 같지만 시작과 종료가 된 것은 **from**, **since**는 이후 쭉 현재까지 진행형이면 **since**를 쓴다. 예를 보자.

I was in the hospital from Monday to Sunday. (난 월요일부터 일요일까지 병원에 있었다.)
He is in the hospital since March till now. (그는 3월 달부터 지금까지 병원에 쭉 있다.)

I used to be는 '예전처럼'의 뜻으로 **I am not like I used to be**는 '난 예전의 내가 아니다'이다. 참고로 **I get used to ~** 명사는 '~하는데 익숙하다'이고, '익숙해지고 있습니다'는 **I am getting used to** + 명사를 쓴다.

유사 표현 문장

○ **I am getting used to eating pizza.** 피자 먹는 것에 익숙해지고 있습니다.
○ **I don't meet them as much as I used to be.** 예전처럼 그렇게 자주 그들을 만나지는 않습니다.
○ **Money is used to bait the hook.** 돈은 사람을 유혹하는 미끼로 사용된다.
○ **I am getting used to driving.** 운전에 익숙해지고 있습니다.

Conversation

A) **I think you drink coffee a lot everyday!**
제 생각에 당신은 커피를 매일 너무 많이 마시는 것 같아요.

B) **Yes, but I don't drink it as much as I used to be.**
네, 그렇지만 예전처럼 많이 마시지는 않습니다.

A) **How about caffeine-free coffee?**
카페인 없는 커피는 어때요?

044

Epic English

My mind is somewhere else.
제 마음이 콩밭에 가 있습니다.

'마음이 콩밭에 가 있다.'

알고 나면 쉬운 것이 영어인데 모르면 감을 잡기가 쉽지 않다. 이 말은 결국 '뭔가에 집중할 수 없다' 혹은 '집중이 안 된다'인데, '집중'을 뜻하는 영어단어에는 **concentration**이나 **concentrate** 혹은 우리가 자주 사용하는 **focus, center** 등이 있다.

다시 말해서 **I can't concentrate my mind**라고 하면 '마음을 집중할 수가 없다'가 된다. 또한 **focus**를 써서 **I want to focus on my business**는 '사업에만 집중하고 싶습니다'이다.

예) **Distracting though go away when I concentrate on the work**. (일에 집중하면 잡념이 사라진다.)

하지만 우리 속담인 '마음이 콩밭에 가 있다'는 표현하기가 쉽지가 않다. 이러한 표현을 영어로는 **My mind is somewhere else**라고 한다. '마음이 어디 다른 곳에 가있다'는 뜻이다. 또한 **My mind is whirling**이라고도 한다. '마음이 휘저어진다'이니 결국 집중하기 어렵다. 즉, '마음을 잡지 못해 혼란스럽다'는 뜻이다. 약방의 감초처럼 자주 쓰이는 표현인 **I want to get myself together**는 '마음을 바로 잡다'의 뜻으로 '마음을 추스르다'의 뜻이다.

유사 표현 문장

○ **My mind is cluttered with bad idea.** 안 좋은 생각으로 마음이 혼란스럽습니다.
○ **My mind is so confused.** 마음이 몹시 혼란스럽습니다.
○ **I am so complicated.** 저는 몹시 복잡합니다.
○ **I am as confused as you.** 나도 당신만큼이나 혼란스럽습니다.

Conversation

A) **Look, listen, what are you looking at?**
들어 보세요. 뭘 보고 있는 겁니까?

B) **Sorry, my mind is somewhere else nowadays.**
죄송해요. 요즘 제 마음이 콩밭에 가 있어요.

A) **Please keep your eyes open.**
두 눈 부릅뜨세요. (정신 차리세요.)

045 Is it possible to get a VISA?
비자 받는 것이 가능한가요?

대박영어

'~한다는 것 확실하지요?'는 **Are you sure that S + V**를 쓰거나 **sure to** 동사원형을 쓴다. 예) **Are you sure to go there?** (거기 가는 것 확실한가요?)

그렇지만 '~하는 것 가능하신가요?'는 **Is it possible to** 동사원형을 쓴다. 다시 말해서 '오늘 저녁에 저랑 만나는 것 가능하세요?'라고 한다면 **Is it possible to meet me on tonight?**라고 한다.

여기서 possible이 들어가는 숙어형을 잠시 살펴보면, 우리가 잘 아는 **ASAP** 즉, **as soon as possible** (가능한 한 빨리)가 있고 **as often as possible** (가능한 한 자주)도 있다.

그 밖에도 널리 쓰이는 as용법으로 **as soon as**는 '~하자마자'이고 **as good as**는 '~나 마찬가지이다'의 뜻이다. 또한 **as long as**는 '~하는 동안'의 뜻이고 **as far as I know ~**는 '내가 알고 있기로는'이다. As 용법을 잘 알고 있으면 많은 표현을 함에 있어 용이하다.

참고로 **Is it possible that S + V** 는 '~하는 것 가능하세요' 말고도 '~한다는 게 말이 되나요?'의 뜻이 함께 있으므로 참고할 필요가 있다.

유사 표현 문장

- **Is it possible to speak English?** 영어 가능하신가요?
- **Is it possible that she act like that?** 그녀가 그렇게 행동한다는 게 말이 되나요?
- **I want to learn English as soon as possible.** 가능한 한 빨리 영어를 배우고 싶습니다.
- **I want to meet her as often as possible.** 그녀를 가능한 자주 만나고 싶습니다.

Conversation

A) **Is it possible to be there without a car?**
   차 없이도 거기 갈 수 있습니까?

B) **No, that's too far from here.**
   아니요, 여기서 아주 멉니다.

A) **Just in case, how long will it take on foot?**
   만약의 경우, 걸어간다면 얼마나 걸릴까요?

046 Epic English

We can have it out the problem first.
그 문제부터 해결하자구요.

'문제'는 **matter**나 **problem**이다.

그렇다면 '해결하다' 혹은 '해결'은 어떤 단어들이 있을까? 여기에는 **settle**과 **settlement**, 그리고 **solve**와 **solution**, **resolve** 등이 있다.

그래서 **When settle into shape**라고 하면 '그 문제가 모양을 갖추면 즉 해결되면' 혹은 '정리되면'이라는 뜻이다. 위 문장에 쓰인 **have it out**나 **work out**도 숙어형으로 '해결하다'의 뜻이 있다.

간혹 영화를 보면 대사 중에 **Which comes first? We must have it out the urgent problem. OK?**라는 말이 나온다. 그 말은 '지금 중요한 게 뭔가요? 급한 것부터 해결하자구요, 아셨죠?' 이다.

또한 **arrange with ~** 역시 '해결하다, 결말짓다, 합의하다' 뜻이 있어 **We need to arrange with the problem as soon as possible**은 '가능한 그 문제를 빨리 결말지으시오'가 된다.

우리가 비교적 잘 아는 **mending** 역시, '해결하다, 복구하다, 낫다' 등의 뜻이 있다. **He is a second-to-none for invisible mending.** (그는 자국 없이 수리하는데 일인자입니다.) **This trip would be a fence-mending mission.** (이번 여행은 관계 개선을 목적으로 합니다.)

유사 표현 문장

○ **No matter what, we must have it out the problem first.** 무슨 일이 있더라도 그 문제부터 해결해야 한다.
○ **I want to arrange with person who broke my window.** 난 나의 유리창을 깬 사람과 합의보기를 원한다.
○ **They tried to mend their differences.** 그들은 자신들의 의견 차이를 해결하려고 애썼다.
○ **I want you to settle the matter as soon as possible.** 조속한 시일 내에 처리해 주십시오.

Conversation

A) **I want to have it out that problem first.**
그 문제를 먼저 해결하고 싶습니다.

B) **Wait, that's not an easy task.**
기다리세요. 그게 쉬운 게 아닙니다.

A) **I know. But time is running out.**
알아요. 하지만 시간이 다 되어간다구요.

047

It's not to be taken lightly.

대박영어

그것은 가볍게(쉽게) 받아들여서는 안 된다.

Look down on ~은 '쉽게 보다, 깔보다, 내려보다'의 뜻이다.

그래서 **People look down on me** 는 사람들은 '나를 업신여긴다'이다.

예) **Don't look down on me!** (저를 깔보지 마세요!)

또한 **belittle** 역시 '하찮게 만들다, 깔보다'의 뜻이 있는 단어이다. 그래서 **You belittle me when you say that**이라고 하면 '그것은 네가 나를 깔보고 하는 말이다'가 된다.

여기서 '깔보다'의 단어들로 쓰이는 표현으로는 **get above ~** '을 얕보다'를 비롯하여 **poor scorn on** '~을 경멸하다, 업신여기다' **disprize ~** '얕보다' **low rate** '낮게 평가하다, 깔보다' 등이 있다.

하지만 '쉽게 생각하다' 혹은 '쉽게 여기다'는 조금 다르게 표현하고 쓴다는 것을 알아 둘 필요가 있다.

먼저, '받아들이다'의 뜻으로 쓰이는 대표적 단어가 **accept**이다. 비슷한 뜻을 가진 단어로는 그 외에 **adapt**, **absorb**, 그리고 **embrace**가 있다. 고로 '쉽게 받아들이다'는 **easy to accept ~** 가 된다. 본문의 **take lightly**도 '쉽게 여기다, 가볍게 여기다'이다. 결국 같은 의미를 가진 표현들인 것이다.

유사 표현 문장

○ **The management with not sniff at our suggestion.** 경영진이 우리 제안을 쉽게 받아들이지는 않을 것입니다.

○ **They don't accept easily about that.** 그들은 그것을 쉽게 받아들일 수 없습니다.

○ **She sniffed that I said.** 내 말에 그녀는 콧방귀를 뀌었다.

○ **It cannot be taken lightly.** 그것은 쉽게 받아들일 수가 없다.

Conversation

A) **I heard you refused his suggestion.**
그 사람 제안을 거절했다고 들었습니다.

B) **Yes, because it's not to be taken lightly I think.**
네, 왜냐하면 그것을 쉽게 받아들여서는 안 된다는 생각이 들더군요.

A) **Okay, let's call it up a day.**
좋아요. 오늘은 여기까지 합시다.

048

Epic English

Are you trying to deceive me, or what?
날 속이자는 건가, 아님 뭔가요?

'속이다'를 영어로 표현하고자 한다면 그야말로 부지기수의 단어들이 있다.

우리가 학창시절 시험을 볼 때, 부정행위 하는 것을 **cunning**이라고 했다. **Cunning**은 '간교한, 교활한' 뜻이 있고 '술책'이나 '음모' 등의 뜻도 있다. 하지만 정확한 영어 표현은 '부정행위'의 **cheating**이다.

그래서 **cheated on** ~ 하게 되면 '부정행위를 하다'의 뜻으로 **Have you ever cheated on your wife?** 가 '당신 배우자에게 부정행위를 한 것이 있습니까?'가 되는 것이다. 미국 어느 **TV** 프로그램의 이름이 **Cheaters**이다. 이 프로그램은 배우자가 부정행위를 하는지 또한 그렇지 않은지 알아봐 주는 프로그램이다.

그렇다면 여기서 '속이다' 혹은 '기만하다'의 뜻을 가진 단어들을 잠시 살펴보자.

Deceive, cheat, swindle, trick, bet food, take in, impose hoodwink 등이 모두 '속이다, 기만하다'의 뜻을 가진 단어들이나 숙어이다.

I think it's a cheating. (제 생각엔 이건 속임수입니다.) **That company swindled me out of 5,000 US dollars.** (그 회사는 나에게 5천 달러를 사취했다.)

유사 표현 문장

- **I was deceived by her beauty.** 난 그녀의 미모에 속았다.
- **They deceived me many times.** 그들은 저를 많이 속였어요.
- **You can't fool me anymore.** 더 이상 나를 속이지는 못 한다.
- **Don't try to pull my leg.** 나를 속일 생각을 하지 마라.

Conversation

A) **Are you trying to deceive me again?**
나를 또 속이려는 겁니까?

B) **No, I mean business this time.**
아뇨. 이번에는 진짜입니다.

A) **Believe it or not, I can't accept your offer in any case.**
믿거나 말거나, 난 당신의 어떤 제안도 받아들일 수 없습니다.

049 대박영어

I used a good cop bad cop method to him to understand.
나는 그가 우리를 이해할 수 있도록 회유와 협박책을 썼다.

Method는 '방법, 방식' 등의 뜻이고 '수법, 수단'의 뜻도 있다.

그래서 **They use every method(means)**를 쓰면 '그들은 온갖 수단을 쓴다'가 된다. 또한 **teaching method**라고 하면 '교수법'의 뜻이 되어 **This teaching method of English has wide usage** (이 영어 교수법은 널리 사용되고 있다)도 있다.

그렇다면 **good cop bad cop**은 무슨 뜻일까?

Cop은 먼저 '경찰'을 의미한다. **Caps and robbers**는 어린이들이 하는 '경찰과 도둑'놀이이고, 로보캅 (**Robot cop**)이라는 영화도 나오지 않았는가? **A cops-and-robbers gun battle**은 '경관과 도둑의 총격전'이다.

그러므로 **a good cop bad cop**은 숙어형으로 '좋게도 했다가 나쁘게도 했다가'의 뜻으로 우리나라 말로 하면 '당근책'이 될 것이다. 말 그대로 '회유와 협박'의 뜻이다. 누군가를 '설득(**persuade**)하려고 할 때', 우리는 **a good cop bad cop**을 쓴다.

유사 표현 문장

- **Don't try to persuade me.** 나를 설득하려 하지 마라.
- **Obviously he is very difficult to persuade.** 명백히 그는 설득하기 정말 어렵다.
- **We had no other choice to use a good cop bad cop method.** 우리는 회유와 협박을 함께 쓰는 것 밖에 선택의 여지가 없었다.
- **They are the ones he needs to persuade.** 그들은 그가 설득할 필요가 있는 사람이다.

Conversation

A) **She never tried to listen to me.**
그녀는 내 말을 들으려고 하지 않았습니다.

B) **So what did you do to her?**
그래서 어떻게 했는데요?

A) **I used a good cop bad cop method to listen to me.**
내 말을 듣게 하려고 온갖 회유와 협박을 했지요.

050 He is a pioneer in that field.
그는 그 분야의 선구자입니다.

Epic English

'선구자'를 뜻하는 영어단어로는 **pioneer, pathfinder** 그리고 **trailblazer**가 있다. 이것들 모두가 '선구자, 개척자'의 뜻이다.

가령 예를 들어 SAMSUNG is a pathfinder in computer technology하면 '삼성은 컴퓨터 기술 분야의 선구자이다'가 되고 He is a trailblazer in the field of medical research 하면 '그는 의학연구 분야의 선구자이다'가 된다. 여기서 field는 '분야'이다. 예) Most people prefer the high-tech field. (대부분이 첨단기술 분야를 좋아하고 선호한다.)

우리는 한때 개척자 정신을 길러야 한다는 소리를 듣고 자랐다. 없는 나라에 태어난 죄(?) 라고 했다. '개척자 정신'이 바로 **the pioneer spirit**이다. We need a pioneer spirit. (우리는 개척자 정신이 필요합니다.)

'천하무적'은 second to none이다. 그래서 '그는 그 분야에서 최고입니다'라고 한다면 He is second to none of that field라고 한다. Second to none은 '둘째가 될 수 없다'의 뜻이니 '천하무적이다'의 의미가 있는 것이다.

유사 표현 문장

- He is second to none in English. 그는 영어라면 누구에게도 꿀리지 않는다.
- Picasso was a pioneer of cubism. 피카소는 입체파의 선구자였다.
- He is a smart but he has no pioneer spirit. 그는 똑똑하긴 하지만 개척자 정신이 없다.
- In today's world, we need a pioneer spirit. 요즘 시대에는 개척자 정신이 필요하다.

Conversation

A) Who is that guy over there?
거기 있는 사람은 누구입니까?

B) Ah, he is a pioneer in computer technology.
아 네, 저 사람은 컴퓨터 기술 분야 선구자예요.

A) Really, oh, boy! That's great!
정말요? 우와, 멋진 사람이네요.

051

대박영어

You can speak English well by means of practice.
연습을 하면 영어를 잘 할 수 있습니다.

'~으로 ~을 잘 할 수 있습니다'라고 할 때에는 **by means of** ~를 쓰는 게 일반적이다. 물론 그냥 가볍게 그냥 **by**만 쓰는 경우도 있지만, **by means of**에는 '~의 도움으로, ~을 통하여, ~을 써서(사용하여)'의 뜻이 있기 때문이다. 여기서 수단인 **with**나 **by means of**, **through**, **using** 등은 '~로서 또는 ~으로'의 뜻으로 쓰이는 단어 들이다. 여기서 전치사 하나를 공부하고 가보자. 전치사에는 수없이 많은 단어가 있다. **On, in by, with** 등…

　영어로 대화를 한다고 할 때에는 **in**을 쓴다. 예) **I want to talk to you in English.** (저는 영어로 대화를 하고 싶습니다.)

　전화상으로 대화를 할 때에는 **on**을 쓴다. 예) **I spoke to you on the phone last night.** (어젯밤에 전화로 대화했습니다.)

　'~와 함께'라고 할 때는 **with**를 쓴다. 예) **I want to talk with her.** (난 그녀와 대화하고 싶다.)

　'~하면서'라고 할 때는 **over**를 쓴다. 예) **I want to talk to you over a coffee.** (커피 한잔 하면서 대화를 하고 싶습니다.)

　목적이나 수단은 **by**인데, **by means of**의 용도를 잘 활용해보자.

유사 표현 문장

○ **You can make a lot of money by means of his ability.** 그의 능력으로 큰돈을 벌 수 있습니다.
○ **We can be there by means of her motorbike.** 우리는 그녀의 오토바이로 거기에 갈 수 있습니다.
○ **Motorbike works by means of gas.** 오토바이는 가솔린으로 움직인다.
○ **I'll give you my letter by means of somebody.** 인편으로 제 편지를 보내드리겠습니다.

Conversation

A) I don't know the way how to speak English well.
　어떻게 영어를 잘 할 수 있을지 모르겠습니다.

B) I think, you can speak English well by means of practice.
　제 생각에는 연습을 통해서 영어를 잘 할 수 있습니다.

A) I see. Thanks for the tip.
　조언 주셔서 감사합니다.

052

Epic English

What have you done to your hair?
머리에다가 대체 무슨 짓을 한 거니?

What have you done for me?는 '나에게 해준 게 뭔데?'인데 이 말은 주로 뭔가 불만이 있을 때 사용하는 문장이다.

간혹 어떤 이가 '네가 나한테 해 준 게 뭔데?'를 **What did you give me?**라고 한 것을 본 적이 있다. 이렇게 말하면 원어민들은 '나한테 건네준 물건이 뭔데?'라고 알아듣고 아무도 말하는 사람의 의도를 이해하지 못한다. 이러한 경우는 **What have you done for me?**이다.

그래서 **I will never forget what you have done for me!**라고 하면 '당신이 제게 행한 일들 결코 잊지 않겠소'이다.

그러나 위의 제목인 **What have you done to** 명사는 조금 의미가 다르다. 우리나라 말에 '무슨 짓을 한 거야?'라는 말이 있는데 이것이 바로 영어로 **What have you done to** 명사이다.

누군가 머리에다가 이상한 짓을 해서 그걸 **fashion**이라고 하고 다닐 때, 우리는 **What have you done to hair?**라고 하고 잘 되던 핸드폰이 누구로 인해 갑자기 안 될 때 **What have you done to my cell phone?**이라고 한다.

유사 표현 문장

○ **Oh my god! What have you done to your nail?** 맙소사! 손톱에다가 도대체 무슨 짓을 한 겁니까?
○ **Oh Lord! What have you done to her?** 맙소사! 그녀에게 무슨 짓을 한 겁니까?
○ **I really like that you've done to him.** 당신이 그에게 한 일 마음에 쏙 드네요!
○ **What have you been doing since then?** 그 이후로 뭘 하고 계신가요?

Conversation

A) **What do you think of my new hair style?**
제 새로운 머리 스타일이 어때요?

B) **Oh my god! What have you done to your hair?**
맙소사, 머리에다 무슨 짓을 한 겁니까?

A) **Why? Something is wrong?**
왜 뭐가 잘못됐어요?

053 We must overcome our weakness.
대박영어 우리의 약점을 극복해야 한다.

'극복하다'에는 여러 가지 단어가 있다.

먼저 **over come**을 비롯하여 **get over**와 **surmount**가 있고 또한 **conquer**도 있다.

Get through 역시 '극복하다, 헤쳐 나가다'의 뜻을 가진 숙어형으로 자주 나오는 표현 중 하나이다. 예) **We must get through this difficulties**. (우리는 이 어려움들을 헤쳐 나가야한다.)

Get over 역시 '극복하다, 회복하다'의 뜻이다. 그래서 **She can't get over her shyness**라고 하면 '그녀는 소심함을 극복하지 못 한다'가 된다.

한편으로 '시련을 극복하다'는 **overcome trials**를 쓰고 '환난을 극복하다'는 **overcome hardships**, '병을 극복하다'는 **conquer disease**를 쓴다.

'부상을 극복하다'는 일반적으로 **overcome injury**를 쓰는데, **She overcome injury to win the Olympic gold medal** 이라고 하면 '그녀는 부상을 극복하고 올림픽에서 금메달을 땄다'가 된다.

참고로 **overpass**나 **cope** 등도 '극복하다'의 뜻을 가진 단어나 숙어들이다.

유사 표현 문장

○ We must cope with difficulties. 곤란을 잘 처리해야 한다.
○ We must overcome every difficulties first. 모든 어려움들을 먼저 처리해야 한다.
○ You can go beyond the impossible. 불가능을 극복할 수 있다.
○ I can negotiate an obstacle a difficulty. 난 난관을 극복할 수 있습니다.

Conversation

A) We must overcome our weakness first.
  우리는 먼저 우리 약점을 극복해야 합니다.

B) That's what I want to say.
  제 말이 그 말입니다.

A) Okay, it's time to go. Don't let us down.
  좋아요, 이제 전진합시다. 우리 자신을 실망시키지 맙시다.

054

Epic English

Every Tom, Dick and Harry!
어중이떠중이 전부다!

'어중이떠중이'라는 말이 있다. 영어에도 이와 같은 표현이 있다. 이것이 영어로 **Tom, Dick and Harry**이다. 그럼 이것이 왜 '어중이떠중이'일까?

미국에서 가장 흔한 이름들이 바로 이것들이다. 그래서 어중이떠중이를 영어로 이렇게 말하는 것이다. '이름'이 들어가는 숙어로는 **Dear John letter**도 있다. '이혼요구서, 절교장'이라는 뜻이다. **I received a Dear John letter from her.** (나는 그녀로부터 이별을 통보하는 편지를 받았습니다.) 여기서 '누구나'는 **everybody**라고 하고 어떤 사람은 **somebody**라고 한다. '아무도'는 **anybody**이고 **nobody** 역시 '아무도'이다. 그래서 **Nobody understand my feeling** 하게 되면 '그 누구도 나의 기분을 이해하지 못한다'이다.

영화대사에 **Nobody stopping him**이라는 구절이 있다. 이 말은 '그 사람을 아무도 말릴 수 없다'의 뜻이다. 하지만 **anybody**는 긍정문에서 쓰이는 단어이다. 예) **If anybody can speak English well, let me know.** (만약 영어를 잘 하는 사람이 있으면 나에게 알려주세요.)

유사 표현 문장

○ **Somebody called you while you were out.** 당신이 외출할 때 누군가 전화를 했습니다.
○ **Nobody can help him.** 누구도 그를 도울 수는 없습니다.
○ **Anybody has interest in that program?** 누구 그 프로그램에 관심 있는 사람이 있을까요?
○ **Every Tom, Dick and Harry travels abroad these days.** 요즘은 어중이떠중이 다 해외여행을 간다.

Conversation

A) **Can I join your party tonight?**
오늘 저녁 당신 파티에 참석할 수 있을까요?

B) **Sorry, every Tom, Dick and Harry can't be there!**
미안해요. 어중이떠중이 다 올 수 있는 데가 아닙니다!

A) **Sorry to hear that.**
유감이군요.

쉬면서 알고 가는 영어표현

D

Don't be modest. 겸손해 하지 말아요.

Don't be shy. 부끄러워하지 마세요.

Don't be silly. 싱겁게 놀지 말아요.

Don't bother. 신경 쓰지 마세요.

Don't bother me. 나를 괴롭게 하지 말아요.

Don't change the subject! 화제를 다른 데로 돌리지 마요!

Don't get into trouble.(Stay out of trouble.) 사고 치지 마.

Don't get upset. 너무 화 내지 말아요.

Don't mess with me. 날 함부로 대하려고 하지 말아요.

Don't let me down. 나를 실망시키지 말아요.

Don't make me laugh. 나를 웃게 하지 말아요.

Don't push me! 너무 강요하지 말아요.

Don't push(press) your luck! 행운을 밀어 내지 마세요!

Don't push! 밀지 말아요!

Don't worry about it. 걱정하지 말아요!

Drive safely! 안전하게 운전해요!

E

Easy does it. 천천히 하는 것이 잘 하는 것에요.

색깔 있는 영어

- white list 우량도서 목록   • white way 번화가, 불야성   • white war 무혈전쟁, 경제전
- white elephant 쓸모없는 것

일상생활에 자주 사용되는 영어 표현들입니다.

Either will do. (Anything will do.) 둘 중에 어떤 것이든 되요.

Enjoy your meal. 맛있게 드세요.

Enough is enough. 충분하니까 이제 그만 해요.

Exactly. 정확하게 맞아요.

Excellent! (Supper!) 잘 했어요.

Excuse me. 실례합니다.

F

Far from it. 아직 멀었지요.

Fifty-fifty. 50:50입니다.

Follow me. 따라오세요.

For good? 영원히?

For what? 왜? 무엇을 위해서요?

Forget it. 잊어버리세요.

G

Get in the line. 줄을 서세요.

Get lost. 당장 꺼져 버려.

Get off my back. (등에 업혀 있지 말고) 이제 나를 그만 괴롭혀요.

Get real! 냉정해지세요!

Get the picture? 이제 뭔가 그림이 보이세요?

색깔 있는 영어

- black and white 흑백의(사진, 텔레비전 등) • (in) black and white 흑백논리의 • black eye (맞아서) 멍든 눈
- black ice (도로 표면에 생긴 얇은) 빙판

055 So it is what it is!
대박영어 법이 그렇다는데 어쩌겠는가!

우리나라 속담에 '법 보다는 주먹이 가깝다'라는 말이 있다. 이것을 영어로는 **Where drums beat laws are silent**라고 한다. '북이 울리는 곳에서는 법이 침묵한다'일다 또한 '주먹이 법이다'라고 한다면 **Violent is the law**라고 하는데 주로 건달이나 조폭이 쓰는 용어다. 또한 '무법천지다'라고 할 때는 **It's jungle here**라고 하고 '로마에 가면 로마법을 따라야 한다'는 **When you in Rome, do as Romans do**라고 한다.

그렇다면 '울며 겨자 먹기'는 어떻게 영어로 표현할까?

Must face the muddle을 '울며 겨자 먹기'라고 한다. **Have no choice**는 '선택의 여지가 없다'이고 **face up to ~**는 '~을 감수해야 한다'이다. 그리고 '양육강식'은 '강한 자가 약한 자를 잡아먹는 것'을 말하는데 이것을 영어로 **The law of the jungle**이라고 한다. 예) **There is a law of the jungle.** (약육강식의 법칙이 있다.)

또한 **There is no law without exception**은 '예외 없는 법칙은 없다'이다. 참고로 '뿌린 대로 거둔다'는 **As you sow, so you reap**이라고 하고 법규는 **rule of the law**이다. 하지만 '교통법규'는 그냥 **traffic law**라고 한다. 예) **The driver didn't obey the traffic laws.** (운전자가 법규를 지키지 않았다.)

유사 표현 문장

○ **We want the rule of law to be asserted.** 우리는 법규가 확고해지기를 원한다.
○ **They turn a blind eye to this kind of practice.** 그들은 이러한 관행을 눈감아주고 있다.
○ **That used to be the law.** 그것은 관행이었다.
○ **That's the function of the marriage system.** 그것은 결혼제도의 기능이다.

Conversation

A) **Why didn't you give him a piece of your mind?**
그 사람에게 따져보지 그랬어요?

B) **I can't because they said so it is what it is.**
그럴 수가 없어. 왜냐하면 법이 그렇다는 데 뭘.

A) **Why don't you try a good cop bad cop method?**
강온 양면책을 써보면 어때요?

056 I don't have the guts to do it.
그것을 할 용기가 없습니다.

Epic English

'용기'를 뜻하는 단어로는 **courage**, **nerve** 그리고 **spunk**나 **bravery** 등이 있다.

그 중에서도 가장 많이 사용되는 단어가 아마도 **courage**이다. 그래서 '~에 용기가 있다'는 **have the courage**를 쓴다. 물론 반대의 경우는 **no courage**를 쓴다. 간혹 영화에 보면 '너 용감하다'라고 할 때, **brave**를 쓰는 것을 자주 볼 수가 있다. **Brave** 역시 '용감한, 용기 있는'의 뜻이다. 예) **You're so brave I am proud.** (너 참 용감하구나. 네가 자랑스럽다.)

형용사형인 **courageous**는 '용감한'의 뜻으로 **a very courageous decision**은 '대단히 용기 있는 결정'이다. 이밖에 **courageous act**는 '용기 있는 행동'이고 이 뒤로 **person**이 오면 '용기 있는 사람'이라는 뜻이다. **A courageous man**은 '사나이 중의 사나이'라는 뜻이다.

예) **It is very courageous of him to say so.** (그가 그런 말을 하다니 대단히 용감하다.)

Guts도 명사형으로 '용기, 저력, 배짱, 근성' 등의 뜻이 있는 단어이다. 그래서 **I don't have the guts to ask her to marry me**라고 하면 '난 용기가 없어서 그녀에게 나랑 결혼해 달라고 하지 못한다'이다.

유사 표현 문장

○ **I don't have to guts to go there.** 거기 갈 용기가 없다.
○ **He was the most courageous man I ever know.** 그는 내가 알았던 사람 중에 가장 용기 있는 사람이었다.
○ **Instead of being courageous, he is cowardly.** 그는 용기 보다는 겁이 많다.
○ **I didn't have the guts to buzz her.** 차마 용기가 없어 그녀에게 전화를 못했어요.

Conversation

A) **I didn't have the guts to confront Nancy.**
낸시에게 똑바로 말할 용기가 없었어요.

B) **Oh boy! Be brave, okay?**
저런, 좀 용감해지세요!

A) **What'll be the best way to contact her?**
그녀와 연락하는 가장 연락하는 가장 좋은 방법은 무엇일까요?

057

You don't need to overreact about that.
그것에 대해 과민반응을 보일 필요는 없다.

대박영어

'예민하다'의 뜻을 가진 단어로는 **keen**, **acute**, **sharp** 등이 있다. 하지만 감정이나 신경 등이 '예민하다'라고 할 때 쓰이는 단어는 주로 **edgy**나 **sensitive**다.

그래서 **I am so sensitive these days that I easily get upset over nothing**이라고 하면 '난 요즘 예민해져서 조그마한 일에도 화가 쉽게 난다'이다. 참고로 **sixth sense**는 육감이다. 그래서 '그녀가 나에게 관심이 있다는 걸 육감적으로 알았다'라고 한다면 **I knew it by my sixth sense that she has interest in me**가 된다.

그렇다면 '과민반응'은 뭘까? 우리가 잘 알고 있는 **over**에는 '넘어지게, 쓰러지게' 혹은 '과하게'의 뜻이 있다. 그래서 우리는 **over**하지 마라 즉 **over action** (과민행동) 하지 말라고 자주 이야기하기도 한다. 다시 본론으로 돌아가서 '과민반응'의 단어에 **react**가 있는데 이는 '행동'이다. **Overreact**하게 되면 '과민행동'이나 '과민반응'이 되는 것이다. **Over and over**는 '여러 번 되풀이하여'이다.

예) **She asked me that question over and over**. (그녀는 그것에 대한 질문을 되풀이 하며 계속 물었다.)

유사 표현 문장

○ **She overreacts when that subject comes up**. 그녀는 그 얘기만 나오면 과민반응을 한다.
○ **It's very important that we do not overreact**. 우리가 과민반응을 보이지 않는 것이 중요하다.
○ **I tried not to overreact about that**. 난 그것에 대해 과민반응을 보이지 않으려 노력했다.
○ **They are overreacting all the times**. 그들은 늘 과민반응을 한다.

Conversation

A) **You don't need to overreact about that, okay?**
그것에 대해 과민반응을 보일 필요가 없어요.

B) **I know but they tried to excite my nerve.**
알고 있습니다. 그러나 그들이 자꾸 제 신경을 자극하잖아요.

A) **Take it easy and let them do that.**
신경 쓰지 말고 그 사람들이 그렇게 하도록 놔두세요.

058 Epic English

Seems like only yesterday that I was a student.
학생 때가 엊그제 같습니다!

Seem은 '~인' 혹은 '~하는 것처럼' 혹은 '~인 것 같은'의 뜻을 가진 단어이다.

그래서 **can't seem to do**는 '할 수 없을 것 같다'의 뜻이 되고 **seem all rose color**는 '만사가 장밋빛으로 보이다, 즉 유망해 보이다'의 뜻이다. **When it come to this rebuilding project, it seems all rose color.** (이번 재건축에 대해서라면, 만사가 유망해 보입니다.)

또한 **seem like**는 '~처럼 보이다'이고 **it would seem ~**은 '~인 것 같은 생각이 든다' 혹은 '~인 듯 하다'이다. '~ 인가 보다, ~나 보다'의 뜻으로 쓰이는 숙어형으로는 **it seems that**을 비롯하여 **I think that, I wonder if, I am afraid that** 등이 있다.

예) **It looks like rain.** (비가 오려나 보다.), **It seems like fun.** (재미있겠다.)

또한 '~보기에도'는 **as it seems**를 쓴다.

예) **That job is very easy as it seems.** (그 일은 보기에는 쉬워 보인다.)
Setting up VCR is really not as difficult as it seems. (VCR을 설치하는 것은 보기만큼 어렵지가 않다.)

유사 표현 문장

○ **It's not as long as it seems.** 보기보다 길지가 않다.
○ **It's not as far as it.** 보기보다 멀지가 않다.
○ **Time is gone fast I think.** 내 생각에 세월은 참 빠르다.
○ **Times have changed.** 세상이 변했습니다.

Conversation

A) **Time is moving too fast right?**
　세월이 참 빠르죠, 그죠?

B) **Yes! Seems like only yesterday that I was a child.**
　네, 어린 아이였던 적이 엊그제 같은데.

A) **How time flies!**
　세월은 참 유수 같네요.

059 I am just a bit worry!
대박영어 그냥 조금 조심하는 것뿐입니다.

'신중하다'는 '조심스럽다'의 뜻을 가진 단어로는 caution, prudence, discretion, careful 그리고 prudent, circumspection 등이 있다.

'신중을 기하다'는 be circumspect나 use discretion in을 쓴다. '그는 매사에 신중하다'라고 한다면 He is cautious in every respect라고 하며 We should have been more cautious는 '우리는 보다 더 신중했어야 했다'이다.

우리가 비교적 잘 알고 낯이 익은 careful이라는 단어도 형용사형으로 '조심하는, 주의 깊은'의 뜻이 있어 We must be careful when we drive a motorbike라고 하면 '우린 오토바이를 탈 때 조심해야 한다'이다. 그냥 Be careful not to make an accident라고 해도 '사고 나지 않게 조심해라'이니 결국 같은 의미의 말이 될 것이다.

I am just a bit worry는 그냥 '조금 조심하는 것뿐입니다'인데 worry의 뜻에는 '경계하는, 조심하는'의 뜻이 있다. 그래서 worry of하게 되면 '~을 조심하다'이고, Worry a person by jest는 '누군가를 농담으로 괴롭히다'이다. Trust yourself without worry of failure. (실패를 걱정하지 말고 네 자신을 믿어라.) A bit은 조금, 약간의 뜻이 있다. I am a bit tired today. (오늘은 조금 피곤한데요.)

유사 표현 문장

○ **I am very worry about that.** 난 그것을 몹시 경계한다.
○ **We need to be worry of doing business.** 우리는 비즈니스를 함에 있어 조심해야 한다.
○ **You have to use your discretion in this matter.** 당신은 이 문제에 있어 신중해야 합니다.
○ **He is a meticulous natured person.** 그는 매우 신중한 사람이다.

Conversation

A) **I think he was born a business.**
내 생각에 그는 사업적으로 타고 난 것 같아요.

B) **But I want him to be a bit worry.**
그래도 난 그가 조금 조심하길 바래요.

A) **No worry. He wasn't born yesterday.**
걱정 마세요. 그가 어디 한두 살 인가요?

060 Epic English

I will come for the kill. Okay?
다시는 말썽 안 나게 하겠습니다!

'말썽'의 영어단어로는 **trouble, complaint, criticism** 그리고 **dispute** 등이 있다.

그래서 '말썽거리'를 **the cause of trouble**이나 **a matter for complaint**라고 한다. **There seems to be internal trouble** 하게 되면 '내부에 무슨 문제(말썽)가 있는 것 같다'이다. '말썽을 부리다'는 **make trouble**이나 **cause trouble**을 쓴다.

영화에 보면 **hot water**라는 표현도 자주 등장하곤 하는데 이 또한 '곤경, 말썽, 걱정거리'의 뜻이 있다. 또한 **hot water with ~**은 '누구와 사이가 좋지 못하다'의 뜻도 있다

예) **I am in hot water with boss.** (사장님과 사이가 좋지 않습니다.)

우리가 잘 아는 **trouble maker**는 말썽꾼이다. 그래서 **He is trouble maker all the time**이라고 하면 '그는 늘 말썽만 일으키는 말썽쟁이다'가 된다.

예) **If that trouble maker comes here again, shoe him the door.** (말썽쟁이가 또 다시 여기 오면 내쫓아 버리세요.)

숙어형인 **come for the kill** 역시 '숨통을 끊다, 말썽이 안 나게 하다'의 뜻으로 원어민들이 자주 사용하는 표현이다.

유사 표현 문장

○ **Trust me. I will come for the kill.** 믿어 주세요. 말썽 안 나게 하겠습니다.
○ **Don't worry. I won't make trouble anymore.** 염려 마세요. 더 이상 문제 일으키지 않을 겁니다.
○ **I'll take care of them.** 제가 그것들을 처리하겠습니다.
○ **Don't ask for trouble yourself.** 스스로 문제를 만들지 마세요.

Conversation

A) **How many times must I tell you don't meet him and make trouble?**
내가 몇 번 말했나요. 그 사람 만나서 괜히 말썽 나지 않게 하라고!

B) **No worry. I will come for the kill.**
염려 마세요! 말썽 안 나게 하겠습니다.

A) **This is the last time.**
이번이 마지막입니다.

061 I find his manner very off-putting!
그의 행동은 정말 정이 안 간다!

대박영어

'정이 안 간다!'를 영어로 표현하기는 쉽지가 않다.

단어공부의 한계일까? 수많은 단어를 숙지하고 공부해도 쉽지가 않은 것이 영어이다. 먼저 '정'과 관련된 단어로는 **affection**이나 **attachment**가 있다.

그래서 **I long for warm human affection**이라고 하면 '사람의 정이 그립다'이다. 또한 '~에 대한 미련이 없다'라고 할 때에는 **I don't have any feeling left about ~**을 쓴다. 다시 말해, '그녀에 대한 미련은 더 이상 없습니다'라고 한다면 **I don't have any feeling left about her**가 된다.

미국 고사(故事)에 **The foster are closer than the natural parents**라는 말이 있다. 이 말은 '낳은 정보다 기른 정'이란 말이다.

참고로 '애정'은 **love**나 **affection**, '의리'는 **loyalty**, '신의'는 **faith**, '우정'은 **friendship**, '인연'은 **relationship**, '추억'은 **memory** 그리고 **inevitable**은 '필연' 혹은 '필연적'이다. '숙명'은 **destination**이다.

유사 표현 문장

○ **I find the partisan rantings off-putting.** 나는 당파 싸움으로 고성이 오가는 것에 정 떨어진다.
○ **I find her acting is very off-putting.** 그녀의 행동에 정이 떨어진다.
○ **Now I can die without regret.** 난 지금 죽어도 아무런 미련이 없다.
○ **I have no regret about leaving here.** 여기를 떠나는 것에 대한 미련은 없습니다.

Conversation

A) **I find his manner very off-putting.**
그 사람 행동은 정말 정이 안 가요.

B) **Yes. He always takes his own course.**
네. 그 사람은 자기 맘대로예요.

A) **Much to my regret, we should not meet him anymore.**
유감이지만, 우리가 그 사람을 더 이상 만나지 않는 편이 좋겠어요.

062

Epic English

What I want to say is ~ S + V
내가 하고 싶은 말은 ~

What I want to know is ~ S + V는 '내가 알고 싶은 것은 ~이다'의 뜻이 된다. 그러므로 '내가 알고 싶은 것은 그 사람이 뭘 하는 사람인가'라고 한다면, **What I want to know is (that) what he does?**이다. 여기서 **Know**를 say로 바꾸면 '내가 하고 싶은 말은 ~'가 되는 것이다.

이번에는 **say**를 **ask you**로 바꾸면 '내가 너한테 묻고 싶은 것은 ~'이 된다. 이처럼 한 문장을 단어만 살짝 바꾸어 응용하면 원하는 표현을 영어로 할 수 있다. 이 얼마나 효율적인가? 결국 영어회화를 잘하고 못하는 비결은 '응용의 기술'을 얼마나 잘 발휘하느냐에 달려있다.

응용을 잘하는 사람은 영어단어와 표현을 적재적소에 활용하는 사람이다. '내가 하고 싶은 말은 ~'은 그냥 가볍게 **What I am saying is ~** 식으로 해도 된다. '제 말 무슨 말인지 이해가 되시나요?'는 **Do you understand what I say?**나 **Do you understand what I mean?**으로 물으면 된다.

참고로 '내가 공부하고 싶은 것은 ~이'라고 한다면 **What I want to study is ~**라고 표현하면 된다. **What I want to buy is ~**는 '내가 사고 싶은 것은~'이다.

유사 표현 문장

- **What I want to know is she has a boyfriend or not?** 내가 알고 싶은 것은 그녀가 남자친구가 있는지 없는지다.
- **What I want to say is English is international language.** 내가 말하고 싶은 것은 영어는 국제언어라는 것이다.
- **What I want to tell you is no English no future.** 내가 너에게 말하고 싶은 것은 영어가 없다면 미래도 없다는 것이다.
- **What I want to say is I need a VISA or not?** 내가 말하고 싶은 것은 비자가 필요한지 아닌지이다.

Conversation

A) What I want to tell you is be careful whatever you do.
내가 당신한테 하고 싶은 말은 그냥 뭘 하든지 조심하라는 겁니다.

B) Thank you very much.
정말 감사합니다.

A) But if you drive like today, someone may think you're too cautions.
하지만 오늘처럼 운전한다면, 누군가는 당신이 지나치게 조심한다고 생각할 수도 있겠네요.

063 Don't fuss too much, okay?

대박영어

호들갑 좀 떨지 마세요, 아셨죠?

미국 관용어 표현에 **Don't rock the boat**는 말이 있다. 괜히 '평지풍파 일으키지 말라'는 뜻이다. 직역을 하면 '보트를 흔들지 마라'는 뜻이다.

또 다른 표현으로 **Don't make a big deal**이라는 말도 있다. 말 그대로 '크게 다루지 마라'라는 뜻인데 **deal**은 '거래'라는 명사형도 있지만 동사형으로 '이루다'라는 뜻도 있다. 즉 다시 말해서 **deal**은 **treat**와 같은 뜻이다.

또한 **A deal is a deal**은 '약속은 약속입니다'이다. '거래는 거래다'라고 하면 다소 딱딱한 느낌이 있기 때문에 **deal**을 쓰는 것이다. 물론 **A promise is a promise**도 같은 뜻이다.

그렇다면 오늘은 fuss에 대한 것을 공부해보자. **Fuss**는 명사형으로 '호들갑, 야단법석'의 뜻이 있다. 동사형으로는 '파고들면서 껴안다' 혹은 '관심을 보이다'의 뜻도 있다. **It was all a fuss about nothing.** (아무 것도 아닌 일을 두고 벌인 호들갑이었어.)

그래서 **fuss over somebody**라게 되면 '~에게 지나칠 정도로 관심을 보이다'가 된다. **Fuss**는 '안달하다'의 뜻도 있다. 그래서 **Don't fuss about it so much** 하게 되면 '그렇게 안달하지 마라'라는 뜻이 된다. **Don't be so impatient** 역시 우리가 알고 있듯이 '조급하게 하지 마라'의 뜻이다.

유사 표현 문장

○ **I don't know what the fuss is all about!** 이 무슨 쓸데없는 소란인지 모르겠네요!
○ **Don't fuss your head about it.** 그런 일로 너무 애태우지 마세요.
○ **It's actually better if I don't fuss too much.** 내가 호들갑만 떨지 않으면 그건 확실히 좋습니다.
○ **I don't want to fuss about it.** 호들갑 떨고 싶지 않습니다.

Conversation

A) **We will be in a big trouble if he doesn't come here.**
그 사람이 여기 오지 않으면 우린 큰 문제가 생길 겁니다.

B) **Hey, don't fuss about it, okay?**
제발 호들갑 좀 떨지 마세요, 네?

A) **Do we have an alternative choice?**
우리한테 대안이 있나요?

064 The winner takes it all.
Epic English 승자가 모든 것을 가져간다.

ABBA의 팝송 중에 **The winner takes it all**이라는 노래가 있다. 이것은 '승리자가 모든 것을 취한다'라는 말로 '승자독식(勝者獨食)'을 뜻한다. **In such a war-like situations, the winner takes all.** (그처럼 전쟁과 같은 상황에서는, 승자가 모든 것을 갖습니다.)

'승리'라고 하면 우리는 **Victory**라는 단어에 익숙하다. 그래서 **The victory is ours**라고 하게 되면 '승리는 우리의 것이다'이다.

여기서 재미있는 구절 하나를 알아보자. **You have what it takes**는 '너는 그것을 가지고 있다'인데 **it**은 여기서 '**ability**'를 의미한다. 그래서 '너 능력 있잖아, 왜 그래? 힘내라고!'라고 할 때 대다수의 한국 사람들은 **I know you have ability, please cheer up**이라고 하지만 미국인들은 **I know you have what it takes, cheer up**을 더 많이 쓴다.

팝송을 자주 듣거나 외화를 자주 접하는 것도 영어공부의 한 방법이다. 한 번 들리지 않는 문장이 두 번 세 번 듣는다고 쉽게 들리는 것은 아니다. 알아야 들린다. 모르면 들리지 않는다.

또한 문장을 읽고 말할 때 단어에만 치중하지 말고 문장 전체를 이해할 수 있도록 노력해야 한다.

유사 표현 문장

○ **His victory hangs on one vote.** 그의 당선은 한 표에 걸려있다.
○ **The match ended in a victory for our opponents.** 시합은 우리 상대편의 승리로 끝났다.
○ **You're no match for me.** 너는 나의 상대가 아니다.
○ **We are neck and neck.** 우리는 서로 막상막하이다.

Conversation

A) **I think they are neck and neck whatever we'll do.**
제 생각에 그들은 우리가 무엇을 하든지 우리와 막상막하인 것 같아요.

B) **But the winner takes it all.**
그러나 모든 영광은 승리자에게 돌아가죠.

A) **It'll be a close game.**
정말 접전이 될 겁니다.

065 I am so bitter that S + V

대박영어 제가 억울한 것은요…

수없이 영어공부를 하고 또 많은 단어를 습득해도 영어로 의사소통하기는 쉽지가 않다. 그래서 미국에서 10년을 공부해도 영어를 못하겠더라는 말이 나오는 것이다. 영어 공부 역시 후회의 연속이다. '내가 그때 그 방법을 알았더라면….' 여기서 외화에 빈번하게 나오는 '내가 제일 후회스러운 것이 뭔지 아세요?'를 살펴보자. 이 표현은 영어로 **Do you know what I regret the most?**라고 한다. **Regret**에는 '후회하다'의 뜻이 있기 때문이다.

'~할 용기가 없다'라고 할 때에는 일반적으로 **courage**라는 단어를 써서 표현하지만 **I don't have the guts to** 동사원형을 쓰기도 한다. Guts에는 명사형으로 '용기, 배짱, 기력, 근성' 등의 뜻이 있기 때문이다.

예) **I don't have to guts to ask her to marry me**. (그녀에게 나랑 결혼해 달라고 말할 용기가 없다.)

그렇다면 '억울하다'는 어떤 단어를 써야 할까? **Unfair** 역시 '억울하다'라고 할 때 쓰이는 단어이고 **wronged** 역시 '억울하다'라고 할 때 쓰이는 단어 중 하나이다. 명사형으로 쓰이는 단어 중에는 **resentment**도 있고 **unjust**도 있다. 형용사형은 **aggrieved** 역시 '분개한, 억울한'의 뜻이다.

Bitter는 '(맛이)쓰다' 이외도 '쓰라린', '억울해 하는'의 뜻이 있다. **I am so bitter about losing some money.** (나는 돈을 잃어버린 것이 정말 억울하다(속쓰리다.))

유사 표현 문장

- **I grudge having to pay so much tax**. 나는 그렇게 많은 세금을 내야하는 것이 억울하다.
- **This is unjust**. 이건 억울하다.
- **I am so bitter that I had no chance**. 나에게 기회가 없었다는 것이 억울하다.
- **I am so bitter and resentful about the whole thing**. 모든 것이 너무 분하고 원통합니다.

Conversation

A) **I am so bitter that they don't trust me**.
제가 억울한 것은 그들이 저를 믿어주지 않는 것입니다.

B) **Partly, that's your fault**.
부분적으로는, 그것은 당신의 잘못입니다.

A) **I really appreciate your advice**.
당신의 충고를 정말 듣고 싶습니다.

066 It's the first step!
그게 첫걸음입니다.

Epic English

영어에 **first**라는 단어는 정말 쓰임새가 다양하다.

'처음입니다'는 **This is my first time to ~**동사원형을 쓰고, '처음이자 마지막입니다'는 **The first and last time**이다.

예) **This is the first and last time to ask you.** (이것이 너에게 하는 처음이자 마지막 부탁이다.)

또한 **This is not the first and second time to ~** 동사원형은 '이것이 ~함에 있어 한두 번이 아닙니다'이다. 우리가 잘 알고 있는 '선착순'도 **first come first served**이다. '먼저 오는 사람이 먼저 **service**를 받는다'에서 유래된 말이다.

또한 **at first**라고 하게 되면 '처음에는 ~이고' 그냥 **First**를 문장 앞머리에 붙이면 '첫 번째로'의 뜻이 된다. 그밖에 **first**가 들어가는 단어를 잠시 살펴보자. **First name**은 이름, **last name**은 **family name**과 같은 '성(姓)'이다. **First aid**는 '응급치료', **first hand**는 '직접' 또는 '바로', **first impression**은 '첫인상' 등 **first**가 쓰이는 예는 부지기수로 있다.

유사 표현 문장

○ **It's the first step to study English.** 이것이 영어공부의 첫걸음입니다.
○ **She was very diligent first and last.** 그녀는 시종일관 부지런했다.
○ **We met for the first time 3 weeks ago.** 우리는 3주 전에 서로 처음 만났다.
○ **He was very handsome at the first sight.** 그는 언뜻 보이기는 엄청 미남이다.

Conversation

A) **This is the first step to study!**
이것이 공부의 첫걸음입니다.

B) **Okay! I'll keep that in mind.**
명심하겠습니다.

A) **What shall I call you? What's your first name?**
근데 뭐라고 부를까요? 이름이 뭐라고 했죠?

067

대박영어

We have work as effective.
우리는 효율적으로 일을 해야 한다.

'합리적인'의 뜻을 가진 단어는 **rational**이다. 그래서 '그는 자신의 실수를 합리화 하려고 한다'라고 할 때에는 **He is trying to rationalize his mistake**라고 한다. **Rationalize** 대신에 **cover up his mistake**를 쓰기도 한다.

그렇다면 '효율적'이라는 단어는 무엇일까? 그것이 바로 **effective**이다. **Effective** 대신에 **efficient**를 쓰기도 한다. 예) **Efficient management.** (효율적 경영.)

형용사형인 **expeditious** 역시 '효율적인, 신속한'의 뜻이 있다. **Thanks for your expeditious answer to my inquiry.** (제 문의에 신속하게 답해주셔서 감사합니다.)

'경비를 절감하다'는 **cut corner**라는 숙어를 쓴다. 다시 말해서 코너를 잘라 버리면 그만큼 빨리 목적지에 도달할 수 있으므로 경비를 절감할 수 있다는 뜻에서 나온 말이다.

예를 들어 보자. **We must cut corners first if we stay here.** (여기 머물 것이라면 우리는 먼저 경비를 절감해야 한다.)

앞에서 예를 든 **efficient**에는 '효율성'의 뜻도 있지만 '유능한'의 뜻도 있다. 그래서 **We are as efficient as them**이라고 하면 '우리는 그들만큼 유능하다'가 된다.

유사 표현 문장

- **The phone company is very efficient.** 이 전화회사는 아주 능률적이다.
- **Whether the committee is efficient or not is a matter of opinion.** 이 위원회가 유능한지 아닌지는 견해 상의 문제입니다.
- **This new medicine is much more effective.** 이 새로운 약이 훨씬 더 효과적이다.
- **I want you to work as effective.** 나는 네가 좀 더 효율적으로 일하길 바란다.

Conversation

A) **You're doing backward all the time!**
당신은 매사에 일을 거꾸로 하고 있습니다.

B) **Yes, that's why I am trying to work as effective.**
네, 그래서 좀 더 효율적으로 일하려고 노력 중입니다.

A) **Please get into the main issue directly.**
제발 본론으로 바로 들어가세요.

068 This is really not like you!
이것은 정말 당신답지 않습니다!

우리나라 말에 '약방의 감초'라는 말이 있다.

이것을 영어로 **You're in on everywhere**라고 한다. 말 그대로 '안 끼는 데가 없다'라는 말이다. **Like**가 바로 영어에서 감초같은 역할을 한다고 할 수 있다. 안 끼는 데 없이 널리 쓰이기 때문이다.

Like는 '좋아하다' 말고도 '~처럼'의 뜻이 있다. 그래서 **She looks like a princess**라고 하면 '그녀는 공주처럼 보인다'이고 **He acts like he knows everything**이라고 하면 '그는 모든 것을 다 아는 것처럼 행동한다'이다.

또한 **He works like a horse** (그는 말(馬)처럼 일한다)와 **She eats like a bird** (그녀는 아주 조금 먹는다)도 다 **like**를 써서 표현한다.

I don't like coffee as much as I used to be라고 한다면 '나는 그전처럼 커피를 많이 마시지 않습니다' 가 된다. 여기서 **used to be**의 뜻은 '예전에 ~'이다.

This is not like you는 '너 같지 않다'이니 결국 우리 식으로 표현하면 '너답지 않다'이다.

어떤 사물을 표현할 때도 **like**를 써보면 여러 가지 의미전달이 가능하다.

예) **This is not just like school.** (이것은 학교 같지가 않다.)

유사 표현 문장

○ **This is really not like her.** 이것은 그녀답지 못하다.
○ **Felons are not just like everyone else.** 흉악범들은 일반인들과 같지 않다.
○ **He acts like there is no tomorrow.** 그는 막가파식으로 행동한다.
○ **This is not just like my car.** 이것은 내 차 같지가 않다.

Conversation

A) **No matter what, this is really not like you.**
  뭐라고 해도 이것은 당신답지가 않습니다.

B) **Please see me in good way.**
  좋게 좀 봐주십시오.

A) **To be honest, I can't understand it.**
  솔직히 말해서, 이해가 안 됩니다.

069 The most unusual thing is that~

대박영어 가장 신기한 것은~

'보다 더 중요한 것은 ~을' 영어로는 the most important thing is ~라고 한다. 여기서 중요한 점은 most를 쓴다는 것이다. 영작을 하라고 하면 most 대신에 more를 쓰는 사람들이 많다.

The most ~는 최상급이다. 그래서 The most worrisome is that ~ S + V가 되면 '보다 더 걱정스러운 것은 ~이다'가 된다. 여기서 worrisome은 형용사형으로 '걱정스럽게 만드는, 걱정스러운'의 뜻이 있다. Bothersome이나 troublesome 그리고 annoying, cumbersome 등 이 단어들의 뜻도 '폐를 끼치다, 걱정스럽다' 등의 뜻이다.

참고로 '신기하다'의 뜻으로 쓰이는 단어로는 우리가 비교적 잘 아는 amazing, wonderful 그리고 marvelous와 novel 등이 있다. Magic 역시 마술의 뜻이 있지만 '신기하다'의 뜻으로 쓰이곤 한다. 그 대표적인 예가 I think that the computer is a magic machine (난 컴퓨터가 신기한 기계라고 생각한다)이다. What was the movie like? (영화 어땠어?) Magic! (정말 좋았어!)

유사 표현 문장

- **No more is 3D just a novelty.** 3D는 더 이상 신기한 것이 아니다.
- **The most unusual thing is that he can speak English.** 가장 신기한 것은 그가 영어를 할 수 있다는 것이다.
- **They all look at the stars curiously.** 그들은 모두 신기한 듯 별들을 본다.
- **The most marvelous is that she knows him.** 보다 더 신기한 것은 그녀가 그를 안다는 것이다.

Conversation

A) **How could he buy a car?**
그 사람이 차를 어떻게 샀을까?

B) **The most unusual is that he has girlfriend too.**
보다 더 신기한 것은 그가 여자 친구도 있다는 겁니다.

A) **Wow! It's just unbelievable.**
와위! 정말 믿을 수 없습니다.

070 Epic English

That is a charade and playing.
그것은 가식이고 연기다.

'~하는 척하다'는 ~ like를 써서 **act like**라고 한다.

말 그대로 '~처럼 행동하다'이다. 여기서 **talk like**하면 '~처럼 이야기하다'인데 **He talks like he knows everything**이라고 하면 '그는 모든 것을 다 아는 것처럼 이야기 한다'이다. 또한 **work like**가 되면 '~처럼 일하다'이다. 그래서 미국인들은 곧잘 **He works like a horse**라고 즐겨 표현하곤 한다. 이 말의 뜻은 '그 사람은 말처럼 일한다'로 '아주 일을 열심히 한다'이다. 우리나라에서는 이러한 상황을 '소처럼 일한다'라고 표현한다.

이처럼 문화에서 오는 표현의 차이가 있다. **Pretend**라는 단어를 살펴보자. 이 단어의 뜻은 '~척 하다, ~처럼 굴다' 혹은 '~인 것처럼 가식적으로 행동하다'이다. 그래서 **Don't pretend you're busy everyday**라고 하면 '매일 그렇게 바쁜 것처럼 행동하지 마라'이고, **Don't pretend not to know** 역시 '모르는 것처럼 행동하지 마라'이다. **charade**는 영화용어로도 널리 쓰이는데, 대사 없이 동작, 소도구, 카메라 워크로 메시지를 전달하는 것을 말한다. '대사 없는 연기'가 바로 **charade**다.

I put a charade of being drunken last night. (나는 어제 저녁에 취한 척 행동했지.)

유사 표현 문장

○ **He acts like he is a good man.** 그는 아주 좋은 사람처럼 행동한다.
○ **She pretend she is a princess.** 그녀는 공주인 것처럼 행동한다.
○ **This is 100% charade.** 이것은 100% 가식이다.
○ **Just pretend that it didn't happen.** 그냥 이 일이 일어나지 않은 척 하자구.

Conversation

A) **You must know that. It's a charade and kabuki.**
그것이 가식이고 연기하는 것을 알아야 합니다.

B) **You're kidding!**
설마 그럴 리가요!

A) **It could be a pre-planned action. It's time to finish this charade.**
사전에 계획된 움직임일 거라구요. 이젠 이런 가식을 끝낼 시간입니다.

071

It can't be obstacle (to)~

대박영어

그건 장애가 될 수 없습니다.

'어려움, 장애'의 뜻으로는 obstacle 말고도 barrier, hurdle 그리고 hindrance 등이 있다. 그래서 우리는 장애물 경기를 hurdle이라고 한다.

'장애가 되다'에는 obstacle to ~나 hindrance to ~ 그리고 barrier to ~를 쓴다. Lame 역시 장애의 뜻이 있어 The man was lame of his arm하게 되면 '그는 팔에 장애가 있다'가 된다. Lame duck은 '임기 말의 정치인', 혹은 '부실한'의 뜻이다. This is a lame-duck session. (이것은 낙선의원들의 잔여회기입니다.) That Vietnam company was not a lame duck. (그 베트남 회사는 경영이 부진하지 않습니다.)

Be + obstacle to ~는 '~에 장애가 될 수 있다'이다. A lack qualification can be a major obstacle to finding a job (자격부족은 직장을 구함에 있어 주요한 장애가 될 수 있다.)

No matter what it cannot be obstacle은 '무엇이 되었든 그것은 장애가 될 수 없다'이다. Barrier 역시 '장벽, 장애물'의 뜻이 있어 We have a language barrier라고 하면 '우리는 언어의 장벽이 있다'가 된다. 예) I want to remove the language barrier between you and me. (너와 나 사이의 언어장벽을 제거하고 싶어.)

유사 표현 문장

○ **This is a replica of ever first plane to break the sound barrier.** 이것이 사상 최초로 음속의 장벽을 깬 비행기 모형입니다.
○ **Customers apathy is a big hurdle.** 소비자의 무관심은 큰 장애물이다.
○ **Nothing can be obstacle to study English.** 영어공부에 있어 아무것도 장애가 될 수 없다.
○ **There is cultural obstacle in any country.** 어느 나라에도 문화적인 장애물은 있다.

Conversation

A) **You know, nothing can be obstacle to studying.**
그 무엇이든지 공부를 함에 있어 장애가 될 수는 없는 겁니다.

B) **But I really have no time to study.**
그러나 저 진짜 공부할 시간이 없어요.

A) **That'll be not a good excuse.**
그건 좋은 핑계가 아닙니다.

072
Epic English

Can't be obvious was I told myself but it was.
혹시나 했지만 역시나였다.

우리나라 말에 '혹시나 했더니 역시나였다'라는 표현이 있다. 이것을 영어로 **Can't be obvious was I told you myself but it was**이다. 여기서 **obvious**는 형용사형으로 '(눈으로 보거나 판단하기에) 명백한, 분명한 의'뜻이다. 그래서 **obviously different**하게 되면 '명백하게 다릅니다'가 된다.

간혹 미국 드라마에 **It's obvious that he will fail**이라는 문장이 나오곤 하는데 이 뜻은 '그가 실패한다는 것은 뻔한 일이다'이다. '~하는 것은 뻔하다'라고 할 때 **It's an open and shut case**를 쓰기도 하는데, 이 뜻은 '문이 열리고 닫히는 경우다'의 뜻으로 '불을 보듯 뻔하다'와 같은 의미다.

예) **It's an open and shut case that he will fail**. (그가 실패한다는 것은 불 보듯 뻔하다.)

그리고 **I saw it coming**이라는 표현도 있는데 '난 그것이 오는 것을 이미 보았다'라는 뜻으로 '내 그럴 줄 알았다'라고 표현할 때 쓰이는 문장표현이다.

'혹시나'는 단어나 숙어적으로 보면 **maybe**도 있고 **perhaps**도 있다. 그리고 **by any chance**나 **by chance**도 '혹시'의 뜻이 있다. 또한 **happen to ~** '역시 혹시나'의 뜻이 있다. 그래서 **Call me if you happen to come this way**하게 되면 '혹시나 이 근처에 오시게 되면 연락주세요'가 되는 것이다.

유사 표현 문장

○ **It could be different by some possibility**. 경우에 따라 조금 다를 수 있습니다.
○ **Please don't tell me you don't love me!** 설마 절 사랑하지 않는 건 아니죠!
○ **Just as suspected, it was you**. 혹시나 했는데 역시 당신이었군요.
○ **He entered his name on the off chance**. 그는 혹시나 하고 응모했다.

Conversation

A) **He deceived us again!**
그가 또다시 우릴 기만했어요.

B) **Can't be obvious was I told myself but it was.**
혹시나 했는데 역시나네요!

A) **You can say that again.**
내 말이 그 말입니다.

쉬면서 알고 가는 영어표현

G

Get up. 일어나세요.

Get out. 나가세요.

Get off something. 그만하세요.

Get moving. 빨리 시작하세요.

Get stuffed. 집어치우세요.

Give it a rest. 이제 그만 두세요.

Give it a try. 노력 해 보세요.

Give me a call. 제게 전화 주세요.

Gladly. 기꺼이 하지요.

Go ahead. 어서 그렇게 하세요.

Go fifty-fifty. 반반 나누어 내지요.

Go for it. 그것을 한번 해 보시지요.

Go get it. 가서 가지세요.

Go one please. 어서 계속 하세요.

Going down. 내려가세요.

Going up? 올라가세요?

Good enough. 그 정도면 충분합니다. 좋습니다.

색깔 있는 영어

- jet black 칠흑 같은   • black out (잠시) 정신을 잃다   • black spot 사고 다발 지역
- black mark 감점요인

일상생활에 자주 사용되는 영어 표현들입니다.

Good for you. 당신에게 좋은 일이지요.

Good luck to you. 당신에게 행운을 빕니다.

Good luck. 행운을 빕니다.

Good talking to you. 당신과의 대화는 즐거웠어요.

Grow up! 철 좀 들어라!

Guess what? 뭔지 알아 맞혀 봐요.

H

Hang in there. 좀 견뎌 봐요.

Hang loose. 좀 편히 쉬고 있어요.

Hang on! 잠깐 기다리세요.

Have a nice day. 좋은날 되세요.

Have fun! 재미있게 지내세요.

He didn't show up. 그는 나타나지 않았어요.

He is history to me. 그는 나에게 지난 일이에요.

Help me! 도와주세요!

Help yourself. 마음껏 하세요.

Here is something for you. 여기 작은 선물 받으세요.

Here you are. 여기에 있어요.

색깔 있는 영어

- black mass 악마숭배 의식 • black magic (사악한) 마술, 주술 • black gold 석유
- black sheep 골칫덩어리

073 She has an obsession about love.

대박영어

그녀는 사랑에 너무 집착한다.

'점착력, 점성, 집착력'은 **tenacity**, **pertinacity** 그리고 **adhesion** 등이 있다. 또한 '집착'은 영어로 **obsession**이나 **obsess**라고 한다.

그러므로 **has + obsession about** ~하게 되면 '~에 집착하다'이다. **He has an obsession about money.** (그는 돈에 너무 집착한다.)

소유물 역시 **be + possessive of**나 **about**을 쓴다. 그래서 **She is possessive about love**하게 되면 '그녀는 사랑에 대한 소유욕이 강하다'가 되는 것이다. 하지만 **be + possessed** 에는 '~에 넋이 나간, 홀린' 등의 뜻도 있어 주의해야 한다. 다시 말해 '그 당시는 뭔가에 홀렸습니다'는 **I was possessed by something**이라고 한다.

'~에 집착하다'에는 **have + fixation with**를 쓰기도 한다. 그래서 그는 '청소에 집착한다' 즉 다시 말해서 '그는 결벽증세가 있다'라고 한다면 **He's get fixation with cleanliness**을 쓴다.

참고로 **obsession with + 명사**는 '~에만 집착하면'의 뜻이다. 그래서 **Obsession with weight can be a big fat problem**하게 되면 '몸무게에 너무 집착하면 자칫 큰 문제가 될 수도 있다'이다.

유사 표현 문장

- **She has an obsession about perfect love.** 그는 완벽한 사랑에 집착한다.
- **Please give up your obsessive care toward your daughter.** 제발 당신 딸에 대한 지나친 걱정을 내려놓으세요.
- **Obsession with taste, cannot eat anything.** 맛에 너무 집착하면 어떤 음식도 먹을 수 없다.
- **He has fixation with coffee.** 그는 커피에 집착한다.

Conversation

A) **She has an obsession about love all the time.**
그녀는 온종일 사랑에만 집착합니다.

B) **Obsession with love can be smashed.**
사랑에 집착하면 망가질 수 있습니다.

A) **When it comes to love, obsession is not good.**
사랑에 관해서라면, 집착은 좋지 않습니다.

074 Epic English

I got a habit of smoking all the time.
저는 담배를 계속 피우는 버릇이 있습니다.

'습관'은 **custom**이나 **practice**라는 단어를 쓴다. 하지만 버릇을 의미하는 단어는 **habit**이다. 그래서 '제 버릇 개 못 준다'라고 할 때 미국 영화에서는 이렇게 표현한다. **Old habits die hard!**라고. '오래된 버릇은 죽기(없애기) 어렵다'는 뜻이다.

'좋은 습관'은 **a good habit**, '나쁜 버릇'은 **a bad habit**이다. 물론 **evil habit** 역시 '나쁜 습관'을 의미하는 숙어로 자주 쓰인다. 또한 **from habit**이라고 하면 '습관에 따라'의 의미고 **get into a habit**이라고 하면 '습관이 붙다'이다. 예) **I got into a reading habit since I was a teenager.** (청소년(십대)시절부터 독서의 습관이 붙었다.)

Get a habit of ~ing 역시 '~를 하는 버릇이 있다'이다. 그래서 '저는 항상 아침에 커피를 마시는 버릇이 있습니다'는 **I get a habit of drinking coffee every morning**이라고 한다.

여기서 한 가지 알고 가야 할 것은 오늘 아침은 **today's morning**이 아니라 **this morning**이고 '어제 저녁이나 어제 밤'은 **last night**이지 **yesterday night**가 아니라는 점이다. 또한 모레는 **the day after tomorrow**라고 하고 '지난 주'는 **last week**이지 **past week**가 아니다.

유사 표현 문장

○ **I really hope Mr. Woo start changing his smoking habit.** 난 정말 우선생이 흡연 습관을 바꾸기 바랍니다.

○ **I got a habit of thinking twice before I make decision.** 난 뭐든지 결정하기 전에 한 번 더 생각하는 버릇이 있다.

○ **It's very hard to kick a bad habit.** 나쁜 습관은 버리기가 어렵다.

○ **In the past few month, my habits have changed greatly.** 지난 몇 달 사이에 내 습관이 엄청나게 많이 변했다.

Conversation

A) **He got a habit of cleaning the room all the time.**
그는 시간만 나면 청소하는 버릇이 있습니다.

B) **Yes, he's got that fixation with cleanliness.**
예, 그는 그런 결벽증이 있어요.

A) **I didn't know before he's coming.**
그가 올 때까지는 그걸 몰랐어요.

075 I am not the only one!
저뿐 아닙니다!

'예전의 제가 아닙니다'는 **I am not like I used to be**라고 한다. 이 표현은 영화에 자주 나오는 대사로 우리가 일상생활을 할 때도 자주 사용하는 말이다.

그리고 '나에게 책임을 전가하지 마세요!'라고 한다면 **Don't pass the buck to me!**를 쓴다. 여기서 **pass the buck**에는 '책임을 전가하다, 넘기다'의 뜻이 있다. **It's a typical case of pass the buck.** (책임을 전가하는 전형적인 경우입니다.)

여기서 잠시 발음에 대해 알아보자. 위의 문장이 **not the only one**이다. 이것을 '낫 더 온리 원'이라고 발음하면 안 된다. 정관사의 발음에는 관습이 있다. 정관사 뒤에 오는 첫 단어가 모음일 경우에는 '디'라고 짧게 발음하고 자음이 올 경우에는 '더'라고 한다. 그러므로 '낫 더 온리 원'이 아니라 '낫 디 온리 원'이 되어야 한다. 그러나 여기서도 모르는 것이 하나 있다.

The 다음에 자음이 올 경우에도 '더'라고 하지 않고 '디-이'라고 길게 끌어 발음하는 경우가 있다. 예) **This is the comedy** (디스 이즈 디이 코메디). 이 뜻은 '이것이야 말로 정말 코미디 중에 코미디이다'의 뜻으로 최상급의 표현을 할 때 쓰인다. 누군가가 **This is the movie!**라고 한다면 발음을 '디스 이즈 디-이 무비'라고 해보라. 그러면 '이것이야 말로 영화 중의 영화이다'의 뜻이 될 것이다.

유사 표현 문장

- **I am not the only one to be involved.** 나 혼자 연루된 게 아닙니다.
- **I am not the only one to be impressed.** 나만이 유일하게 감동받은 게 아닙니다.
- **I am not the only one who studies like this.** 이렇게 공부하는 게 나뿐이 아닙니다.
- **I am not the only one who is crazy about her.** 그녀에게 반한 사람이 나뿐이 아닙니다.

Conversation

A) **How dare you speak to her like that?**
그녀에게 어떻게 감히 그렇게 말을 했어요?

B) **I am not the only one who told her like that.**
저만 그런 게 아닙니다.

A) **But you must not to do that!**
그래도 당신은 그러면 안 되는 거죠.

076 Epic English

I will keep my ear open!
귀 좀 기울이고 다녀야겠군요!

'한쪽 귀로 듣고 한쪽 귀로 흘린다'를 영어로 Let it in one ear and act the other라고 한다.

Hands cap over one's ears는 숙어로 '손으로 귀를 막다'이다. 그래서 '그녀는 손으로 귀를 막았다'라고 한다면 She capped over her ears by hands가 된다.

'막다' 뜻을 가진 단어로는 **block (up), obstruct, close, had off, stop up** 등이 있다. 그래서 **Don't try to keep off the sky by hands**하면 '손바닥으로 하늘을 가리려 하지 마라'이다. **Don't try to bury your head in the sand** 역시 '머리를 모래 속에 파묻으려 하지 마라' 즉 '손바닥으로 하늘을 가리려 하지 마라'이다. 머리를 모래 속에 파묻는다는 건 현실을 보지 않겠다는 의미이기 때문이다.

An eye for an eye, and an ear for an ear라는 말이 있다. 이 말은 '눈에는 눈, 이에는 이'라는 뜻이다. 함무라비 법전에 나오는 유명한 법조문이다.

또는 '이목구비'는 영어로 **features**이다. 그래서 '이목구비가 반반하다'는 **have a good features**이다. **Defined features**는 '이목구비가 뚜렷하다'인데 가볍게 **He has sharp features**라고도 한다.

유사 표현 문장

○ **I'll keep my eye open.** 눈을 좀 크게 뜨고 다녀야겠어요.
○ **Added to that, he is deaf one ear.** 더군다나 그는 한쪽 귀가 먹었다.
○ **He got a habit of picking his ears.** 그는 귀를 후비는 버릇이 있다.
○ **If you keep playing it by ear, you will be a loser.** 계속 임기응변으로 행동하면 인생 낙오자가 될 것이요.

Conversation

A) **Did you hear the news? They will marry soon.**
그들이 결혼한다는 이야기 들으셨어요?

B) **Really? I'll keep my ear open.**
전혀 몰랐어요. 귀 좀 기울이고 다녀야겠어요.

A) **It made a headline last week.**
이것이 지난 주 톱 뉴스였다구요.

077 How far are you going?
어디까지 가십니까?

대박영어

'어디 가십니까?'라고 할 때에는 흔히 **Where are you going?**을 쓴다. 그렇지만 어디까지 가는지를 물을 때는 **How far are you going?**을 훨씬 더 많이 사용한다는 것을 알아야 한다.

Taxi를 탈 때에도 기사들이 **Where to?**라고 묻기도 하고 **Where do you want to go?**라고 하기도 한다. 이것들 모두가 행선지를 묻는 경우로 '어디 가십니까?' 혹은 '어디 가기를 원하십니까?'이다.

물론 **What's your destination?**도 같은 뜻이다. 또한 '~까지 데려다 주세요'라고 할 때에는 **Please take me to the ~** 식을 쓰면 된다.

참고로 **pick up**과 **take ~**의 차이점을 보면 '누구를 데리러 가다'는 **pick up**을 쓰고 '데려다 줄게요'는 **take**나 **ride**를 쓴다.

예) **I'll pick him up at 7 o'clock.** (7시에 그 사람을 데리러 갈 겁니다.)
I'll take you to your office. (당신 사무실까지 데려다 줄게요.)
Can I give you ride? (제가 데려다 드릴까요?)

유사 표현 문장

○ **May I drive you home?** 집까지 모셔다 드릴까요?
○ **Can you give me a ride at home?** 집까지 좀 데려다 주실래요?
○ **I'll give you a ride to the bus stop.** 버스정류장까지 데려다 드릴게요.
○ **Where would you like to go?** 어디 가시고 싶으세요?

Conversation

A) **How far are you going?**
어디까지 가세요?

B) **Why, would you give me a ride?**
왜요, 데려다 주실래요?

A) **Sure, just name it.**
물론이죠, 어디라고 말만하세요.

078

Apathy is more terrible than others.
무관심이 그 무엇보다 나쁩니다.

Epic English

'반감'은 antipathy, '동정심'은 pathetic이나 sympathetic이라 한다. 하지만 '무관심'은 indifference 혹은 unconcern이라고 하는데 apathy 역시 '무관심'으로 많이 사용되는 단어이다.

그렇다면 여기서 잠시 '무관심'에 사용되는 문장들을 살펴보자. He showed an attitude of indifference toward me가 있는데 이 뜻은 '그는 나에게 무관심한 태도를 보였다'이다. 간혹 영화를 볼 때 He didn't give me the time이라는 대사가 나온다. 이 말은 '그는 나에게 시간을 주지 않았다'는 의미로 '나에게 무관심했다'라는 뜻이다. 또한 She gave me a cold shoulder라는 문장도 자주 등장하는데, 이 역시 '나에게 차가운 어깨를 주었다'라는 의미로 '그녀는 나를 냉대했습니다'이다. 여기서 '차가운 어깨'는 사람의 어깨가 아니고, 쇠고기 중 가장 질긴 부위인 어깻살을 말한다.

또 재미있는 표현 중에 우리가 아는 invisible이 있다. Invisible man은 '투명인간'인데 He treats me as an invisible man하게 되면 '그는 나를 투명인간 취급을 했습니다'가 된다. 예) I sometimes feel I am invisible. (난 가끔씩 투명인간처럼 느껴진다.) She received the news with apparent unconcern는 '그녀는 그 소식을 무심하게 받아들였다'인데 여기서 unconcern은 '냉담하게, 무관심하게'의 뜻이다.

유사 표현 문장

- The rich people show a callous unconcern for the poor people. 부자들은 가난한 사람에 대해서는 무관심하다.
- She has apathy to food. 그녀는 음식에 대해 무관심하다.
- Sometimes my father has apathy to me. 가끔씩 우리 아버지는 나에게 무관심하다.
- Nevertheless, their apathy didn't go long time. 그럼에도 불구하고 그들의 무관심은 오래 가지 않았다.

Conversation

A) Why did you fought with him again?
왜 그와 또 싸웠어요?

B) Because he has an apathy to me!
왜냐하면 그는 나에게 너무 무관심해요.

A) Please be square with him.
그 사람이랑 잘 지내보세요.

079 So then, you really want to have a go at it?

대박영어

그럼, 한번 해보자는 겁니까?

이런 말은 참 표현하기가 어렵다. 별로 전문적인 단어가 들어가는 것 같지 않지만, 미국영화를 보면 쉬운 단어를 조합해서 하는 말인데도 뜻을 모르는 경우가 많다. 알면 들린다.

그럼 먼저 **So then**을 살펴보자. 우리가 아는 **so** '그래서'와 **then** '그 때'가 합쳐졌다. 그래서 **So then**이 되었다. **And then**과 비슷한 표현으로 '그렇다면, 그러면'의 뜻이다. 예) **So then, you have to include her as well.** (그럼 당신도 그녀를 포함해야 한다.) **So then why don't you keep pretending?** (그럼 조금만 더 참으면 되겠다, 그렇지?) 다음으로 **have a go at ~**를 살펴보자. 이 뜻은 '잔소리를 하다'의 뜻도 있고 '한번 해보자'의 뜻도 있다. 또한 '~을 시도해보다'의 뜻도 함께 있다. 그래서 **want to have a go at it**은 '한번 해보자는 겁니까?'가 되는 것이다.

영화에서는 **Let me have a go at it this time**이라는 대사가 나오는데 이 뜻은 '내가 한번 해보지 이번에는'의 뜻이다. 그래서 **I'll have a go at fixing it today**라고 하면 '오늘은 내가 한번 그것을 고쳐보지!'가 된다. **Go at it**을 숙지하자.

유사 표현 문장

- **Come on, if you want a fight!** 나랑 한 판 붙고 싶으면 덤벼!
- **You want to pick a fight with him?** 그와 한 판 붙고 싶은 거니?
- **Let's get it on today.** 오늘 한 판 붙자구요!
- **OK, come here. I'll crush you.** 그래, 이리 와. 박살내줄게.

Conversation

A) **So then, you really want to have a go at it?**
그럼 한번 해보자는 겁니까?

B) **What? Oh my god! Why you always get angry on the slightest provocation?**
뭐라구요? 세상에 참, 왜 당신은 걸핏하면 화를 내는 겁니까?

A) **You were calling me names!**
당신 나한테 욕했었잖아!

080 So what if you don't trust me?

Epic English

못 믿으면 어쩌시려구요?

So는 부사형으로 '그렇게, ~할 정도 너무'의 뜻이 있다. 그래서 **so then**하게 되면 '그럼 ~'이고 **so what**은 '그래서 뭐?' 혹은 '어쩌라고?'의 뜻이 된다. 그리고 영화대사에 자주 나오는 표현 중 하나인 **So it is what it is**는 '법이 그렇다는데 어쩌겠는가?'이다. 예를 들어 '귀에 걸면 귀걸이 코에 걸면 코걸이'는 **Different people call it different things**라고 하고 '아 하고 어 다르다'라고 한다면 **It is not what you say, it's how to say it**이다.

또한 '상황에 따라 말을 한다'라고 할 때면 **says like according to situation**이다. Says 대신에 **acts**를 쓰면 '상황에 따라 행동한다'가 될 것이다.

참고로 **what if + 주어 ~** 식은 '~하면 어떻게 하죠?'로써 누군가가 무엇을 걱정하거나 염려를 할 때 자주 쓰이는 문장이다. 예를 들어 '그 사람이 여기 온다고 하는데 친구를 같이 데리고 오면 어떡하죠?'라고 한다고 해보자. 그럴 때는 **What if he brings his friend here?**라고 하면 된다.

유사 표현 문장

○ So what if I don't pay you back? 그래서 돈 안 돌려주면 어쩔건데?
○ What if she doesn't give my money back? 그녀가 돈을 돌려주지 않으면 어쩌지?
○ So what if I don't listen to you? 그래서 내가 당신 말을 안 들으면 어쩔건데?
○ So then we think twice before we go there. 그럼 우리가 거기 가기 전에 한 번 더 생각해 보자.

Conversation

A) **You must trust me. No matter what or else.**
무슨 일이 있더라도 내 말을 믿으시오. 안 그러면…

B) **So what if I don't trust you?**
그렇지 않으면 어쩌시게요?

A) **It's not a gimmick, then.**
지금 사기 치는 게 아니라니까요.

081

You know what I regret the most?
내가 제일 후회스러운 게 뭔 줄 아십니까?

대박영어

'후회하다'는 regret 말고도 sorry도 있고 repent도 있다. '반성하다'도 결국 '후회하는 것'과 같다. Much to my regret은 '유감스럽게도'이다. Much to my regret, I can't come here tonight. (유감스럽게도, 오늘 저녁엔 올 수 없습니다.)

그래서 '반성'의 뜻이 강한 단어로는 examine이 있고 reflect도 있다. 예) reflect on myself (스스로를 반성하다), Our reflection, it seems to me that I was unkind for her. (반성해 보니 그녀에게 친절하지 못했던 것 같다.) 또한 숙어형으로 do a self-examination 역시 '~를 반성하다'의 뜻이다. Reflect on도 숙어형으로 '~을 반성하다'이니 결국 Reflect on yourself about your mistake라고 하면 '네 잘못을 반성하라'의 뜻이 된다.

영화를 보면 He shows no sign of repentance라는 대사가 나오는데 repentance는 명사형으로 '뉘우침, 회개, 후회'의 뜻이다. 여기에 sign of가 붙었으니 결국 '그는 뉘우치는 기색이 전혀 없다'가 된다.

Kick myself for ~ 역시 '자신을 책망하다, 죄책하다'의 뜻이 있어 I am really kicking myself doing that이라고 하게 되면 '난 정말 그것에 대해 후회하고 있습니다'이다.

유사 표현 문장

○ He is penitent for his sin. 그는 그의 죄를 후회한다.
○ So I am not kicking myself. 그래서 저는 후회하지는 않습니다.
○ If you miss it, you will regret. OK? 그것 놓치면 후회 합니다.
○ We must reflect about our action. 우리는 우리의 행동을 반성해야 한다.

Conversation

A) You know what I regret the most?
제가 제일 후회하는 게 뭔지 아세요?

B) What is that?
그것이 무엇인가요?

A) Tell you a long story short…
길게 말할 것 없이 짧게 말하자면…

082

Epic English

There is no substance in that.
그것은 실속이 전혀 없다.

Content는 '내용물, 속에 든 것들'의 뜻이다. 그래서 '컨텐츠가 좋다, 그렇지 않다' 하는 것들은 '내용이 좋다 그렇지 않다'를 말하는 것이다. 또한 책의 목차도 **content**라고 한다. 내용, 주제 등도 다 **content**이다.

All the pains were for nothing은 영화대사로 자주 쓰이는 표현이다. '십년공부 도로아미타불'이라는 뜻이다. **Hollow** 역시 '속이 빈, 속을 파내는'의 뜻이 있어 **There is a hollow**라고 하면 '실속이 없다'이다. 참고로 '실속을 챙기다'는 **take what really matters**라고 하고 '실속이 없다'는 **be nominal**이라고 한다. 또한 '실속 없는 겉치레'는 **a mere show without reality**라고 하고, '실속 없는 이야기'는 **a story without content**인데 **content** 대신에 **substance**를 써도 된다.

이와 반대로 '~을 밝히다'는 ~ **be + crazy about**이다. **Be smart** 역시 '실속을 차리다'이다. 예) **He is crazy about money all the time.** (그는 언제나 돈만 밝힌다.) **She is smart in business.** (그녀는 사업에서 실속을 차린다.)

유사 표현 문장

○ **There is nothing to the story.** 이야기에 실속이 없다.
○ **There is no substance in him.** 그 남자는 실속이 없다.
○ **It is not so good as it looks.** 허울만 좋았지 실속이 없다.
○ **This book is really no more than froth.** 이 책은 정말 실속이 없다.

Conversation

A) **Why did you break up with him?**
왜 그이랑 헤어졌나요?

B) **There is no substance in him.**
그 사람 실속이 없어요.

A) **What a shame. I respect your decision.**
안타깝네요. 당신 결정을 존중합니다.

083 I'll take your words for it!

대박영어

당신 말을 한번 믿어 보겠습니다.

'믿다'는 **trust** 혹은 **believe**이다. 또한 '믿음'은 **belief**나 **faith**를 쓴다. 수동태인 **be trusted by**는 '~로부터 신임을 얻다, 믿음을 얻다'이다. 그래서 **I was trusted by my boss**라고 하면 '난 우리 상사로부터 신임을 얻었다'가 된다. 반대로 '신임을 잃다'는 **lost credit**이다. '믿음이 있다'라고 한다면 **have a faith**를 쓴다. '보는 것이 믿는 것이다'라는 서양 속담이 있다. 이것은 우리 속담으로 풀어보면 '백문이불여일견이다'인데 그것을 영어로 하면 **Seeing is believing**이다.

팝송 가사중에 **I believe I can fly**라는 구절이 있다. '나는 날 수 있을 것이라고 믿는다'이다. **I believe + S + V** 식은 '~라고 확신한다, 믿는다'이다. 그래서 믿음을 이야기 하고자 할 때 '신념, 자신감'인 **confidence**라는 단어를 쓰기도 한다. '당신을 한번 믿어보겠다'라고 할 때에는 **I trust you one time** 보다는 **I'll take your words for it**을 쓰는데 '네 말을 가져보겠다'는 의미로 믿어본다는 뜻이다. **I'll give you my word** 역시 이런 맥락으로 해석하여 '한번 믿어 보세요' 혹은 '제가 보장하겠습니다'의 뜻이 되는 것이다.

I know you will do well 하게 되면 '네가 잘 할 것이라고 믿는다'인데 여기서는 **know**가 왔지만 믿음의 뜻이 되어버렸다. **I have great faith in you** 역시 '난 널 단단히 믿고 있다'이다.

유사 표현 문장

- **You can count on me!** 저를 믿어 보세요!
- **You can count on me for that.** 그 일은 제게 맡기세요.
- **His trust in her is unfounded.** 그녀에 대한 그의 신뢰는 근거 없는 것이다.
- **Please take my words for it.** 저를 한번 믿어보세요.

Conversation

A) **This is the best way that she changes her mind.**
이것이 그녀를 변하게 하는 가장 좋은 방법입니다.

B) **OK! I'll take your words for it.**
좋아요! 당신 말을 한번 믿어보죠.

A) **You can count on me.**
저를 믿어보세요.

Epic English

This work doesn't fit (suit) me.
이 일은 제 적성에 안 맞는 거 같습니다.

'적성'은 영어로 **aptitude**이다. 즉 '소질'을 의미하기도 한다.

그래서 '그는 음악에 소질이 있다'라고 한다면 **He has an aptitude for music**이고, '적성을 살리다'는 **nature one's aptitude**를 쓴다. 또한 '적성을 개발하다'는 **develop one's aptitude**이다.

하지만 '적성에 맞지 않는다'라고 할 때에는 **fit**나 **suit**를 써서 **This work doesn't fit me** 혹은 **This work doesn't suit me**라고 한다. 물론 가끔 영화에서는 **That's not my cup of tea**라고도 하는데 이 뜻은 '그것은 내 커피(찻잔)가 아닙니다'가 아니라 '그것은 나와 맞지가 않는다'이다. **He is not my cup of tea.** (그 남자는 내 스타일 아니야.) **Epic english is my cup of tea in many ways.** (여러 가지 면에서, '대박영어'는 나한테 맞아.) **Politics is a different cup of tea to me.** (나한테 정치는 또 다른 문제야.)

Right를 써서 **That doesn't right to me**를 쓰기도 한다. **Right thing**은 '올바른 일'인데 **That's the right thing to do**라고 하면 '그렇게 하는 것이 올바른 일이다'이다.

'소질'을 이야기할 때도 **aptitude** 대신에 **talent**를 쓰는데 **I have no talent ~** 하면 '난 ~에 소질이 없다'가 된다. 예) **I have no talent as a writer.** (난 작가로서는 소질이 없다.)

유사 표현 문장

- **I know you have what it takes.** 당신 능력 있는 거 알아요.
- **He enjoy the work which suited his personality perfectly.** 그는 그 일이 자기 적성에 맞기에 그 직업을 좋아했다.
- **I think it fits my personality.** 저는 그게 제 성격에 맞아요.
- **This kind of job suits me.** 이 일은 제게 잘 맞습니다.

Conversation

A) **How do you like that job?**
그 직업은 어떻습니까?

B) **Well, That work doesn't fit me.**
글쎄요, 제게는 안 맞는 직업 같아요.

A) **Oh I am sorry to hear that. I hope you'll find your cup of tea very soon indeed.**
그것 참 유감이네요. 빨리 당신한테 맞는 일을 찾으시기 바랍니다.

085

I can't judge fairly by hearing only one side of the story.
한쪽 말만 듣고서는 정확하게 판단을 할 수 없네요.

대박영어

I can't judge는 '판단을 못하겠다'이다. Judge 대신에 tell이라고 해도 같은 표현이다. I can't make out what's what이라는 말이 있다. '뭐가 뭔지 모르겠다' 즉, '판단이 서지 않는다'이고 What's what 대신에 who's who라고 하면 '누가 누군지 ~'의 뜻이 된다.

또한 '당신은 하나만 알고 둘은 모르는군요'는 You look only one side of the shield라고 한다. 여기서 shield는 '방패'의 뜻이다. '방패의 한쪽 면만 본다'는 뜻에서 유래된 말이다. 또한 shield는 '보호하다, 가리다, 숨기다'의 뜻도 함께 있어 shield one's own name 하면 '본명을 숨기다'의 뜻이 된다. Who's who 에는 '인명사전'의 뜻도 있다. Where can I find Who's who in Shakespeare? (셰익스피어 인명사전이 어디 있는지요?)

예) She is shielding her own name. (그녀는 본명을 숨기고 있다.)
He try to shield his girl friend. (그는 그녀를 감싸려고 노력 중이다.)

이처럼 shield도 많은 뜻을 가지고 있는 단어이다.

유사 표현 문장

○ She said he is a bad man but I can't tell by hearing only one side of the story. 그녀는 그가 아주 나쁜 사람이라고 했으나, 한쪽 말만 믿고 판단할 수는 없다.
○ You know only one side of the story. 하나만 알고 둘은 모르시네요.
○ But please listen to what I have to say too. 그러나 제 말도 좀 들어 주세요.
○ Actually the shoe is on the other foot, you know? 사실은 정반대입니다.

Conversation

A) She said that was all his mistake but…
그녀는 모든 게 그 사람 실수라고 하더군요, 하지만…

B) But what?
하지만 뭐요?

A) I can't judge fairly by hearing only one side of the story.
한쪽 말만 듣고는 판단할 수가 없습니다.

086 Epic English

You won't believe how awesome it feels!
그 느낌이 얼마나 끝내 주는지 당신은 모를 겁니다.

우리나라 말에 '끝내준다! 죽인다!'라는 표현이 있다. 이것이 영어로 awesome이다. 발음은 '아~썸'이라고 하며 감탄사로 쓰인다. 품사는 형용사이다.

영화 '하버드대학의 공부벌레들'을 보면 등장인물들이 It's awesome이라고 말하는 걸 자주 볼 수 있다. 예를 들어 I have on awesome time last night라고 한다면 '어젯밤 정말 환상적이었어!'이다. '환상'의 단어로는 fantasy나 vision 그리고 phantom 등이 있다. 하지만 우리가 잘 아는 wonderful도 가끔 '환상적인'의 뜻으로 사용되곤 한다. '환상'에 대한 단어로 우리에게 가장 익숙한 단어는 fantastic일 것이다! 명사형은 fantasy이다.

예) **That food was quite fantastic.** (그 음식은 정말 환상적이었어요.)
 That meeting was fantastic. (그 미팅은 환상적이었어요.)

하지만 awesome에도 형용사형으로 '경탄할만한, 어마어마한, 엄청난, 상상할 수 없는' 등의 뜻이 있다. **The awesome destructive power of nuclear weapons.** (핵무기의 가공할 파괴력.) Awe는 명사형으로 '경외감, 외경심' 등의 뜻을 가진 단어이다. **When I saw him in person, I feel an awe and respect.** (그를 직접 보았을 때, 나는 경외감과 존경심을 느꼈다.) 이 밖에도 awesome에는 '웅장하다, 쌈박하다, 굉장하다, 대단하다, 매우 뛰어나다'의 뜻이 있다. Amazing 역시 '감탄스러운'의 뜻이 있다.

유사 표현 문장

○ **She is really awesome.** 그녀는 정말 쌈박하다.
○ **It's amazing what can be achieved.** 그걸 해내다니 감탄스러워요.
○ **The movie was fantastic.** 그 영화는 환상적이었어요.
○ **He was a marvelous leader.** 그는 정말 훌륭한 리더였어요.

Conversation

A) **Where were you last night?**
   어젯밤에 어디 있었니?

B) **I had a date with some girl. I had an awesome time with her.**
   어떤 여자하고 데이트가 있었지. 정말 환상적인 시간을 보냈어.

A) **Oh my god! Love doesn't feed you. Grow up!**
   세상에, 사랑이 밥 먹여 주니? 정신 차려!

087 He has a positive drive!

대박영어

그는 추진력이 있습니다!

우리가 알고 있는 **drive**에는 '운전하다, 몰다'의 뜻만 있는 것이 아니다. '추진력'의 뜻도 있다. 그래서 **a positive drive**하면 '강한 추진력'을 의미한다. 즉 **have + a positive drive**는 '강한 추진력이 있다'이다.

또한 **getter**도 '얻는 사람'의 뜻으로 **go getter** 하게 되면 '추진력'이 된다. 예) **He is a real go getter**. (그는 추진력이 대단하다.) 반대의 경우는 **lack**을 써서 **He lacks the drive**라고 한다. 즉, '추진력이 부족하다'라고 할 때 쓰는 표현이다.

원래 '추진력'에는 **drive** 말고도 **initiative, force, driving** 등이 있다. **Initiative**에는 '진취성, 결단력, 자주성' 등의 뜻이 있다. 예문을 보자. **The root of his success was his focus and incredible drive.** (그의 성공비결은 그의 집중력과 놀랄만한 추진력에 있었다.) 여기서 **root**는 '근원, 비결' 등의 뜻이다. '강한 추진력'은 **strong drive**라고 하면 되고 **tremendous drive**는 '대단한 추진력', **incredible drive**는 '믿을 수 없을 만큼 놀랄만한 추진력', **great drive**는 '굉장한 추진력'이다.

He is recognized as a man of great drive. (그는 대단하고 굉장한 추진력을 갖춘 사람으로 정평이 나 있습니다.)

유사 표현 문장

○ **You've got the brain and the drive.** 너는 머리도 좋고 추진력도 있잖아!
○ **He is a good man but he lacks the drive.** 그는 좋은 사람이지만 추진력이 부족하다.
○ **She likes the man who has the strong drive.** 그녀는 강한 추진력을 갖춘 남자를 좋아한다.
○ **I believe that you have a great drive.** 난 너의 대단한 추진력을 믿는다.

Conversation

A) **He is looking for a man who has smart and ability.**
그는 똑똑하고 능력 있는 사람을 찾고 있어요.

B) **Oh really? I know some man who has a smart and positive drive.**
그래요? 제가 추진력 있고 똑똑한 사람을 알고 있는데요.

A) **That sounds great!**
그거 잘 됐군요!

088
Epic English

Most people prefer the high-tech field.
대부분의 사람들은 첨단기술 분야를 선호한다.

우리에게 **like**는 쉽고 익숙한 단어다. 중학교만 다녀도 **like**가 뭔지 다 안다. 하지만 **prefer**는 익숙하지 않다. **Like**는 막연히 '~을 좋아하다'의 뜻이라면 **prefer**는 '다른 것 보다 ~을 더 좋아하는, 원하는' 그리고 '선호하는'의 뜻이다. 누군가가 **Coffee or tea?** (커피 마실래요 아님 차를 드릴까요?)라고 할 때, **I'd prefer coffee** (전 커피가 더 좋아요)라고 한다. 여기서 **like**와 **prefer**는 다소간의 차이가 있는데, **Prefer**는 '여러 가지 중에 좀 더 좋아하는'의 뜻이고, **like**는 비교의 의미 없이 '좋아하는'이다. **Want** 역시 '~을 원하다'로서 **like**와 같이 사용된다.

대기업에서 상품을 출시할 때마다 그 상품에 대한 '선호도'를 조사한다. '선호도'가 바로 **preference**이다. 예) **It's a matter of personal preference.** (그것은 개인적인 선호도 문제이다.) **Prefer to~**는 '선호하다'이고 **prefer against**는 '~를 고소하다'이다.

Favor 역시 '선호하다'의 뜻으로 사용하는 단어 중 하나이다. 물론 우리가 잘 아는 '호의, 친절'의 뜻도 있다. 하지만 '좋아하는 일, 마음에 드는'의 뜻이 있어 **My favorite singer is ABBA**라고 하면 '난 **ABBA** 노래를 좋아한다', '선호한다'의 뜻이 된다. 참고로 **a notion of preferring a son to a daughter**는 '남아선호사상'이고, '외제를 선호하다'는 **prefer foreign brands**이다.

유사 표현 문장

- **I prefer white-collar job to blue-collar job.** 전 생산직 보다 사무직을 선호합니다.
- **We prefer a used car to new one.** 우리는 중고차를 더 선호한다.
- **I prefer the woman who is smarter than pretty.** 난 예쁜 여자보다는 똑똑한 여자를 더 선호한다.
- **Korean people prefer the SAMSUNG to APPLE.** 한국 사람들은 애플 보다 삼성을 더 선호한다.

Conversation

A) Why you like the SAMSUNG most?
왜 삼성만을 좋아하시나요?

B) Because of technology, most people prefer the high-tech field.
왜냐하면 기술 때문이죠. 대부분 사람들은 첨단기술을 선호하죠.

A) I agree with that.
저도 그것에 동감입니다.

089 There is no question about it!
그것에 대해서는 의심할 여지가 없습니다!

대박영어

'의심하다'라고 할 때 '의심'의 뜻을 가진 단어로는 **doubt**를 비롯하여 **question, suspicion** 그리고 동사로는 **doubt, doubtful, suspect, be + suspicious** 등 여러 단어가 있다.

영국과 미국에서는 이 가운데 **doubt**를 가장 많이 사용하고, 그 다음이 **suspect, question** 순이다. 먼저 **doubt**를 살펴보면 '의심을 품다'에는 **have doubt**를 쓰고, '의심의 여지가 없는'은 **without doubt**를 쓴다. **Her performance was without doubt the best of the night.** (두말한 것도 없이, 그녀의 공연이 그날 밤 최고였다.) **Not without some doubt, I accept his apology anyway.** (다소의 의심이 없진 않았지만, 난 어쨌든 그의 사과를 받아들였다.)

'의심이 생기다'는 **start to have doubt**라 하고, '의심을 받다'에는 **be suspected of**를 쓴다. **Fall under suspicion**이나 **come under suspicion**도 '~의 의심을 받다'이다.

영화에서는 '누구 의심 가는 사람 있어요?'라고 할 때 이렇게 말하는 것을 볼 수 있다. **Is there anyone that you're suspicious about?**라고. 참고로 '의심이 많은 사람'은 **be + suspicious**라고 하여 **She is suspicious about everything**이라고 하면 '그녀는 정말 의심이 많은 사람입니다'의 뜻이다. 그리고 **Don't do anything suspicious**는 '의심 받을 짓은 무엇이든 하지 마라'이다.

유사 표현 문장

- **I doubt if such a thing is of any practical use.** 그런 것이 과연 실익이 있을지 의심스럽다.
- **I have not the slight doubt.** 추호도 의심하지 않습니다.
- **There is no room for doubt.** 의심할 여지가 없다.
- **Truth is beautiful, without doubt; but so are lies.** 진실은 의심의 여지없이 아름답다. 하지만 거짓 역시 그렇다.

Conversation

A) **I am doubtful about his ability!**
전 그 사람 능력이 의심스러워요!

B) **No worry. There is no question about it.**
염려 마세요. 그것에 관해선 의심할 여지가 없어요.

A) **Is there any ground for saying that?**
그렇게 말하는 근거가 있나요?

090 Epic English

I have no antipathy (animosity) to him.
그에 대한 반감은 없습니다.

'반감'을 뜻하는 단어로는 **hostility, antagonism, animosity** 그리고 **antipathy** 등이 있다. 또한 우리가 잘 사용하는 **bad feeling** 역시 '반감'이라고 할 수 있다. **I have an antipathy to insets.** (난 곤충이라면 질색이다.) **Cats and dogs have an antipathy to each other.** (고양이와 개는 상극이다.) 잠깐 옆길로 가자면, **cat-and-dog**에는 '견원지간인', '(담보, 주식 등이) 의심스러운'의 뜻이 있다. **That couple lead a cat-and-dog life.** (부부 싸움이 심한 커플입니다.) **It's raining cats and dogs this morning.** (오늘 아침 억수같이 비가 왔어.)

문장을 보자. 먼저 **hostility**는 명사형으로 '적의, 적대감, 적개심, 반감' 등의 뜻이다. 그래서 **She had hostility to the man who cheated on her** (그녀는 자신을 이용했던 남자에게 적대감을 품었다)이다. **Animosity** 역시 '반감, 적대감'의 뜻으로 **I don't want any animosity** 하게 되면 '난 아무런 적대감을 갖고 싶지 않습니다'이지만, **I have some animosity to him** 하게 되면 '그에게 반감이 많다'가 된다.

I hold a grudges는 '뭔가 뒤 끝이 있다' '좋지 못한 감정이 있다'이다. '전 뒤끝이 없습니다'는 **I don't hold any grudges**라고 한다.

유사 표현 문장

○ **I used to have a deep antipathy to racists.** 난 인종차별주의자들에 강한 반감을 가지고 있었다.
○ **He felt no animosity towards them.** 난 그들에게 아무런 반감이 들지 않았었다.
○ **I have no animosity to the people.** 사람들에게 반감은 없습니다.
○ **It's clear that he has ill feeling towards us.** 그가 우리에게 반감을 가지고 있는 것이 분명해요.

Conversation

A) **Why do you hate him so much?**
왜 그 사람을 그토록 미워하죠?

B) **Well, I have no animosity but I don't know the reason why.**
그에 대한 반감은 없어요. 하지만 이유를 모르겠네요.

A) **That's not making sense!**
그건 말이 안 되잖아요!

쉬면서 알고 가는 영어표현

H

Hi! 안녕!

Hold it! 움직이지 마요!

Hold on. 잠깐 기다리세요.

How about you? 당신은 어때요?

How big is it? 얼마나 큰데요?

How come? (Why?) 왜요?

How do you like here? 여기 좋아 하세요?

How have you been? 그동안 어떻게 지냈어요?

How many times do I have to say? 몇 번이나 말해야 알겠어요?

How many? 수가 얼마지요?

How much? 양이 얼마지요?

How was your trip(vacation)? 여행(휴가)는 어땠어요?

How? 어떻게?

How's everything? 모든 것이 어떠세요?

How's you family? 가족은 잘 있어요?

I

I agree. 동의합니다.

I am (deeply) touched. 정말 감동이었어요.

색깔 있는 영어

- black market 암시장 • black economy 지하경제 • black work 불법적인 일
- black knight 적대적 기업인수를 원하는 회사나 개인

일상생활에 자주 사용되는 영어 표현들입니다.

I am a little disappointed.　좀 실망했어요.

I am all set.　난 모든 준비 완료.

I am aware of that.　그것을 파악하고 있습니다.

I am back.　저 돌아왔습니다.

I am broke.　나는 무일푼입니다.

I am coming.　지금 가요.

I am crazy about her.　나는 그녀에 빠졌어요.

I am exhausted.　난 기진맥진입니다.

I am fed up whit this.　이것이 진저리가 났어요.

I am free.　한가합니다.

I am full.　배불러요.

I am getting hungry.　배가 슬슬 고파오는데요.

I am going to miss you.　나는 너를 그리워 할 거야.

I am impressed.　인상이 좋았어요. 감동받았어요.

I am in a hurry.　좀 바쁩니다.

I am in need.　궁색합니다.

I am nearsighted.　근시입니다.

색깔 있는 영어

- black ink 이익, 흑자 • black lie (악의 있는) 거짓말 • black swan 아주 진귀한 것
- black dog 우울증, 낙담

091
대박영어

You look on only one side of the shield.
당신은 하나만 알고 둘은 모르는군요.

See one and I've seen them all이라는 말이 있다. 이 말은 '하나를 보면 열을 안다'이다. 한국이나 미국이나 비슷한 격언(gold saying)이 참 많다. 인간사가 다 거기서 거기이기 때문일까? 그럴 때는 '언어란 참으로 신기하다'라는 생각이 들기도 한다.

You look on only one side of the shield는 '당신은 방패의 한쪽 면만 본다'이니 결국 '당신은 하나만 알고 둘은 모르는 군요'이다. 반대로 You act like you know everything이라 하면 '당신은 모든 걸 다 아는 것처럼 행동하는 군요'이다. Act를 talk로 바꾸면 '당신은 모든 걸 다 아는 것처럼 말한다'이다. 이처럼 단어만 살짝 바꿔도 표현이 바뀐다. 예를 들어 one side of the shield를 '방패의 한쪽 면'이라 생각한다면 shield를 story로 바꿔보자. 그러면 '한쪽 말만'의 뜻이다.

I can't tell about that by hearing one side of the story. (한쪽 말만 믿고 뭐라고 말할 수 없습니다.) 다른 표현으로 You know only one side of the story라고 해도 '당신은 하나만 알고 둘은 모르는 군요'이다. '낫 놓고 기역자도 모른다'는 Don't know A from B라고 한다.

유사 표현 문장

○ He can't make out what's what. 그는 뭐가 뭔지를 몰라요.
○ I don't know even the first thing about that. 그것에 대해서는 문외한이예요.
○ A frog in the well knows nothing of the great ocean. 우물 안 개구리는 바다를 모른다.
○ She doesn't consider both sides. 그녀는 하나만 알고 둘은 모른다.

Conversation

A) He wants to have meeting everyday when he has time.
그는 시간만 나면 회의를 하려고 해요.

B) Right. Too many meeting are not doing any good.
맞아요. 자주하는 회의는 무의미한 거죠.

A) Anyway, he looks on only one side of the shield.
어쨌든 그는 하나만 알고 둘은 몰라요.

092 Epic English

I'll tell you when it is settle into shape.
정리가 되면 제가 말씀 드릴게요.

'정리하다' 만큼 많은 영어표현이 있는 것도 드물다. 하지만 용도가 다 다르다. 우리말 '정리하다'는 서류를 정리하거나 방을 정리하거나 등 많은 경우에 두루 두루 활용이 가능하다. 하지만 영어는 그 종류마다 용도마다 다른 단어를 사용한다. 그래서 각각의 용례를 익히는 것이 중요하다.

먼저 '서류나 회의, 약속 등을 정리할 때'는 **arrangement**를 쓴다. **Organization** 역시 같은 명사형으로 '정리, 정돈'의 뜻이다. 하지만 '책상 등을 정리하다'는 **tidy up**을 쓰고 '방 등을 정리할 때'는 **clean up**, **tidy up** 등을 쓴다. 예) **Please tidy up your desk before you leave the work**. (퇴근하실 때 당신 책상 좀 정리하세요.)

'사무실 좀 정리합시다'는 **Let's clean up the office**라고 하고, '서랍을 정리하다'는 **organize a drawer**나 **tidy out your drawer**라고 한다. '교통을 정리하다'는 **control traffic**이라 하고, '노트를 정리할 때'는 **organize one's notes**를 쓴다.

가끔 영화를 보면 **wrap up**이라는 말을 써서 **Why don't you wrap up and go home?**이라고 한다. '여기서 마무리하고 집에 갑시다'인데, **wrap up**에 '싸다'의 뜻 외에 '마무리 짓다, 정리하다'의 뜻이 있기 때문이다. 하지만 제목에서 나타낸 것처럼 **settle into shape** 역시 자주 사용하는 숙어 표현으로 '정리하다' 또는 '윤곽이 잡히다', '틀이 잡히다'의 뜻으로 일이 진행되고 있거나 끝나 갈 무렵 이렇게 사용한다.

유사 표현 문장

○ The process is settle into shape. 일하는 과정 중에 틀이 잡히고 있다.
○ Thing will soon settle into shape. 만사가 곧 해결될 겁니다.
○ We need to be organized for that project. 그 계획은 정리할 필요가 있습니다.
○ He asked me to arrange some of his document. 그는 나에게 그의 서류정리를 부탁했다.

Conversation

A) How's your new business going?
  새로 시작하는 사업은 어때요?

B) I'll tell you later when it is settle into shape.
  일이 정리되면 제가 말씀 드릴게요.

A) Good luck!
  행운을 빌어요.

093 They're neck and neck!

대박영어

그들은 정말 막상막하입니다!

1970~1980년대에 가장 유행했고 인기 있던 스포츠 가운데 하나가 프로 레슬링이었다. 하지만 모 선수의 폭로로 레슬링(wrestling)은 쇼(got up match)였다는 것이 드러나자 레슬링은 급격히 팬으로부터 멀어져 갔다. 레슬링이 사전 각본에 의한 쑈(pre-fixed match)라고 해도, 엄청난 운동 없이는 레슬러들의 동작을 구현할 수 없다. 즉 그들의 트레이닝은 진짜(genuine)다. 어쨌든 모든 일류 스포츠 선수나 팀에게는 라이벌이 있다. 라이벌이 없다면 스포츠는 존재하지 못했을지 모른다! 일방적인 경기는 흥미가 없기 때문이다.

Neck and neck은 '막상막하입니다'라고 할 때 쓰이는 숙어인데 경기 결과를 예측하기 어려울 때 쓴다. 경마에서 말(馬)들의 목 보분이 거의 동시에 들어왔다는데서 유래한 표현이다. **Run neck and neck**이라 하면 '앞서거니 뒤서거니 한다'는 뜻이고, **a neck and neck race**하게 되면 '막상막하의 접전'이다.

One side game이 일방적인 경기라면 **neck and neck**은 반대의 경우이다.

예) **It was neck and neck all the way.** (시종 내내 박빙의 승부였다.)

'만약 당신이 그와 경기를 한다면 막상막하일 것이다'라고 한다면 **You and he will be neck and neck**이라고 하면 된다.

참고로 **nip and tuck** 역시 '막상막하'의 뜻이 있고, **a close and tough** 역시 '막상막하'이다.

유사 표현 문장

- **The game was nip and tuck.** 그 게임은 막상막하였다.
- **They were neck and neck in the polls.** 그들은 여론조사에서 막상막하였다.
- **It's a got up match.** 그건 미리 짜고 하는 시합입니다. (그건 쇼입니다.)
- **It was a close and tough match!** 그 경기는 상당히 고전이었습니다.

Conversation

A) **How was the game?**
그 게임은 어땠습니까?

B) **They were really neck and neck!**
그들은 정말 막상막하더군요!

A) **Really? Who is the proud winner?**
자랑스러운 승자는 누구인가요?

094

Epic English

I have a dream which is up to dick.
난 멋진 꿈을 가지고 있습니다.

Up to you는 '~하기 나름'이란 뜻이다. 그래서 **It's up to you!** 하게 되면 그건 '네 하기 달렸지!'라는 뜻이다. 물론 같은 의미로 **that depends on ~**을 써도 된다.

그렇다면 **up to dick**은 뭘까? 이 뜻은 '멋진, 훌륭한, 기막힌, 기상천외한'의 뜻이 있다. 그래서 **I have an idea which is up to dick** 하게 되면 '나에게는 기막힌 아이디어가 있다'이다.

'기막히다, 완벽하다'라고 표현할 때, 우리는 주로 **perfect**라는 단어를 쓴다. **The timing is perfect!** (기가 막히는(완벽한) 타이밍이군요!) 하지만 이것만 고집하다가는 외화를 듣는데 한계가 있다.

영어공부를 열심히 한 사람들은 **be to die for**라는 표현을 한다. 이 역시 '정말 깜박 죽이는군!'의 뜻이다.

예) **Her body is to die for.** (그녀 몸매는 아주 죽이죠.)
　　Her career is to die for. (그녀의 직업은 최고입니다.)

For a flag to die for는 '죽음을 불사하는 깃발' 즉 '대의명분'이다. **Historic figuers fight for a flag to die for.** (역사적 위인들은 대의명분을 위해 싸웠다.)

유사 표현 문장

○ **This food is to die for.** 이 음식은 아주 끝내 줍니다.
○ **I have a great car which is up to dick.** 나는 기가 막힌 차를 하나 가지고 있다.
○ **I have wonderful idea and plan.** 저에게는 아주 멋진 아이디어와 계획이 있어요.
○ **Oh my god! That book design is like totally wicksome.** 세상에 그 책 디자인은 아주 끝내줍니다.

Conversation

A) **What is your new year's resolution?**
　　새해계획은 어떻습니까? (무엇입니까?)

B) **Well, I can't tell it now. But I have a dream which is up to dick.**
　　그게요. 지금은 그것에 대해 말 못해요. 그러나 저에게는 아주 멋진 꿈이 있답니다.

A) **What's keeping you quiet?**
　　말 못하시는 이유가 뭔가요?

095

What kind of music do you like?
어떤 종류의 음악을 좋아하세요?

대박영어

Kind는 형용사형으로 '친절한'의 뜻이 있다. 그래서 '그 사람은 아주 친절하다'라고 할 때에는 **He is very kind**라고 한다.

하지만 **kind of**가 되면 '종류'가 된다. 즉 다시 말해서 '어떤 종류를 좋아하세요?'라고 한다면 **What kind of ~ do you like?**를 쓰는 것이다. **Do you like** 대신에 **Are you looking for?** 하게 되면 '어떤 종류의 ~을 찾고 계시나요?'이고 **Are you looking for** 대신에 **Do you have?**를 쓰면 '어떤 종류의 ~을 가지고 계시나요?'이다.

예) **What kind of car do you have?** (어떤 종류의 차를 가지고 있습니까?)

Kind of (종류) 대신에 쓰이는 같은 유형의 숙어로는 **sort of**, **type of** 등도 있다. 하지만 **kind of**를 가장 많이 사용한다.

예) **Barley is a kind of grass.** (보리는 풀의 일종이다.)

여기서 문장을 익혔다시피 **kind of** 다음에는 항상 명사가 온다는 것을 명심하자. 위 문장에 나오는 **kind of**에는 '약간, 어느 정도'의 뜻이 있고 **a kind of**에는 '~와 같은, 비슷한'의 뜻이 있다.

유사 표현 문장

○ It's a kind of surprise that you don't have a boyfriend. 남자친구가 없다니 좀 의외야.
○ What kind of things do you want in your future? 장래에 원하는 게 뭔가요?
○ What kind of movie do you like? 어떤 영화를 좋아하세요?
○ What kind of business do you have in mind? 어떤 종류의 사업을 생각하고 계신가요?

Conversation

A) What kind of music do you like?
어떤 종류의 음악을 좋아하시나요?

B) I like classical music. And you?
저는 클래식 음악을 좋아합니다. 당신은요?

A) When it comes to music, I'm tone deaf.
음악에 관해서라면, 저는 음치입니다.

096

I don't want to be restrained by her.
그녀에게 구속 받고 싶지 않다.

Epic English

'구속받다'는 be + restrained를 쓴다. Restrained에는 동사형으로는 '저지하다, 제지하다'의 뜻이 있고 명사형으로는 '규제'의 뜻이 있다. Be + fenced 역시 '구속 받다'이다. 그래서 **I thought I was fenced in by my parents when I was a child** 하게 되면 '내가 어렸을 때 우리 부모님에게 구속 받았던 것 같다' 하는 말이 된다. **Fence**는 '울타리, 담' 등의 뜻이 있다. 물론 '~에 둘러싸이다'의 뜻도 있다. 예) **The man is fenced in by pretty girls**. (그 남자는 예쁜 여자아이들에게 둘러싸여 있었다.)

반대로 '구속하다'는 restrain을 쓴다. 그 대표적인 예가 **restrain the liberty** (자유를 구속하다), **restrain freedom of speech** (언론의 자유를 구속하다)가 있다. 그 밖에 **fetter**나 **trammel** 역시 동사형으로 '구속하다, 제한하다'의 뜻을 가진 단어이다.

우리가 잘 아는 **control** 역시 '구속'의 의미가 있다. 그래서 **Don't try to control me** 하게 되면 '저를 구속하려 하지 마세요'이고 **He always trying to control his wife** 하면 '그는 항상 그의 아내를 구속하려고 한다'의 뜻이 된다.

Be + restrained 와 **be fenced**를 잘 숙지하고 알아두자.

유사 표현 문장

○ **I think he is not tied to the public**. 내 생각에 그는 대중에게 구속 받지 않는다.
○ **We're moral, legal and unconstrained**. 우리는 도덕적이고 합법적이며 구속 받지 않는다.
○ **Most young people, they often call out for personal privacy and unconstrained space**.
  대부분 젊은이들은 그들의 사생활을 구속 받지 않는 공간과 장소를 요구(추구) 한다.
○ **In fact, it's being restrained by government**. 사실 그것은 정부에 의해 규제되고 있다.

Conversation

A) **I think, she wants to control you!**
   제 생각에는 그녀가 당신을 구속하려 하는 것 같아요!

B) **I know. I don't want to be restrained by her and anybody**.
   알아요. 그녀를 막론하고 누구에게도 구속 받고 싶지 않아요.

A) **You mean you're a free-spirit!**
   자유로운 영혼이시군요!

097 He acts like there is no tomorrow.
대박영어
그는 아주 막가파식 행동을 합니다.

우리나라 속담 중에 '물불을 가리지 않는다'라는 말이 있다. 이것을 영어로 **He goes through fire and water**라고 한다. '물불을 안 가린다'라고 하지 않고 '물과 불 사이로 막간다'라고 표현하는 것만 다를 뿐이다.

He acts like there is no tomorrow는 '그는 내일이 없는 것처럼 행동한다'이며 우리 식으로 하면 '막간다, 막가파가 된다'의 뜻이다. 또 **act like a baby**는 '버릇없이 굴다', **act like a lord**는 '상전처럼 행동하다'이다. **You should act like a gentleman and not a baby.** (버릇없이 굴지말고 신사답게 행동해라.)

영어회화를 잘하려면 **like**를 적재적소에 잘 이용할 줄 알아야 한다. **Like**는 '좋아하다'라는 뜻도 있지만 '~처럼'의 뜻도 함께 있어서 **talk like**라고 하면 '~처럼 말하다', **act like**' 는 '~처럼 행동한다'가 되는 것이다.

예) **He acts like he is an American.** (그는 미국인처럼 행동한다.) **Don't act like a fool.** (바보처럼 굴지 마.) **He acts like a teacher.** (그는 선생님처럼 행동한다.)

참고로 '부전자전'은 영어로 **Like father like son**이라고 한다.

유사 표현 문장
- **I have nothing to lose, you know?** 난 밑져야 본전이다.
- **She goes through fire and water for the kids.** 그녀는 자식들 일이라면 물불을 가리지 않는다.
- **The situation is spiraling out of control.** 상황이 막가고 있다.
- **Know your place and act like it.** 네 주제를 알고 그렇게 행동하라.

Conversation
A) **He never turn a hair whatever we say.**
그는 우리가 무슨 말을 해도 눈도 깜빡 안 합니다.

B) **Right! He acts like there is no tomorrow.**
맞아요! 그 사람은 막가파식으로 행동하고 있어요.

A) **I can't stand it anymore.**
더 이상은 참을 수가 없어요.

098
Epic English

No matter what you + 동사원형, you're beautiful.
~해도 당신은 아름답습니다.

'~을 하더라도' 혹은 '~할지라도' 하고 할 때에는 **no matter what S + V** 형식을 쓴다. 또한 **no matter what you ~**대신에 **no matter how you ~** 식을 쓰는 경우도 많다. 예) **No matter how you're tired, but you must finish that job.** (아무리 피곤하더라도 일은 끝마쳐야 한다.)

No matter what ~나 **no matter how ~**을 잘 이용하면 멋진 표현을 많이 만들 수 있다. 아래 예문을 보고 그 사용방법을 익혀보자.

예) **No matter what you wear, you're so great.** (무엇을 입어도 당신은 멋집니다.)
No matter how difficult, it is but you must face the music. (아무리 어렵더라고 그것을 직시해야 합니다.) 또한 **no matter what happens**는 '무슨 일이 있더라도 ~'의 뜻이고, **no matter what**은 '무엇을 한다 하더라도 ~'의 뜻이다. **Matter**는 고려하거나 처리해야 할 그 어떤 문제나 일을 뜻한다. 그래서 우리는 이렇게들 말하곤 하지 않던가? **No matter what happens, we must learn English, for the rainy day!** (무슨 일이 있더라도 영어는 배워야 한다. 나중에 필요한 경우를 위해서!)

유사 표현 문장

○ **No matter what you do, I'll trust you.** 무슨 일을 하더라도 나는 당신을 믿을 겁니다.
○ **No matter what someone tells you, don't trust them.** 누군가 무슨 말을 하더라도 그들을 믿지 마세요.
○ **No matter what you do, she will leave you.** 당신이 아무리 애를 써 봐도 그녀는 떠날 겁니다.
○ **No matter how study English, it's not easy.** 아무리 영어공부를 해봐도 쉽지가 않네요.

Conversation

A) **How about my new dress?**
저의 새로운 드레스가 어때요?

B) **No matter what you wear, you always look very charming.**
당신은 뭘 입어도 정말 매력적으로 보여요!

A) **Are you trying to flatter me?**
비행기 태우시는 겁니까?(아첨하지 마세요)

099 He made his name as a bestselling writer!

대박영어

그는 베스트셀러 작가로서 이름을 날렸다!

'~로서 인정을 받다'는 be + recognized + as ~ 로 쓴다. 가령 '그는 이제서야 작가로 인정받나 보군요' 라고 한다면 It looks like he's finally being recognized as a writer라고 한다.

반대로 '그는 작가로서 그의 생명은 끝났다'라고 한다면 His day as a writer are through라고 한다. Through 대신에 over 혹은 finished를 써도 된다. As a top class footballer, his prime time is over. (finished.) (최고 수준의 축구 선수로서, 그의 전성기는 이미 지나갔다.(끝났다.))

어쨌든 '~로서 이름을 날렸다'는 made one's name이고 '~로서'는 as a + 명사이다. 다시 말해 '그는 영화배우로서 이름을 날렸다'라고 한다면 He made his name as a movie star!라고 하면 될 것이다.

'이름을 얻다'는 get a name을 쓰고 '이름을 날리다'는 make name을 쓰는 게 일반적이다. 또한 '그는 프리랜서 작가로 일하고 있다'는 He is working as a freelance writer라고 하고 '그녀는 영화배우로 살고 싶어한다'는 She wants to live as an actress라고 한다. 그리고 treat를 써서 We must treat him as a teacher라고 한다면 '우리는 그를 선생님으로 대접해야 한다'이다. 'As a ~명사'를 잘 연구하고 활용해 보자.

유사 표현 문장

○ He made a big name as a businessman. 그는 사업가로서 큰 이름을 날렸다.
○ She had her name up after appearing in that movie. 그녀는 그 영화에 출연한 후 유명해졌다.
○ This is the best way to get a name. 이름을 날리는 데는 이 방법이 제일 빠르다.
○ She wanted to die as a writer. 그녀는 작가로 죽기를 원했다.

Conversation

A) What do you think of his book?
그의 책을 어떻게 생각하세요?

B) Well, I think it's a great because he is a famous writer anyway.
아주 좋은 것 같아요. 어쨌든 유명작가잖아요.

A) Yes. He made his name as a bestselling writer a decade ago.
맞아요. 10년 전에 그는 베스트셀러 작가로 이름을 날렸지요.

100

Epic English

Why do I have to arrange my schedule to fit into yours?

내가 왜 당신 스케줄에 맞춰야 합니까?

I must 는 '~해야 한다'이다. 같은 뜻으로 사용되는 것이 **have to**이다. 그러므로 '~했어야 했다'는 **have to** 의 과거형인 **had to**를 쓰면 된다.

Do I have to ~는 '내가 ~해야 합니까?'이다. **Why do I have to ~**는 '왜 내가 ~해야 합니까?'로 같은 맥락으로 보면 된다.

Schedule은 '일정, 스케줄, 시간표' 등의 뜻이다. 미국에서는 이것을 '스케줄'이라 하고 영국에서는 '세줄'이라고 한다. 다소 발음의 차이가 있지만 서로 못 알아들을 정도는 아니다.

Arrange schedule은 '일정을 짜다'라는 뜻이다. 그래서 **We must arrange the schedule for the trip**은 '여행일정을 짜야한다'의 뜻이다.

Arrange는 동사로서 '마련하다, (일이나 약속 등을) 주선하다, 처리하다'의 뜻이 있다. 또한 '정리하다, 배열하다' 뜻도 함께 있어 **Rearrange the desks in the classroom** 하게 되면 '교실의 책상배열을 바꾸다'가 된다. **Who set you up on a blind date?**나 **Who arranged your blind date?**는 같은 말인데, 이 뜻은 '누가 미팅을 주선해 주었습니까?'이다.

유사 표현 문장

○ **Why do I have to take the bullet?** 왜 내가 총대를 메야 합니까?
○ **Don't force me to sacrifice.** 나에게 희생을 강요하지 마세요.
○ **Why do I have to concede all the times?** 왜 내가 매일(항상) 양보해야 합니까?
○ **We're arranging the schedule.** 우리는 스케줄 조정을 하고 있는 중입니다.

Conversation

A) **No matter what happens, you must come here by 7 PM.**
무슨 일이 있어도 여기 7시까지는 오셔야 합니다.

B) **What? Why do I have to arrange my schedule to fit into yours?**
뭐라고요? 왜 제가 당신 스케줄에 시간을 맞춰야 합니까?

A) **Come on, don't act like a child.**
이봐요. 애들 같이 굴지 마세요.

101 대박영어

You can't hide your trade what you do for a living.
직업은 속일 수가 없는 것입니다.

'직업은 못 속인다'는 영어로 You can't hide your trade what you do for a living이라고 한다. Hide는 '숨기다'이고 trade는 '거래, 무역, 교역, 물물교환, 맞바꾸기', 외에도 '~을 이용하다'의 뜻도 있다. 그래서 can't hide one's trade는 '~이용하려는 것을 숨기지 못한다'이고 뒤에 what you do for a living이 직업이니 결국 '직업은 숨기지 못한다'라는 말이 되는 것이다.

그렇다고 You can't hide your job이나 job 대신 vocation 그리고 occupation을 쓴다 해서 틀린 말은 아니다. 하지만 원어민들이 관습적으로 즐겨 쓰는 표현이 있다. 페이지 맨 위의 예문이다.

단어 가운데 occupation에는 꼭 '직업'의 뜻만 있는 것은 아니다. Her occupation seems to be shopping이라고 하면 '그녀의 주된 심심풀이는 쇼핑인 것 같다'인데 여기서 occupation은 '직업'이라고 해석하기 보다는 '심심풀이'의 뜻이다. 미국 어느 잡지에 What most likely is the man's occupation?이라고 묻는 것이 있다. 이 뜻은 '남자의 직업으로 가장 적당한 것은 무엇인가?'의 뜻이다.

유사 표현 문장

- The apple doesn't fall far from the tree. 피는 못 속이는 법이다.
- You can't pull the wool over his eye. 그 사람은 속이지 못한다.
- The camera can't lie. 카메라는 속이지 못한다. (못 속인다, 거짓말을 못한다)
- You can't hide your age. 나이는 속이지 못하는 법이다.

Conversation

A) Why don't you taste this coffee? Taste a little different.
이 커피 한번 맛 보세요. 맛이 좀 틀린 것 같아요.

B) Haha, you can't hide your trade what you do for a living.
하하, 직업은 못 속인다니까!

A) I feel something is missing!
뭔가 허전한 느낌이에요!

102 Epic English

Take my words to heart!
내 말 잘 새겨들으세요!

'명심하라'는 영어로 keep that in mind라고 하고 '내 말 들으시오'는 Please listen to me라고 한다. 그리고 Can I finish?나 Please hear me out은 '내 말 끝까지 좀 들으세요'이다. 또한 You're not going to like this는 '이 말씀 들으면 섭섭하겠지만요'의 뜻이다.

그렇다면 Take my words to heart는 왜 '내 말 잘 새겨들으세요'가 되었을까?

단어와 문장의 의미를 잘 해석해보면 쉽게 알 수 있다.

Heart는 '심장, 사랑'의 뜻도 있고 '마음, 가슴'의 뜻도 있다. 그래서 내 말을 '마음으로 받아라'이니 결국 '마음 속 깊이 잘 새겨들으세요'가 되는 것이다.

우리에게 익숙한 Listen carefully나 Listen well this time은 '이번에는 제 말 잘 들으세요'이고, As you were, listen to what I say는 '바로 내가 하는 말 잘 들으시오'이다. 참고로 listen은 타동사형 hear는 자동사형이다.

유사 표현 문장

○ **You know what happens when you don't listen.** 내 말 안 들으면 어떻게 되는지 알지?
○ **I am ready to listen to him any times.** 난 언제든지 그의 말을 들을 준비가 되어 있다.
○ **Don't let it in one ear and out the other.** 한 귀로 듣고 한 귀로 흘리지 마라.
○ **you should take his words to heart.** 그의 말을 잘 새겨들으시오.

Conversation

A) I don't need any advise from him!
난 그 사람의 조언 따위는 필요 없어요!

B) Please take his words to heart, he is helping you.
제발 그 사람 말 새겨들으세요. 그 사람이 지금 당신 도와주고 있잖아요.

A) I know well about that too.
나도 그것에 대해 잘 알아요.

103

대박영어

We can feel free to talk to American.
우리는 편안하게 미국인과 이야기 할 수 있습니다.

영어로 외국인과 대화를 하다 보면 처음 말을 걸 때가 가장 두렵고 떨린다. 무엇을 할 때 '편히 ~한다는 것은 어렵다'를 영어로 **feel + free**라고 한다. **Feel free** 다음에는 동사원형이 오면 된다. 예를 보자. 예) **Please feel free to tell me if you have any problem.** (무슨 문제가 있으면 제게 편하게 말하세요.) '편안하게'의 뜻으로는 **comfortable**이나 **comfort** 그리고 **secure, peaceful, restful** 그리고 우리가 잘 아는 **convenient**가 있다. 이것들을 사용하여 **I can comfortable to** + 동사원형이나 **I am very convenient to** + 동사원형을 써도 '~함에 있어 편리하다. 편안하다'가 된다. 하지만 원어민들에게는 그들만의 방식이 있다. 단어 위주가 아니라 문장위주의 표현이 중요하므로 이 같은 경우 원어민들은 **feel free to** + 동사원형을 선호한다.

'쉽게 ~하세요'라고 한다면 **easy to + V**를 쓰면 되겠지만 **feel free**를 자주 사용하도록 습관을 길러보자. **Feel free to take**는 '허심탄회하게'다. **Feel free to contact to me.** (부담 없이 저에게 연락하세요.)도 널리 쓰이는 표현이다.

유사 표현 문장

○ **You can feel free to come by here anytime.** 언제든지 여기 편하게 들리세요.
○ **We must feel free to take with them first.** 우리는 먼저 그들과 부담 없이 (허심탄회) 이야기해야 합니다.
○ **Please feel free to join us.** 부담 갖지 마시고 와 주십시오!
○ **I want to feel free to talk to my father.** 난 우리 아버지와 부담 없이 대화하고 싶습니다.

Conversation

A) **Many people are waiting for you. You can join us.**
많은 사람들이 당신을 기다리고 있습니다. 오세요!

B) **No, I want to feel free to talk to you face to face.**
아니오, 전 당신과 직접 대면하고 허심탄회하게 이야기하고 싶습니다.

A) **Okay, no problem.**
좋아요. 문제없습니다.

104

I really feel for her.
난 정말 그녀가 너무 가엽다.

Epic English

Sorry에는 '미안하다'의 뜻만 있는 것이 아니다. '유감이다, 후회스럽다, 가엾다' 등 여러 가지가 있다. 그래서 You will be sorry if don't listen to me라고 하면 '내 말을 듣지 않으면 당신은 후회하게 될 것이다'이다. 단어 하나의 뜻만 알고 해석하면 오해의 여지가 많아진다.

Sorry sorrow for 하게 되면 '~을 슬퍼하다'이고 sorry about은 '~에 대한 유감을 가지다, 유감이 있다' 이다. Sorry to + 동사원형은 '~에 유감이다' 혹은 '후회하다'이다. 그럼 여기서 feel에 대한 것을 알아보자. Feel regret for는 '~을 후회하다', feel pity for는 '~을 불쌍히 여기다' 그리고 have + good feel for ~ 는 '~에 대한 느낌이 좋다'이다. I feel + 목적어는 '~에 대해 동정을 느끼다'이고 feel around for는 '~을 찾아 더듬다'이다. 이처럼 feel에도 수많은 각자의 뜻이 있다. 단지 feel을 '느끼다'라는 뜻 하나로만 알고 있으면 곤란하다. Tom is bossy but I felt for him when his son died. (톰은 가부장적이지만, 그 사람 아들이 죽었을 때 정말 가여웠어.)

'불쌍하다'의 뜻을 가진 단어로는 pitiful, pathetic, poor, pitiable, piteous 등이 있다.

유사 표현 문장

- I felt for her when she cried. 그녀가 울 때 정말 동정이 갔다.
- She was a pitiful sight. 그녀의 모습은 측은한 모습이었다.
- It was too pitiful to watch the dog! 그 개가 너무 가여워서 볼 수가 없었다.
- Most of children in that country are pathetic as you know. 네가 알다시피 대부분의 그 나라 아이들이 불쌍하다.

Conversation

A) Her father passed away due to cancer last week.
그녀의 아버지가 지난 주 암으로 세상을 떠났어요.

B) Oh my god! I feel for her.
세상에! 그녀가 정말 가엽군요.

A) It was a sad funeral.
슬픈 장례식이었어요.

105 I feel something is missing!

대박영어 뭔가 허전한 느낌이에요!

별것 아닌 표현도 막상 영어로 하려면 입이 막힌다. 그래서 외국어다. 모국어를 **mother tongue** 또는 **mother language**라고 한다. 외국어를 잘 하려면 말할 기회를 자주 만들거나 공부를 해야 한다. 공부 방법으로는 무엇이 있을까? 많은 표현들이 수록되어 있는 책을 읽는 것이 최고다. 책에서 익힌 표현을 외국인과 이야기를 하며 활용하면 그 표현과 문장이 기억에 오래 남는다. 눈, 귀, 입, 몸짓을 모두 이용했기 때문이다. **I feel something is missing**은 '뭔가 잃어버린 것 같다'라는 말로 '뭔가 허전한 느낌이 든다'라고 할 때 자주 사용하는 표현이다. **Feel**은 '느끼다'지만 **feel for somebody** 하면 '누군가가 가엾게 느껴지다'이다. 예를 들어 **I felt for her because she lost her husband**라고 하면 '나는 그녀가 남편을 잃어 가엾게 느껴졌다'이다. 구태여 **feel sorry for** ~를 쓸 필요가 없다.

또한 **feel somebody up** 하게 되면 '누구의 몸을 더듬다'이다. 예) **He felt my body up so I felt terrible.** (그가 내 몸을 더듬어서 기분이 정말 더러웠다.) 그리고 우리가 잘 아는 **feel like**는 '~처럼 느껴지다' 혹은 '느끼다'이다. 예) **I feel like fish out of water.** (좌충우돌 한다는 느낌이 들었어요.) **What do you want to drink?** (뭘 마시겠습니까?)라는 질문에 **I feel like coffee**라고 대답하면 '커피를 느껴요' 즉 '커피로 할래요, 커피를 주세요'가 된다. **Feel**의 과거형은 **felt**이다.

유사 표현 문장

- **At this time of night, I feel so alone.** 이렇게 늦은 밤이면 난 외로움을 느끼곤 한다.
- **Is that the way you really feel about me?** 정말 날 그런 식으로 생각하는 거니?
- **A rainy day makes me feel dull and gloomy.** 비가 오는 날이면 마음이 답답하고 우울해져요.
- **I feel like something to drink.** 뭔가 한잔하고 싶다.

Conversation

A) **I feel something is missing nowadays!**
요즘 뭔가 허전한 느낌이야!

B) **What's the matter?**
무슨 일인데 그래?

A) **I don't know. I feel dull and gloomy too.**
모르겠어. 가슴도 답답하고 우울하기도 하고.

106 Do you think I am that easy?
Epic English
내가 그리 쉽게 보이니?

'만만치 않다'는 영어로 **no easy**이다. **I am not push over**라고 해도 '난 어리석지 않아요, 만만하지 않아요, 쉽게 생각지 마세요'이다.

영화 단골표현인 **I was not born yesterday** 역시 '전 만만하지 않아요, 어리석게 보지 마세요'이다. 노골적으로 **Don't look down on me**라고 해도 같은 표현으로 '날 얕잡아 보지 마라'이다.

여기서 잠시 재미있는 영화표현 하나를 소개하고자 한다. 우리나라 영화 중 '친구'라는 작품이 흥행에 크게 성공했다. 극중에 주인공이 '내가 니 시다바리가?'라는 표현을 썼다. 이것이 한때 유행어가 되기도 했다. 이것을 영어로 하면 **You think I am your waitress?**이다. 번역하면 '내가 네 종업원이냐? 이래라 저래라 하게?'라는 의미다.

'노골적으로 그 사람은 나를 쉽게 보았다'라고 한다면 **To put it plainly, he looked down on me**라고 한다. **To be plain with you**라고 하면 '노골적으로 말하면'이다. **Don't look at me I am easy**나 **Don't think I am easy**는 '나를 쉽게 보지 마세요!'이다.

유사 표현 문장

○ **Things are not so easy as you take them to be.** 세상은 네가 생각하는 것처럼 절대 만만치 않다.
○ **She is not as easy as you think.** 그녀는 당신이 생각하는 것처럼 그리 쉬운 사람이 아닙니다.
○ **Don't take me for an easy man.** 나를 만만하게 보지 마세요!
○ **Do you think business is that easy?** 사업이 그리 쉽게 보이나?

Conversation

A) **I think it's no problem to make a lot of money.**
내 생각에는 큰 돈을 버는 데는 문제가 없을 것 같은데.

B) **What? Do you think that is so easy?**
뭐라고? 넌 그게 그리 만만하게 보이니?

A) **What's wrong?**
뭐가 문제인데?

107 You're giving a family's bad name.

대박영어

어물전 망신은 꼴뚜기가 다 시킨다.

일부 몰지각한 사람들의 추태로 한국인에 대한 동남아 사람들의 인식이 안 좋아지고 있다. 한류열풍으로 한국을 동경하고 좋아하지만, 몇몇 한국 사람들의 추태는 도를 넘었다.

이러한 경우를 영어로는 **They're giving a Koreans bad name**이라고 한다. 번역하면 '어물전 망신은 꼴뚜기가 시킨다'라는 말이다. '그들은 나쁜 이름을 준다'라고 하고 '우리는 이미지(image)를 준다'고 표현한다. **Image**를 써도 틀린 표현은 아니지만 이러한 경우는 **bad name**을 쓰는 것이 보다 영어다운 표현이다.

영화에서는 **You're a disgrace to our family** (네가 집안 망신 다 시킨다)라고도 하고 **You've brought dishonor on our family**라고도 한다. 여기서 **disgrace**는 '불명예'이고 **dishonor**에는 '불명예, 망신, 치욕' 등의 뜻이 있다. 예) **Don't do anything that would disgrace your parents.** (부모님을 욕보이는 짓을 하지 마라.) **He's the black sheep of the family**는 '그가 집안의 골칫덩이다'라는 말이다.

또한, **be + shamed**나 **be + humiliated** 역시 '망신'이다. 그래서 **I was so shamed** 하게 되면 '망신살이 뻗쳤다'이고 **You deserve to be humiliated**는 '너는 망신을 당해도 싸다'이다. **Deserve**는 '~할 가치가 있다, ~을 당해도 싸다, ~자격이 있다'의 뜻이다.

유사 표현 문장

- **One of my friend tries to bring disgrace on me.** 친구 중 한 명이 나를 망신주려고 한다.
- **It's a quite simply a national disgrace.** 그것은 대단한 국가 망신이다.
- **He is a disgrace as a movie star.** 그는 영화배우로서 망신이다.
- **That boy is a disgrace to his family.** 그 소년은 집안의 망신거리다.

Conversation

A) **The man suffered disgrace for stealing.**
그 사람 도둑질해서 망신을 톡톡히 당했어요.

B) **Oh boy, he is giving a family's bad name!**
저런 세상에. 어물전 망신은 꼴뚜기가 시킨다더니.

A) **That's what I am saying. He's the black sheep of that family.**
내 말이 그 말이라니까요. 그 사람 그 가족의 골칫덩어리라구요.

108 I'll keep my fingers crossed for you!
제가 당신 기도해 드릴게요!

'기도하다'는 pray이다. 그래서 I'll pray for you 하게 되면 '당신을 위해 기도드릴게요'이다. Make a wish 역시 '기원하다, 기도하다'의 뜻이 있다.

예) I will make a wish for you that all the best in the coming year. (새해에는 행복만이 가득하길 빌겠습니다.) 하지만 keep fingers crossed for ~도 '~을 위해 기원하다, 기도하다'이다. 서양에서는 무언가를 간절히 원할 때 손가락을 꼬는 관습이 있기 때문이다.

Grace 역시 '기도, 은총, 신의 가호' 등의 뜻이 있다. 그래서 He is blessed with god's grace 하게 되면 '그는 은혜가 충만한 사람이다'이다. 또한 '신의 가호가 있길 바랍니다'는 May the grace of god be with you라고 표현한다.

Would you say grace?라는 문장을 접해 보았을 것이다. 이 말은 식탁에서 하는 말인데 '식탁에서 기도해 주시겠습니까?'이다.

참고로 '은혜'의 뜻으로는 favor나 grateful, beneficence 등이 있다.

유사 표현 문장

○ They knelt down and prayed. 그들은 무릎을 꿇고 기도를 올렸다.
○ We keep fingers crossed for 2017. 2017년에 행운을 기원합니다.
○ I'll keep my fingers crossed for your new business. 새로 시작하는 사업이 잘 되길 기원합니다.
○ Please keep your fingers crossed for me. 나를 위해 기원해 주세요.

Conversation

A) I want to help you.
당신을 도와드리고 싶습니다.

B) If you want to help me, keep your fingers crossed for me.
만약 도와주고 싶으시다면 저를 위해 기도해주세요.

A) Of course! I wish you all the good luck!
물론이죠. 행운이 함께 하기를 빕니다!

쉬면서 알고 가는 영어표현

I

I am on duty. 근무 중입니다.

I am scared to death. 난 무서워 죽겠어요.

I am serious. 난 진심이에요.

I am short-changed. 잔돈이 모자라는데요.

I am single. 나는 미혼입니다.

I am sorry. 미안해요.

I am starving to death. 배가 고파 죽겠네요.

I am stuffed. 배가 부르네요.

I am upset. 화가 납니다.

I bet. 내기를 할 정도로 자신 있습니다.

I can tell. 그렇게 말할 수 있어요. 그렇게 보입니다.

I can handle it. 내가 다룰 수 있어요.

I can not handle it anymore. 난 더 이상 다룰 수가 없어요.

I can't afford that. (주로 재정적으로) 그것을 감당 할 수 없어요.

I can't help it. 어쩔 수 없어요.

I can't say for sure. 확실하게 말 못하겠어요.

I can't stand it. 견딜 수가 없어요.

색깔 있는 영어

- turn blue 쓰러져 죽다   • blue-sky 비현실적인   • blue book 시험답안지, (중고차) 시세표
- out of the blue 갑자기, 난데없이

일상생활에 자주 사용되는 영어 표현들입니다.

I can't thank you enough. 너무 감사해서 뭐라고 할 말이 없네요.

I didn't mean to. 난 그렇게 할 의도는 아니었어요.

I don't believe it. 난 그것을 믿지 않아요.

I dont't care. 상관하지 않아요.

I dont't get it. 이해를 못하겠네.

I don't like it. 난 그것을 좋아 하지 않아요.

I doubt it. 의심이 가는데요. 그렇지 않게 생각하는데요.

I feel the same way. 저도 같은 느낌입니다.

I get it. 난 알았어요.

I got lost. 난 길을 잃었어요.

I have got to go now. 난 가야겠어요.

I have had enough. I quit. 난 이제 진저리가 나요. 그만 둘래요.

I hardly know him. 나는 그 사람을 잘 모릅니다.

I have to eat and run but… 먹자마자 가기는 싫지만…

I have a long way to go. 난 갈 길이 멀었어요.

I have no appetite. 난 식욕이 없네요.

I have no clue. 난 아이디어가 전혀 없어요.

색깔 있는 영어

- blue-chip 일류의 • blue-collar 육체노동자의 • blue-blood 왕족출신의
- blue man 정복경관

우보현·장원재의 대박영어 ❷ 141

109 I am just stoked about knowing you!

대박영어

당신을 그냥 알게 된 것만으로도 기뻐요!

Stoked는 형용사형으로 자주 사용되는 단어이다. 말뜻은 '기쁜, 신이 나는, 즐거운'의 뜻이다. 동사형으로는 '불을 때다, 연료를 때다'의 뜻이 있다.

어쨌든 **stoked**는 기쁨을 나타낼 때 자주 쓰이는 단어인데 우리는 **happy**나 **glad**에 익숙하다. 그래서 기본적인 표현도 잘 들리지 않을 때가 있는 것이다. **I was stoked**라고 하면 '저는 너무 좋았죠!'이다.

'여기서 일할 수 있는 것만으로도 기쁘다'고 할 때 **I am just stoked about working here**라고 하면 된다. 물론 **I am happy to work here**라고 해도 되겠지만 '여기서 일해서 행복하다' 보다는 '여기서 일할 수 있는 것만으로도 행복(기쁘다)하다'와는 다소 어감이 다르다는 것을 알 수 있다.

'기쁘다'의 표현으로 사용되는 단어로는 **happy**나 **glad**를 비롯하여 **pleased** 그리고 **delighted** 등이 있다. 그래서 **We were pleased to hear the news** 라고 하면 '우리는 그 소식을 듣고 기뻤다'가 되는 것이다. 이제는 **stoked**를 사용해 보자.

I'm really stoked that you choose my book. (작가로서, 저는 여러분이 제 책을 골라주신 것만으로도 기쁩니다.)

유사 표현 문장

○ **I am just stoked about getting to see her**. 그녀를 만난 것만으로 기뻐요.
○ **I am really stoked that she likes me**. 그녀가 나를 좋아한다는 사실에 너무 기뻐요.
○ **Nothing can give greater pleasure than this**. 이렇게 기쁠 수가 없습니다.
○ **I am delighted at your success**. 당신이 성공했다니 기쁩니다.

Conversation

A) **It's good to see you**.
만나게 돼서 기쁩니다.

B) **Yes, I am just stoked about meeting you too**.
네, 저 역시 당신을 만나게 된 것만으로도 기쁩니다.

A) **Really? Thank you**.
정말이요? 감사합니다.

110

Nothing can justify your act.
당신의 행동은 정당화 될 수 없습니다.

'~은 정당화 될 수가 없다!' 이런 구절은 어디에서든지 자주 들을 수 있고 접할 수 있는 말들이다! '폭력은 어떠한 경우라도 정당화 될 수 없다'. 이것을 영어로 **Violence can't be justified by any reason**이라고 하거나 **Nothing can justify the violence**라고 한다.

첫 번째 문장은 수동태이고 두 번째 문장은 일반적으로 쓰이는 능동태의 문장이다. **Justify**는 동사형으로 '(옳음, 타당함) 등을 보여주다'의 뜻이고 '정당화하다'의 뜻이다. 그래서 **Nothing can justify the act**라고 하면 '그의 행동은 어떠한 경우라도 정당화 될 수가 없다'라는 말이 되는 것이다.

Deny 역시 '부정하다'여서 **We must not deny all liability**라고 하면 '우리는 법적 책임은 부정할 수 없다'가 된다. 또한 **excuse (for)** ~는 '변명을 늘어놓다'이고 **justification**은 '타당한 이유' 혹은 '명분'이다. 그래서 **He has no justification for doing that** 하면 '그는 그것을 할 명분이 없다'가 된다. **Can justify**와 **be justified**를 잘 구분해 볼 필요가 있다.

The end justifies the means. (목적은 수단을 정당화한다.) **I don't care how you justify it or not.** (네가 이 일을 어떤식으로 정당화하는 말든 난 상관 안해.)

유사 표현 문장

○ **Kissing and hugging in this place can't be justified by any reason.** 이 장소에서 키스와 포옹은 어떠한 이유라도 정당화 될 수 없다.
○ **Fighting in the office cannot be justified by any reason.** 사무실에서 싸운다는 것은 어떠한 이유건 정당화 될 수 없다.
○ **Nothing can justify the missing class.** 수업에 빠진 건 어떠한 이유라도 용납될 수 없다.
○ **Nothing can justify the cheating to others.** 남을 속인다는 것은 어떠한 이유라도 정당화 될 수 없다.

Conversation

A) **Why did you miss the English class?**
왜 영어수업에 빠졌습니까?

B) **Because there was something wrong with my car.**
왜냐하면 제 차에 문제가 생겨서요.

A) **It cannot be an excuse. Nothing can justify the missing class.**
그건 변명이 될 수 없어요. 어떠한 경우라도 수업에 빠진 건 정당화가 안돼요.

111 대박영어

I am not gonna let you + V
~하는 것을 용납하지 않을 것입니다.

'용납하다' 혹은 '하지 못 한다'라고 할 때 쓰는 단어로는 무엇이 있을까? 동사형으로 **admit, approve, allow, permit, let, pass over, overlook, countenance, tolerate** 등 나열하기가 어려울 정도로 많다. 이것을 다 알면 좋겠지만 가장 많이 쓰는 단어 순서로 알아 두는 것이 더 효율적이다.

먼저 **admit**는 '용납하다'의 뜻도 있지만 '인정하다'의 뜻이 강하다. 그래서 **He didn't admit that he was in the wrong** (그는 자신이 잘못했음을 인정하지 않았다)이 있고, **approve**는 **I don't approve of gambling** (나는 도박은 용납하지 않는다)와 같이 쓴다.

우리가 잘 아는 **allow**는 '허락'의 뜻이 강하다. 그러나 문장 용도에 따라 '용납'이 될 수도 있다. 예를 보자. **He can't allow such a mistake to happen.** (그는 이런 식의 실수는 용납하지 않는다.)

또한 **permit**나 **pass over, overlook** 등도 문장 곳곳에 자주 쓰이는 단어나 숙어이다.
예) **I can't pass over your mistake.** (당신의 실수를 용납할 수 없다.)

누군가의 거절을 점잖게 거절할 때, 예컨대 공항에서 누군가가 대신 짐을 부쳐달라고 할때 이렇게 말해보자. **I'm not allowed (for doing that.)** (그 일을 하도록 허락받지 않았습니다.)

유사 표현 문장

○ **We can't overlook his fault.** 그의 실수를 묵과할 수 없다.
○ **Phones are not permitted in the library.** 도서관에서는 전화가 허용되지 않는다.
○ **I am not gonna let her meet him again.** 그녀가 다시 그를 만나는 것을 용납하지 않을 것이다.
○ **This sort of behavior will not be tolerated anymore.** 이런 행위는 더 이상 용납할 수 없다.

Conversation

A) **I think she meets him every night.**
제 생각에는 그녀가 매일 밤 그 남자를 만나는 것 같아요.

B) **I know, I'm not gonna let her meet him again.**
알아요. 그래서 이제 더 이상 그 남자 만나는 걸 용납하지 않을 겁니다.

A) **But she loves him very much.**
그러나 그녀가 그 사람을 사랑하고 있잖아요.

112

He acts like he is sick on purpose!
그는 일부러 아픈 척을 했습니다!

Epic English

On purpose는 '일부러 ~'이고, act like는 '~처럼 행동하다'이다. 그래서 '그는 오늘 일부러 바쁜 척 했습니다'라고 할 때는 He acts like he is busy today on purpose라고 한다.

Purpose는 명사형으로 '~이루어야 할 목표, 의도' 등을 뜻한다. 그래서 Our campaign's main purpose is to do business well 하게 되면 '우리 캠페인의 주된 목적은 사업을 잘 하기 위함이다'가 되는 것이다. 참고로 all purpose는 '다목적의' 혹은 '만능의' 뜻이고 dual purpose는 '이중목적'의 뜻이다.

Purposely는 부사형으로 '고의로, 일부러'의 뜻이 있어 I sat down but purposely avoiding her sight 하게 되면 '나는 그 자리에 앉았으나 일부러 그녀의 시선을 피했다'가 된다.

Intentionally 역시 '일부러, 고의의' 뜻을 가진 부사형이다. 그래서 스포츠 구기종목에 intentional foul이라는 단어가 있다. '의도적인 반칙이'라는 뜻이다. Foul에는 '냄새가 더러운, 악취 나는'의 뜻이 있어서 foul air가 '더러운 공기, 냄새나는 공기'의 뜻이 된다. On purpose를 잘 이용하여 여러 가지 영어표현을 자연스럽게 할 수 있도록 해보자.

유사 표현 문장

○ **I did it on purpose because I don't like her.** 난 그녀를 좋아하지 않아서 일부러 그렇게 했다.
○ **She lost the game on purpose as far as I know.** 내가 알기로는 그녀가 일부러 그 게임에서 져줬다.
○ **He did it on purpose knowing it would annoy me.** 그는 그것이 나를 짜증나게 할 것임을 알고 일부러 그랬다.
○ **What's the purpose of the questionnaires?** 설문조사의 목적이 뭡니까?

Conversation

A) **Why off you went without so much a good bye?**
왜 작별인사도 않고 그냥 가버렸어요?

B) **I did it on purpose because I am really sick and tired of her.**
일부러 그렇게 했어요. 난 그녀는 딱 질색이거든요!

A) **But that's too much.**
그렇지만 그건 좀 심했어요.

113 대박영어

That's the fatel to human!
그것은 인간에게 치명적인 것입니다.

'치명적이다'의 영어표현으로는 fatal, mortal, deadly, lethal 등이 있다. 그래서 '치명적인 실수'를 그들은 a fatal mistakes라고 한다. 권투에서 '치명타'를 a fatal blow나 mortal blow라고 한다.

Lethal 역시 '치명적인'의 뜻이 있어 Handguns are small, portable, easy to hide and lethal 하게 되면 '권총은 작고 휴대가 가능하며 숨기기 쉽고 치명적이다'이다. 미국에서는 종종 총기난동사건이 나기 때문에 이런 말들을 자주 한다.

Lethality 역시 자주 쓰이는 단어이다. 명사형으로 '치명적인'의 뜻이 있어 의료계에서 자주 쓰이곤 한다. This disease has high lethality라고 하면 '이 질병은 치사율이 아주 높다'이다.

Pernicious도 '치명적인'의 뜻이 있어 I agree that it's indeed pernicious 라고 하면 '이것이 정말 치명적이라는 것에 저도 동의합니다'이다. 만약에 '이 독은 인간에게는 치명적이다'하고 한다면 This poison is fatal to human이라고 하면 된다.

참고로 pernicious ingredients는 '유해성분'이고 pernicious influence는 '치명적 영향'이다. 그리고 white lie가 '선의의 거짓말'이라면 a pernicious lie는 '악의에 찬 거짓말'이다.

유사 표현 문장

- Cobra's poison is the fatal to human. 코브라 독은 인간에게 치명적이다.
- That is the one man's meat and other man's poison. 그것은 한 사람에게는 약이고 다른 한 사람에게는 독이다.
- That is the fatal virus to human. 그것은 인간의 인체에 치명적인 바이러스이다.
- That problem is the fatal to business. 그건 사업에 있어 치명적인 문제이다.

Conversation

A) What if I eat toadstool?
독버섯을 먹으면 어떻게 될까요?

B) Well, that's the fatal to human.
글쎄요, 그건 인간에겐 치명적이죠.

A) You mean, that is not eatable in any case.
당신 말은, 어떤 경우든 먹을 수 없다는 뜻이군요.

114

Epic English

She is too choosy.
그녀는 눈이 높아요.

Standard는 명사형으로 '수준, 기준' 등의 뜻이다. 또한 '규격'의 뜻도 있다. 그래서 한때 모든 한국제품에 KS라는 명칭을 붙이곤 했다. KS는 Korean Industrial Standard의 준말이다. 이 뜻은 '한국산업규격'이라는 뜻이다. 그리고 high standard라고 하게 되면 '높은 수준'을 말하는 것이고 거기에다가 a high standards of living은 '높은 생활수준'을 의미한다.

또한 '~에 대한 기준이 높다'라고 한다면 have high standard for ~가 된다. 결국 high standard는 '수준이 높다'이니 사람에 비유하여 이 표현을 쓰면 '눈이 높다', '노는 것이 일반적인 기준과 다르다'의 뜻이다. 그러니 '콧대가 세다' 혹은 '눈에 차지 않다' 할 때도 이 표현을 쓴다.

'튕기는 여자'는 She is playing hard to get을 쓰는데 I don't like the woman who is playing hard to get 하게 되면 '난 튕기는 여자는 별로다'가 된다.

'눈이 높다'라고 할 때에도 여러 가지가 있는데 You're too picky 나 You're too choosy 하게 되면 '지나치게 고른다'이니 '당신은 눈이 높군요'이고 low standard는 이와 반대되는 표현이다. 영화에서 나왔던 표현이 바로 이것이다. You're not easily satisfied. (당신을 만족시키기는 쉽지 않군요. 당신의 눈은 너무 높습니다.)

유사 표현 문장

○ **If you go too far in your choice, you'll fare worse.** 눈이 너무 높아도 탈이다.
○ **She has high standard and does not even look at most men.** 그녀는 눈이 높아서 웬만한 남자는 거들떠보지도 않는다.
○ **She is talking from a high horse.** 그녀는 너무 콧대가 높다.
○ **He is a shit on wheels.** 그는 아주 콧대가 높다.

Conversation

I think she has no boyfriend ever pretty!
제 생각에 그녀는 예쁜데도 불구하고 남자친구가 없는 것 같던데.

B) Yes, because she is too choosy.
네. 왜냐하면 그녀는 콧대가 너무 세요. (눈이 높아요.)

A) I see. Too much is no good for everything.
그렇군요. 뭐든지 과하면 좋지 못하죠.

115 Don't make a decision on a whim!

대박영어 **즉흥적으로 결정하지 마세요!**

Whim은 명사형으로 '기분, 변덕'의 뜻이다. 그래서 **at a whim** 하게 되면 '변덕스럽게'의 뜻이고 **on a whim** 하게 되면 '기분적으로'의 뜻이니 '즉흥적으로'의 뜻이 된다. '변덕'에는 **fickle**이란 단어도 자주 쓴다. 예) **The weather has been fickle lately.** (날씨가 요즘엔 변덕을 부리고 있다.)

그리고 **use whim** 하게 되면 '변덕을 이용하다'이다. **He is trying to use her whim.** (그는 그녀의 변덕을 이용하려 하고 있다.) 또한 '기분파'는 **moody**라고 하며 **He is moody**는 '그는 기분파입니다'이다. **This is my favorite moody black and white movie.** (이건 내가 좋아하는 분위기있는 흑백영화야.) **I can't stand her moody silence.** (그녀의 침울한 침묵을 견딜 수 없어요.) '기분파'로 사용하는 단어는 **a man of moods**, **a whimsical person**이 있다.

'신중하게 하다'라고 할 때 '신중한'의 단어로는 **prudent, discreet, politic** 등이 있다. 예를 들어보자. **He is a prudent businessman.** (그는 아주 신중한 사업가다.) **He was always very discreet about his love affairs.** (그는 애정문제에 대해서는 언제나 아주 신중하다.) **She is very cautious about everything.** (그녀는 모든 일에 신중하다.) 이처럼 항상 반대되는 단어와 표현들도 알아두어야 한다.

유사 표현 문장

- **They are doing everything as a whim.** 그들은 기분 내키는 대로 모든 걸 행동한다.
- **She decided to do coffee business on a whim.** 그녀는 즉흥적으로 커피사업을 하기로 결심했다.
- **We will do it not on a whim.** 우리는 그것을 즉흥적으로 하지는 않을 것이다.
- **They were promised to take a trip to USA on a whim.** 그들은 즉흥적으로 미국여행을 약속했다.

Conversation

A) How's your blueprint of new business?
새로운 사업 청사진은 어때요?

B) I am still thinking of it.
여전히 생각 중입니다.

A) Good! Don't need to make a decision on a whim.
잘됐군요! 즉흥적으로 결정할 필요는 없죠 뭐!

I can't trust you as much as I used to.

예전만큼 당신을 믿지 않아요.

As 용법은 전에도 설명한 적이 있다. **As much as**는 '~만큼, ~정도, ~못지 않게'의 뜻이다. 그래서 **You can drink as much as you like (want)** 하면 '원하는 만큼 마시세요'이다.

그런데 **as much as I used to**에서 **I used to**는 '~하곤 했다, 예전에는 ~이었다'의 뜻이다. 그래서 **I don't drink coffee as much as I used to** 하면 '예전처럼 그렇게 커피를 많이 마시지 않는다'이다. **Coffee**를 **smoke**(담배)로 바꾸어 봐도 좋다. 예) **Mr. Woo doesn't smoke as much as he used to.** (우선생은 예전처럼 그렇게 담배를 많이 피진 않는다.)

여기서 잠시 **used to**에 대해 좀 더 알고 가도록 해보자.

I used to live in London. (나는 한때 런던에서 살았었다.) **I am not what I used to be.** (예전의 제가 아닙니다.) **I am used to hard work.** (저는 힘든 일에 익숙해졌습니다.) **I still remember the song used to sing when I was a child.** (난 내가 어렸을 때 부르던 노래들을 아직도 기억해요.) 등 **used to**만 잘 활용해도 많은 표현이 가능하다.

유사 표현 문장

○ **I can't trust people as much as I used to!** 예전처럼 그렇게 사람을 믿지 못하겠어요.
○ **I don't spend the money as much as I used to!** 예전처럼 그렇게 돈을 쓰지 않습니다.
○ **I can't play the guitar as much as I used to.** 예전처럼 그렇게 기타를 칠 수가 없어요.
○ **I can't drink beer as much as I used to.** 예전처럼 그렇게 맥주를 마시지 못하겠어요.

Conversation

A) **How often do you drink liquor?**
　하루에 몇 잔이나 술을 마시세요?

B) **I don't drink any more even on the rocks.**
　전혀 안나십니다. 얼음 넣어서도 안마신다구요.

A) **Well… I can't trust you as much as I used to.**
　글쎄요, 난 예전만큼 당신을 믿지 못하겠네요.

117 He is the man who I can trust!

대박영어

그는 내가 믿을 수 있는 사람이다!

'나는 내가 믿을 수 있는 사람이 필요하다'라고 한다면 **I need a person who I can trust**라고 한다. **Who** 대신에 **whom**을 쓰기도 한다.

또한 '우리는 서로 믿어야 한다'는 **We must trust each other**이다. 반대로 '그는 신용할 수 있는 사람이 못 된다'라고 한다면 **He is not the sort of man to be trusted**라고 한다. 그냥 쉽게 **He is not a man to be trusted**라고 해도 똑같다.

미국속담에 이런 말이 있다. **A person who trusts no one can't be trusted**. 이 말은 '아무도 신뢰하지 않는 자는 그 누구에게도 신뢰받지 못한다'라는 말이다. **Trust**는 동사형으로 '~을 믿다, 신뢰하다'이다. 그래서 **Trust me. OK?** (날 믿으세요. 아셨죠?)라고 한다.

Believe 역시 '믿다, 믿음' 혹은 '~라고 믿다'의 뜻이다. **I can't believe how beautiful she is.** (그녀가 얼마나 이쁜지 믿을 수가 없어요.) 즉 사람과 사람의 관계는 **trust**를 자주 쓰고, 신앙이나 그 어떤 무엇을 진실이라고 믿을 때는 **believe**를 쓴다. 그래서 **I am wiser than to believe that** 하게 되면 '그것을 믿을 만큼 어리석지 않습니다'이다.

유사 표현 문장

○ **Believe or not, she is in her 50's now.** 믿거나 말거나 그녀는 지금 50대다.
○ **Spend time with people that you trust.** 네가 믿을 수 있는 사람과 시간을 보내라.
○ **I can't believe that she can speak English as an American.** 그녀가 미국사람처럼 영어 하는 것을 믿을 수가 없어요.
○ **Trust me. Don't be so suspicious all the time.** 절 믿으세요. 언제나 그렇게 의심만 하지 마시고!

Conversation

A) **How can you trust him?**
  어떻게 그 사람을 믿어요?

B) **Don't worry. He is the man who I can trust.**
  걱정 마세요. 그 사람은 내가 믿을 수 있는 사람입니다.

A) **But you must be careful.**
  그러나 조심은 하셔야 합니다.

118 We can take one more picture just in case.

Epic English

만약의 경우를 대비해서 사진 한 장 더 찍죠.

In case of는 '~한 경우에는'의 뜻이다. 그래서 어느 빌딩을 가거나 화재경보 벨이 있는데 거기에는 이렇게 쓰여 있다. **In case of fire, push this bell!**이라고. 이 말은 '화재 시 이 버튼을 누르시오!'이다.

Case는 여러 가지의 용도로 쓰인다. 먼저 **in this case**는 '이러한 경우라면'이고 **in that case**는 '그런 경우라면'이다. 또한 **in my case, in your case** 등도 '내 경우, 네 경우' 하고 할 때 쓰인다. 유명한 문장인 **That's an open and shut case**는 '그건 불 보듯 뻔하다'이다. 그들은 '문이 열리고 닫히는 경우'라고 하여 이렇게 표현하는 것이다. 그리고 **The most cases**는 서두에 자주 붙이는 표현으로 '대부분의 경우에는요 ~'의 뜻이 있다. **In such case** 역시 '그런 경우에는' 혹은 '그런 경우라면'의 뜻이고, 드라마에 자주 나오는 **a chain of murder cases**는 '연속적인 살인사건'을 의미한다.

위 제목의 표현인 **just in case**는 '만약의 경우' 혹은 '만약의 경우를 대비해서'라는 뜻으로, 일상생활에서 자주 쓰이는 표현이다. 예를 들어 '만약의 경우를 대비하여 제가 전화번호를 드릴게요'라고 한다면 **I'll give you my telephone number just in case**라고 하면 되는 것이다.

유사 표현 문장

○ **I want to study English hard just in case.** 전 만약의 경우를 위해서 열심히 영어공부를 하고 있습니다.
○ **We must save money just in case.** 만약의 경우를 위해서 우리는 돈을 저축해야 합니다.
○ **We must think twice before we make a decision in some case.** 만약의 경우를 위해서라도 우린 결정하기 전 한 번 더 생각해야 합니다.
○ **I usually have two motorbike keys just in case.** 전 만약의 경우를 대비해서 늘 두 개의 오토바이 키를 가지고 다닙니다.

Conversation

A) **I never carry much cash with me just in case.**
전 만약의 경우를 대비해서 절대 현금을 많이 가지고 다니지 않습니다.

B) **That sounds like a smart move.**
그거 현명한 생각 같네요.

A) **Better safe than sorry.**
나중에 후회하는 것 보다는 조심하는 것이 낫죠.

119 Why are you singing the same song?

대박영어

왜 같은 말만 자꾸 되풀이 합니까?

Please say that again, would you? 하면 '한번만 더 말씀 해주시겠습니까?' 이고 **What did you say?** 는 '뭐라고 하셨나요?' 이다. 물론 가볍게 **Pardon?**이나 **Sorry?**라고 뒤 끝을 올려 말하면 '뭐라고요?' 이고 **Excuse me?** 역시 내리지 말고 **me**를 올려서 발음하면 '뭐라고요?'의 뜻이 된다.

Repeat는 동사형으로 '반복하다'이고 명사형은 **repetition**이다. '같은 말을 반복하다'의 숙어형은 **say the same thing over again**이 있고 **say the same thing over and over**나 **over and over** 대신 **again and again**을 쓰기도 한다. 영화에서는 간단하게 **You keep saying the same thing**이라고 하는데 '넌 계속 같은 말만 반복하고 있어!' 이다.

Regurgitate도 '반복하다'의 뜻이 있는데 '(음식 등을) 역류시키다, 삼킨 것을 되새기다'의 뜻이 있다. 그래서 그들은 곧잘 **She is regurgitating what she says over and over again**이라고들 한다. 이 뜻은 '그녀는 자기가 한 말을 몇 번이고 반복한다'는 뜻이다. **Sing the same song** 역시 '같은 노래만 하다'의 뜻으로 '같은 말만 되풀이하는 ~'의 숙어형이다. 그래서 **I don't like the person who sings the same song** 하면 '난 같은 말 반복하는 사람 싫어요'이다. 비슷한 단어구성이지만 **sing from the same song sheet(hymn)**은 뜻이 완전히 다르다. '(어떤 일에 대해) 같은 말을 하다, 한 목소리를 내다'이다. **All of us sing from the same song sheet in this matter.** (이 문제에 대해 우리 모두는 같은 목소리를 내고 있다.)

유사 표현 문장

○ **When he gets drink, he runs it in the hole.** 그는 취하면 언제나 같은 말을 반복한다.
○ **Stop it. I have heard enough of that.** 그만 하세요. 그것에 대해선 질리도록 들었어요.
○ **It's not the first time to hear about that.** 그것에 대해서는 한두 번 들은 것이 아닙니다.
○ **Really? That's the news to me.** 그래요? 그건 정말 금시초문인데요?

Conversation

A) **Would you like to go to movie with me tonight?**
저랑 오늘 저녁 영화 보러 가실래요?

B) **I told you I have another appointment. Why are you singing the same song?**
말했잖아요, 약속이 있다고…. 왜 자꾸 같은 말 되풀이 하세요?

A) **Because I have two free movie tickets.**
왜냐하면 공짜 표 두 장이 있어서요.

120 We're the brother on paper.

Epic English

우리는 무늬만 형제입니다.

서류상으로만 '~하다' 혹은 '그렇다 하고 한다'면 **on paper**나 **on document**라고 한다. 즉 다시 말해서 '우리는 서류상으로만 부부입니다'라고 한다면 **We are man and wife on document**라고 하면 된다. **On paper**를 **document** 대신 쓰기도 한다.

결국 무늬만 부부인 셈이다. 그렇다고 '무늬' **color**만 찾을 수는 없는 노릇이다. '무늬만 학생, 무늬만 선생, 무늬만 형제', 이런 것들 모두가 다 **in name**을 쓴다.

가령 예를 들어 '그 사람은 무늬만 작가입니다'라고 한다면 **He is a writer in name**이 되는 것이다. **Pretend** '~인 척하다', **act like** '~처럼 행동하다', **only talk** '말로만' 등도 여기에 해당되는 단어들이다.

'그는 좋은 선생처럼 행동한다'라고 해보자. **He acts like he is a good teacher**, 혹은 **He pretends he is a good teacher**라고 쓰면 된다. '친구는 친구인데 그저 알고 지내는 사이, 애매모호한 사이는' 다 **in name**을 쓰면 된다. 생각해 보라. 학생인데 공부하는 꼴을 못 봤다면? '학생인데 학교는 늘 뒷전이라면?' 이러한 경우는 **He is a student in name**이다.

유사 표현 문장

- **We're boy and girl friend in name because we never contact each other.** 우리는 무늬만 연인이예요. 왜냐하면 서로 결코 연락하지 않거든요.
- **This is a car on paper.** 이것은 서류상으로만 자동차군요!
- **This is a motorbike in name because my bike is better than this.** 이것은 말로만 오토바이군요. 제 자전거가 이것보단 낫겠어요.
- **He is an American on document because he doesn't know anything about USA.** 그는 서류상으로만 미국사람 이예요. 왜냐하면 미국에 대해 아는 게 없답니다.

Conversation

A) **How often do you keep in touch with your brother?**
얼마나 자주 형님하고 연락하고 지내지?

B) **No! Never. We're just brother on paper.**
아니, 전혀요. 우린 오직 서류상으로만 형제일 뿐이야.

A) **Anyway, I miss your brother.**
어쨌거나, 네 형님이 정말 보고 싶다.

121

대박영어

You're always asking me at a bad time.
당신은 항상 내가 어려울 때만 부탁하는군요.

'부탁'으로 사용되는 단어로는 **favor, request** 그리고 동사형인 **ask**가 있다. 우리는 **ask**를 '묻다'라고만 인식하는 경향이 많다. 하지만 **ask for help**나 **to help**가 오면 '~을 부탁합니다'가 되는 것이다.

그래서 **Would you do me a favor? Can I ask you a fover?**는 '부탁 하나 드려도 되겠습니까?'이고 반대로 '부탁을 받다'는 **be + asked a favor**이다. '부탁 드릴게요'는 **ask to help**이다.

Asking은 명사형으로 '질문, 의뢰, 부탁, 청구'의 뜻이다. **Don't ask him to do something**은 '그 사람에게 부탁하지 마세요'이다. 상대방이 뭔가를 부탁할 때 매몰차게 거절할 수만은 없을 때 그들은 이렇게 말하곤 한다. **You're always asking me at a bad time!**

'요구하다'라고 할 때도 **ask**나 **demand**를 쓴다. 그래서 **That's asking too much**라고 하면 '그것은 무리한 요구입니다'이고 **You're demanding too much**라고 해도 같은 표현이다.

참고로 '요구를 들어주다'는 **accept one's demands**라고도 하지만 **meet**를 써서 **I'll meet your demands**라고 한다는 것도 알아 두자.

유사 표현 문장

- **She makes too many demands on me.** 그녀는 내게 너무 많은 것을 요구한다.
- **This is the first and last time to ask you.** 이것이 처음이자 마지막 부탁입니다.
- **There are too many demands.** 요구사항이 너무 많습니다.
- **I am embarrassed to ask a further favor.** 또 부탁하기가 멋쩍다.

Conversation

A) **Look! Could you do me a favor?**
있잖아요. 부탁 하나만 들어주실래요?

B) **Oh my god, you always ask me at a bad time.**
저런, 당신은 항상 내게 어려울 때만 부탁하는군요.

A) **Just say yes or no.**
들어 줄 수 있는지 없는지만 말해주세요.

122

Epic English

Please give me a ballpark figure.
대충이라도 말씀해 주세요.

이 문장은 야구장(ballpark) 관중이 어느 정도인지, 다시 말해 대략 어느 정도인지를 말해달라는 뜻이다.

'딱 꼬집어 말할 수 없다'는 I can't pin point it라고 한다. Pin으로 point(요점)을 '딱 꼬집을 수 없다'는 말이다. 또한 '말을 빙빙 돌리지 마세요'는 Don't beat around the bush라고 한다. Bush는 '관목, 덤불'이다. Beat around bush는 '가시덤불을 빙빙 돌다'의 뜻이다. 그래서 '말을 빙빙 돌린다'는 의미의 문장이 되는 것이다. Beat around the bush는 '남의 속을 떠보다'라는 뜻도 있다. Don't avoid the issue도 '문제를 회피하지 말라'이다.

어쨌든 give me a ballpark figure는 '어림셈'의 뜻도 있고 '대충이라도 말해 주세요'의 뜻도 있다. '구체적으로'의 뜻을 가진 단어는 specific이다. 그래서 Give me some more specific 하게 되면 '좀 더 구체적으로 말해주세요'이다. 참고로 '대략 말씀드리자면'은 roughly speaking이라고 하며, rough idea는 '대략적인 생각'이다. '대략적으로' 혹은 '어림잡아'는 approximately 혹은 gross mode라고 한다. Broadly 역시 '대략의' 뜻이 있어 Both figures are broadly the same이라고 하면 '두 수치는 대략적으로 같다'이다.

유사 표현 문장

○ **Let me ask you some specific question.** 구체적인 질문 몇 가지를 말씀드릴게요.
○ **I am telling you a pointblank.** 단도직입적으로 말씀드리죠.
○ **Give me a ballpark figure of what do you want to spend.** 얼마를 투자할 건지 대략이라도 말해주세요.
○ **In a ballpark figure, about a hundred people have gathered.** 얼추 헤아려 보니 한 백 명 정도 모인 것 같습니다.

Conversation

A) **How much the cost?**
비용이 얼마나 들까요?

B) **I don't know yet.**
아직 잘 모르겠습니다.

A) **Please give me a ballpark figure. Rough idea will be okay.**
대략이라도 말해 주세요. 대충이라도 좋습니다.

123

대박영어

That's the way she is. (you are)
그 여자는(당신은) 항상 그런 식이더라.

'이런 식, 저런 식, ~식'은 **way**이다. **Way**는 '길'이란 뜻도 있지만 '~식'이라는 뜻도 있고, '방법'의 뜻도 있다. 그래서 **always the way**가 '늘 그런 식이다'의 뜻이다. 물론 **You always do like that** 혹은 **act like that**이라고 할 수도 있다. 하지만 영화를 시청하다 보면 **That's the way you are!**라고 하는 걸 자주 들을 수 있다. '너는 항상 그런식이지!'라는 말이다. **That's always the case**도 '(세상 일이) 다 그런식이지요'의 뜻이 있다.

그리고 '이런 혹은 저런 식으로 가다가는'은 **at this rate, at that rate**라고 한다. 예) **At this rate, we will soon be bankrupt.** (이런 식으로 가다가는 우린 곧 파산할 거다.) **Like this way, like that way**도 자주 쓰이는 표현인데 뜻은 위와 같다.

우리가 영어를 하면서 가장 엉터리로 쓰는 것이 '힘내자' 혹은 '힘내라' 할 때 쓰는 **fighting**이다. 이것이 왜 '힘내라'라는 뜻이 되었는지 알 수가 없다. 이것에 대한 올바른 표현은 **way to go**나 **cheer up**이다. 간혹 **go, go, go**를 세 번 외치는 경우도 있다. 참고로 **way**는 '뜻, 길, 방법, 방식'의 뜻 말고도 '상황조건'의 뜻도 있다. 그래서 **a good way** 나 **bad way**는 '좋은 상황, 나쁜 상황'을 의미하는 것이다. 예) **The economy is in a bad way.** (경제 상황이 좋지 않다.)

유사 표현 문장

- **I hate the way she always criticizes me.** 날 항상 비판하는 그녀의 방식이 나는 싫다.
- **I don't like the way you talk.** 난 너의 그런 말투가 싫다.
- **That's the way she acts.** 그녀는 항상 그런 식으로 행동해.
- **That's not the right way to study English.** 그것은 올바른 영어공부 방법이 아닙니다.

Conversation

A) **She always a bad mouthing you.**
그녀는 항상 당신에 대해 안 좋은 말을 하고 다닙니다.

B) **Forget it. I don't care because that's the way she is.**
신경 쓰지 마세요. 전 상관하지 않습니다. 왜냐하면 그녀는 항상 그런 식이니까요.

A) **But, this is not first and second time!**
그렇지만 이게 한두 번이 아니라서요.

I am not what I used to be!
예전의 제가 아닙니다!

'한물갔다'는 He is over the hill을 쓰거나 He is a back number라고 한다. Over the hill은 '언덕을 넘어갔다'이니 '날 샜다'이고 a back number는 숙어형으로 '지나간, 전성기가 지난'의 뜻이 있다.

A back number에는 '(잡지 등의) 지난 호'의 뜻도 함께 있다. 그래서 a back number는 '시대에 뒤떨어진 사람'을 일컫기도 한다. 우리가 잘 아는 He is a behind the time 역시 '그는 구시대 사람이다'의 뜻으로 쓰이는 문장이다.

I am not what I used to be도 '예전의 내가 아니다'의 뜻이니 '한물갔다'라고 해석해도 좋을 것 같다. 또한 반대로 예전에는 놀기만 하다가 최근에 변하여 공부나 일에 열중할 때도 이 표현을 쓸 수 있다. 긍정적인 경우, 부정적인 경우에 모두 활용할 수 있다는 뜻이다. I used to be는 '나는 ~였었다'이다. 가령 예를 들어 '난 20년 동안 영어선생님이었다'라고 한다면 I used to be an English teacher for 20 years라고 하면 될 것이다. 그냥 used to라면 '~하곤 했다' 혹은 '~곤 했다'가 될 것이다. 다시 말해서 '난 영어로 곧잘 이야기 하곤 했지'라고 한다면 I used to talk in English well이다.

유사 표현 문장

- I used to be interested in fashion. 난 패션에 관심이 있었었죠.
- She is not what she used to be. 예전의 그녀가 아니랍니다.
- This city is not what this city used to be. 이 도시는 예전의 도시가 아니다.
- Korea is not what I knew it before. 한국은 예전에 내가 알던 나라가 아니다.

Conversation

A) How come you never go to the casino nowadays?
요즘 왜 카지노에 안 가시나요?

B) I stop gambling. I am not what I used to be.
노름 끊었어요. 전 예전의 제가 아닙니다.

A) Really? That's a good news.
정말요? 그거 좋은 소식이네요.

125 That movie is a real killer.

대박영어

그 영화 정말 깜박 죽인다.

'죽인다'는 **kill**이고, **die**는 '죽다', **death**는 '죽음'이다. 영화에 보면 '킬러(사람을 전문적으로 죽이는 사람)'가 자주 등장하다. 이것이 **killer**이다. 그래서 그들이 자주 사용하는 용어가 **Kill or be killed**이다. 즉 '죽이거나 죽임을 당하거나'이다. 하지만 자동사형인 **die**는 '죽다'이다. 물론 연세가 되신 분이 '돌아가셨다'라고 한다면 **died**보다는 **pass away**를 쓰는 것이 더 경어(敬語)이다.

Die를 보면 **I don't afraid to die**가 있는데 이는 '난 죽음 따위는 두렵지 않다'이다. 간혹 **Do you want me to die?**나 **die** 대신에 **dead**를 쓰곤 하는데 이 말은 '너, 나 죽는 꼴 보고 싶어?'이다.

그렇다면 **death**는 뭘까? 명사형인 **death**는 '죽음'이다. 그래서 원어민들이 즐겨 쓰는 용어 가운데 **That's the kiss of death**라는 말이 있다. 이 말 뜻은 '그것은 자살행위다!'이다. 또한 **He is in a life or death situation** 하게 되면 '그는 지금 생사의 갈림길에 섰다'이다. 위의 **be a real killer**는 무슨 뜻일까? 위에도 설명했다시피 **killer** 즉 '살인마, 죽이는 사람'인 **murder**를 의미한다. 하지만 '죽이는 사람'이나 '죽인다' 혹은 '깜박 죽인다'의 의미로도 쓰이곤 한다. 그래서 **be + a killer**라고 하게 되면 '~는 정말 깜박 죽인다'가 되는 것이다.

유사 표현 문장

- **My new car goes like a dream.** 내 차는 기가 막히게 잘 굴러간다.
- **Wow, man! That's totally gnarly.** 왜! 야! 그거 정말 끝내줘.
- **His motorbike is quite breathtaking.** 그의 차는 정말 기가 막힌다.
- **She is a knock out.** 그녀는 정말 깜박 죽인다.

Conversation

A) **How was the movie?**
그 영화 어땠어요?

B) **Oh, man! That movie was a killer.**
왜! 그 영화 정말 깜박 죽이더라.

A) **But John said that it just a killing time movie.**
근데 존은 그냥 시간 때우기용 영화라던데?

126 She always sponge off me!

Epic English

그녀는 항상 나에게 빈대 붙으려고 해요!

Sponge는 우리가 잘 아는 '스폰지'이다. 그러나 **sponge off ~**에는 '염치없이 빌어먹다, 붙어살다'의 뜻이 있다. 그래서 **I am sponged off her**하게 되면 '난 그녀에게 빈대 붙어 살고 있다'가 된다. 반대로 '전 빈대 붙고 싶지 않습니다'는 **I don't want to sponge off to others**가 된다. **Be + beholden** 역시 '~에게 신세 지다'의 뜻인데 **I don't want to be beholden**은 '누구에게도 신세 지고 싶지 않습니다'이다.

참고로 **mooch**라는 단어에도 '빈둥거리다'의 뜻도 있고 '빌붙다, 빈대 붙다'의 뜻이 있다. 그래서 **He's always mooching off his friends**라고 하면 '그는 항상 친구에게 빌붙어 산다'가 된다. **He is happy to mooch around the house all day.** (그는 하루 종일 집에서 빈둥거리는 것을 좋아한다.)

Sponge off나 **mooch off**는 '~에게 빌붙어, 얻어먹다'인데 그 숙어형으로는 **mooch from** '~에게 얻어먹다', **Try to mooch off on** '~에게 얻어먹으려고 시도하다', **on a mooch** '~을 배회하다', **mooch on one's friends** '친구에게 빈대를 붙다' 또는 '빌붙다'가 있다.

I hate moochers and their likes. (난 빈대 붙은 사람이나 그 비슷한 종류를 경멸해.)

유사 표현 문장

- **I don't like the person who wants to sponge off other person.** 난 남에게 빈대 붙는 사람은 질색입니다.
- **I don't want to be a mooch.** 난 거지처럼 빌붙는 인간이 되기 싫다.
- **Are you try to mooch off me?** 나에게 빈대 붙으려구요?
- **Are you try to sponge off her?** 그녀에게 빈대 붙으려고 하는 거니?

Conversation

A) **I really hate a person who wants to sponge off people.**
난 남에게 빈대 붙으려고 하는 인간은 딱 질색입니다.

B) **But he is trying to sponge off others all the time.**
그러나 그는 항상 남에게 빈대 붙으려고 하죠!

A) **His attitude is far cry from what I expected.**
그 친구의 태도는 내가 기대했던 것과 너무 거리가 멀어요.

쉬면서 알고 가는 영어표현

I

I have no energy.   나는 에너지가 없어요.

I have no idea.   난 별 생각이 없어요.

I have no time.   나는 시간이 없어요. 바쁘네요.

I haven't got all day.   제가 지금 시간이 없어요. 좀 빨리 좀 해주세요.

I have you loud and clear.   잘 듣고 있습니다.

I know what!   뭔가 알아요. 뭔가 아이디어가 있어요.

I love it.   난 그것을 좋아해.

I made it.   그것을 달성해냈다.

I mean it.   정말입니다. 농담 아니에요.

I owe you one.   신세를 지네요.

I see.   알겠습니다.

I still love you.   나는 너를 아직도 사랑해.

I swear to God.   난 하나님한테 맹세합니다.

I taught myself.   난 고학했습니다.

I was lucky.   내가 행운이었지요.

I was told that.   (누군가 나에게) 그것을 말해 주었어요. 그렇게 들었어요.

I will be in touch.   제가 연락을 할게요.

색깔 있는 영어

- blue moon 매우 오랜 기간   • blue-eyed boy 총애를 받는 사람   • blue ruin 완전한 파멸
- half-blue 2군 선수, 예비선수

일상생활에 자주 사용되는 영어 표현들입니다.

I will do it for you.   제가 해드리지요.

I will drink to that.   그것에 동감입니다.

I will get it.   (전화 등을) 제가 받을게요.

I will miss you.   난 너를 그리워 할 거야.

I will never make it on time.   내가 제시간에 가기는 틀렸군.

I would't say no.   아니라고는 말하지 않을게요.

I'm coming.   가요. 갑니다.

In a sense, he is nothing but a suit.   어떤 면에서는 그는 허깨비에요.

Incredible.   신뢰가 안가요.

Is that all?   그게 전부에요?

It is chilly.   날이 쌀쌀하네.

It is humid.   후텁지근하네.

It is muggy.   날이 후텁지근하네.

It is out of style.   유행이 아니네요.

It is painful for me.   나에겐 아픈 (슬픈) 일입니다.

It is time for lunch.   점심 식사할 시간입니다.

It is time to go.   갈 시간입니다.

색깔 있는 영어

- green card (미국의) 취업허가증   • green light (사업 등에 대한) 허가
- green room (공연장, 방송국의) 배우 휴게실   • green finger 화초를 잘 기르는 사람

127

대박영어

I'll be the judge of that. Okay?
그건 내가 판단합니다, 알겠어요?

Judgment는 명사형으로 '판단, 심판, 심사, 평가, 추정, 감정'의 뜻이고 동사형으로는 '판단하다, 가늠하다, 짐작하다'의 뜻이 있다. 그래서 **Don't judge of a man by his appearances**라고 해서 '사람을 겉모양으로 판단하지 마라'는 속담이 있다.

또한 **judge**에는 '재판관'의 뜻도 있어 **I will abide by the judge's decision**이라고 하면 '나는 재판관의 결정에 따르겠습니다'가 된다. 여기서 **abide by**는 '~에 따라 행동하다, ~에 따르다, 그리고 준수하다'의 뜻이 있다. **Judge**는 '판단'의 뜻으로 **judge the situation** 하게 되면 '상황판단을 하다'이다. 예) **We must judge the our situation.** (우리는 우리의 상황판단을 해야 한다.)

참고로 **court**는 '법정, 법원'의 뜻이고, **jury**는 '배심원단', **lawyer**는 '변호사', **prosecutor**는 '검사, 검찰관', **ex-convict**는 '전과자', **accuse**는 '고발', **suspect**는 '용의자'이다. 그리고 **criminal**는 '범죄' 혹은 '범죄자'의 뜻이고 **evidence**는 '증거, 흔적'이다.

영어속담에 **Don't judge a book by it's cover**라는 말이 있다. '표지로 책을 판단하지 마라'이다. 같은 뜻으로 **judge** 대신에 **tell**을 써서 **Don't tell a book by it's cover** 라고도 한다.

유사 표현 문장

○ **Don't judge people by their relatives.** 친척을 보고 그 사람을 판단하지 마라.
○ **Don't judge a man from his outside.** 외모로 사람을 판단하지 마라.
○ **Don't be too hasty to judge.** 너무 성급하게 판단하지 마세요.
○ **We have a different standard of judgment.** 우린 서로 다른 판단기준을 가지고 있다.

Conversation

A) **Please don't jump to a conclusion, okay?**
너무 속단하지는 마세요. 아셨죠?

B) **Look! I'll be the judge of that.**
이봐요! 그것은 제가 판단합니다.

A) **But, it's a matter of life and death now?**
그렇지만 지금 죽느냐 사느냐 문제라구요.

128 Epic English

You tried to start to fight from the beginning!
당신은 처음부터 시비조였어요!

'처음부터'는 from the beginning이다. '처음부터 끝까지'는 from beginning to end라고 하며, '처음부터 다시'는 do it all over again을 쓴다. 또한 '애초부터 ~'는 from the first'를 쓰거나 from the start '이다. 그래서 The marriage was doomed from the start 라고 하면 '그 결혼은 애초부터 불행해질 운명이었다'의 뜻이 되는 것이다.

'처음부터 다시 시작합시다'는 Let's start again from the beginning을 쓰거나 beginning 대신에 scratch를 쓰기도 한다. 그러나 scratch the surface는 '표면을 긁다' 즉 '수박 겉핥기'의 뜻이 있다. 그래서 '일을 형식적으로 하지 마라'라고 할 때면 Don't work like scratch the surface라고 한다. I can't even scrateched the surface는 ' 아직 시작도 못했습니다'이다.

참고로 at the beginning of, in the middle of, at the end of는 '초순, 중순, 하순'이다. 그래서 beginning of June이라고 하면 '6월 초순'이 되고 '다음달 하순에 온다'라고 한다면 He will come here at the end of next month가 된다.

마지막으로 '처음이자 마지막입니다'라고 한다면 This is the first and last time!이라고 한다.

유사 표현 문장

○ You can start again from scratch. (nothing.) 당신은 무에서 다시 시작해야 합니다.
○ We can start again from the beginning. 우리는 새로 다시 시작할 수 있어요.
○ We're beginning to see light of the day. 우리에게 서광이 비추기 시작했어요.
○ You brought it up first. 당신이 먼저 그 말을 꺼냈잖아요.

Conversation

A) Tell me, what happened between you and him?
그와 무슨 일이 있었는지 말해 보세요.

B) I fight last night because he tried to start to fight from the beginning.
어젯밤에 싸웠어요. 처음부터 시비조더라고요!

A) Oh boy, did he hurt your feeling?
저런 세상에, 그가 당신의 감정을 상하게 했나요?

129 I don't have any other want!

아무런 소원이 없습니다!

'소원'은 영어로 wish나 hope이다. 그래서 '소원을 빌다'라고 할 때는 **make a wish**를 쓰고, '소원을 들어주세요'는 **grant ~ wish**를 쓴다. '소원을 이루다'는 **have one's wish come true**를 쓴다. Get을 써서 **Did you get your wish?**라고 해도 '소원을 이루셨나요?'가 된다.

또한 '나의 소원은요~'라고 할 때는 **My wish is to + 동사원형**을 쓰면 된다. 다시 말해서 '내 소원은 부자가 되는 것입니다'라고 한다면 **My wish is to be a rich**라고 한다.

'**I hope + S + V**'도 비슷한 말이다. **I hope you will pass the test**. (네가 그 시험에 합격하길 기원한다.)

영화를 보면 **keep one's fingers cross ~**라는 말이 나오는데 이 또한 '손을 모아 기원하다'이다. 예) **I'll keep my fingers crossed for you**. (제가 기원해 드릴게요.)

본문에 나오는 **other want**는 '다른 것을 원한다'인데 **don't have other want**이니까 '다른 것을 원하는 게 없다'이다. 다시 말해서 '소원이 없다'가 되는 것이다.

유사 표현 문장

- **What do you want from me?** 나에게 원하는 게 뭡니까?
- **His last wish is to be buried in his country.** 그의 마지막 소원은 그의 조국에 묻히는 것이다.
- **They are asking too much every time.** 그들은 항상 많은 것을 요구한다.
- **Don't hope against hope.** 요행을 바라지 마십시오.

Conversation

A) **What do you want from her?**
그녀에게서 뭘 원하십니까?

B) **No! I have no other want from her.**
아니요. 원하는 건 하나도 없습니다.

A) **Are you sure? Please don't rock the boat.**
확실해요? 평지풍파를 일으키지 마세요.

130

Epic English

She is very mean to me every day.
그녀는 매일 저를 구박합니다.

'구박'은 abuse나 be hard on, be mean to 등을 쓴다. '구박을 받다'는 수동태인 be 동사를 써서 완료형을 쓰면 be abused가 된다. We should pay the social attention to victims of child abuse. (우리는 아동학대의 희생자들에게 사회적 관심을 기울여야 한다.) I made some donation to build a home for abused children. (학대아동 보호시설을 짓는데 기부를 조금 했어요.) Be hounded 역시 '구박을 받다'의 뜻이다. 그래서 My mother hounded me until I washed the dishes라고 하면 '우리 어머니는 내가 설거지할 때까지 나를 구박했다'가 된다. Hound에는 '구박하다'의 뜻과 '시달리다' 그리고 '못살게 굴다'의 뜻이 있다. 그래서 be + hounded by creditor하게 되면 '빚쟁이에게 시달리다'의 뜻이 된다.

또한 nagging at me나 nag를 세 번 연이어 써서 nag nag nag이라고 해도 '잔소리 하다, 바가지를 긁다, 구박을 하다'의 뜻이 있다. 그래서 She is always nagging at me라고 하게 되면 '그녀는 저에게 잔소리를 합니다'가 된다.

Be abused 역시 '구박을 받다'라고 할 때 자주 쓰이는 표현인데 ill-treated by와 같은 뜻을 가진 숙어형이다. 예) She was ill-treated by her mother in law. (그녀는 시어머니에게 구박을 받았다.) Embarrassing her 역시 '그녀로부터 구박을 받다'이다.

유사 표현 문장

- **Cinderella's stepmother ran her through the guts.** 신데렐라 계모는 그녀를 구박했다.
- **My wife is very hard on me.** 우리 와이프는 저를 구박합니다.
- **My boss gave me a hard time.** 우리 사장님은 저를 구박해요.
- **It seems that man really mistreat woman.** 그 남자는 정말로 여자를 구박하는 걸로 보였다.

Conversation

A) **How's your wife nowadays?**
요즘 당신 와이프는 어떠세요?

B) **Well, she is very mean to me every day.**
매일 저를 구박하죠 뭐.

A) **Her bark is worse than her bite.**
말은 거칠어도 본심은 나쁘지 않을 거라구요.

131 I am just about to ~ V

대박영어

지금 막 ~하려고 하던 참이었어요!

'지금 막 ~ 하려고 했다'는 be + about to + 동사원형을 쓴다. 그래서 '지금 내가 막 당신에게 전화하려던 참이었어요'라고 한다면 **I am just about to call you**가 되는 것이다. **Be** 동사의 과거형인 **was**를 써서 **I was about to** + 동사원형 역시 '~하려고 했었다'이다. 예) **He was about to be on the pounce.** (그는 막 덤벼들 태세였다.)

참고로 **be about to do**는 '~을 막 하려 하다'이고 **be ready to**는 '~을 준비하다' 혹은 '할락말락하다'이다. **I'm ready to help you.** (언제라도 당신을 도와드릴 준비가 되어있습니다.) **As a warrior, I'm ready to die rather than surrender.** (한 사람의 전사로서, 저는 항복하느니 차라리 죽을 준비가 되어있습니다.) **Be about to cry**에는 '울상을 짓다'라는 뜻도 있다. **He looked like he were about to cry.** (그는 울상을 짓는 것처럼 보였어.) **Just try to ~**는 '그냥 편하게 ~하려고 한다'이다. 예) **Just try to speak English.** (전 그냥 편하게 영어로 말해보고 싶어요.) 여기서 숙어형인 **feel free to** + 동사원형도 알아 볼 필요가 있다. '편안하게 ~하다'는 **feel free to** + 동사원형을 쓴다. **Let's feel free to talk okay?** (우리 편안하게 이야기 해 봅시다. 네?) **I want you to feel free to tell me about that**이라고 한다면 '난 당신이 그것에 대해 나에게 편안하게 말해주었으면 좋겠습니다'이다.

유사 표현 문장

- **I want to feel free to talk to her.** 난 그녀와 편안하게 이야기하길 원합니다.
- **I am just about to go shopping.** 지금 막 쇼핑을 가려던 참이었어요.
- **Just try to do it as far as you can.** 할 수 있으면 그냥 편안하게 해보세요.
- **They are all about and about.** 그들은 다 오십 보 백 보입니다.

Conversation

A) **Why you didn't call me this morning?**
왜 오늘 아침에 전화를 안 했어요?

B) **Sorry, but I was just about to call you.**
미안해요. 그렇잖아도 지금 막 전화하려고 했었어요.

A) **Okay, let's get into the main issue.**
좋아요. 바로 본론으로 들어갑시다.

132

Epic English

I am still smarting from the memory.
그 생각하면 아직도 가슴이 아프다.

'가슴이 아프다'는 my heart is broken이라고 하거나 it breaks my heart라고 한다. 그래서 When I see my father's wrinkled face, it breaks my heart라고 하면 '아버지의 주름진 얼굴을 보면 마음이 아프다'이다. Smarting은 '상처때문에 쓰라리다, 눈이 맵다, 아리다'의 뜻이 있다. My eyes are smarting from the onions. (양파때문에 두 눈이 아리다.) I felt the smarting pain when bent my ankle. (발목을 구부릴때마다 쑤시는 듯한 아픔을 느꼈다.)

여기서 잠시 hurt에 대해서 공부해 보자. Hurt는 동사형으로 '다치게 한다, 아프게 하다'이다. 그래서 Stop it. You're hurting me!라고 하면 '그만해요. 아프단 말입니다'이다. 또한 My back is really hurting me today!라고 해도 '오늘은 내 허리가 정말 아프다'이고 I didn't mean to hurt you나 I didn't want to hurt you는 '당신을 다치게 하고 싶지 않았다'이다. '몸뿐만 아니라 마음이 아프다'라고 할 때에도 hurt를 쓴다. 예) I know you're hurting and I help you. (네가 마음이 아파한다는 걸 알고 있어. 그래서 도움이 되고 싶다고), It hurts when bend my knee. (저는 무릎을 구부리면 아픕니다), I don't want to hurt your feeling. (당신 감정을 상하게 하고 싶지 않습니다), It hurt me to think that he would lie to me. (그가 나에게 거짓말을 할 것이라 생각하니 난 가슴이 아팠다.)

유사 표현 문장

- You've put your finger in my wound. 당신은 나의 아픈 곳을 찔렀다.
- I feel very sad when I think of it. 그 일을 생각하면 가슴이 아프다.
- She broke my heart when she left me. 그녀가 떠날 때 내 마음이 매우 아팠다.
- The condition of the sufferers is most pitiable. 이재민 참상은 가슴 아프다.

Conversation

A) How long have you been breaking up with your girl friend?
여자 친구와 헤어진 지 얼마나 됐죠?

B) About 6 months, but I am still smarting from my memory when I think.
6개월 정도요. 아직도 그때를 생각하면 가슴이 아파요.

A) Yes, why not!
왜 안 그렇겠어요!

133

It's pulling your strings all the time.
그것이 늘 당신 발목을 잡고 있군요.

대박영어

Pull은 '끌다' 혹은 '잡아당기다, 끌어당기다'의 뜻을 가진 단어이다. 그래서 문에는 pull(당기시오), push(미시오) 등으로 구분하여 안내문을 써서 붙여 놓는다. 또한 push에는 '밀다'의 뜻 말고도 '압박하다, 강요하다'의 뜻도 함께 있다. 그래서 Don't push me라고 하면 '나에게 강요하지 마시오!'가 된다. 또한 pushover는 '밀면 넘어가는 사람'이라는 말로 '의지가 약한 사람을 일컫는 말'이다. 예) He is a pushover. (그는 너무 의지가 약해요.)

Pull에도 여러 가지의 의미가 있다. 간혹 영화에서 다음과 같은 말이 나온다. Don't look down on me, I can still pull the girls. (나 깔보지 마세요. 아직까지는 여자들 유혹할 수 있어요.) 그리고 You're pulling my leg도 '내 다리를 잡아당긴다'라고 해석하기보다 '날 가지고 논다'라고 해석하는 것이 훨씬 더 자연스럽다. 그래서 '너 지금 나 놀리는 거니?'하고 할 때, Are you pulling my leg?이라고 한다.

Pulling에는 '(사기, 범죄) 등을 저지르다'의 뜻도 있다. 그래서 He's pulling some sort of you think on you 하게 되면 '그는 지금 당신에게 사기를 치고 있는 것입니다'가 된다. Pull the string은 '영향력을 행사하다, 빽을 쓰다'의 뜻이 있다.

유사 표현 문장

- He must have pulled strings or something. 그 사람 빽을 쓰기라도 한 모양이지?
- He pulled strings to get a job. 그는 빽줄로 취직을 했어요.
- It's pulling my strings so I can stick to nothing. 그것이 내 발목을 잡고 있어서 아무 것도 못했다.
- Reckless spending is being a drag on the economy. 무분별한 과소비가 경제의 발목을 잡고 있다.

Conversation

A) I want to do business here but…
여기서 사업을 하고 싶은데, 그러나…

B) But what? Any problem?
그런데 뭐죠? 무슨 문제라도 있는 건가요?

A) Yes, money matter is pulling my strings all the times.
네, 항상 돈 문제가 제 발목을 잡고 있어요.

134

Epic English

There is something fishy about it.
이게 뭔가 냄새가 나는데요.

'냄새'는 **smell**이다. 그래서 '냄새가 좋다'는 **smells good** 또 그 반대의 경우는 **smells bad**이다. 미국인들이 즐겨 쓰는 표현 중 하나가 **Oh, smells good. My mouth is watering**이다. '우와 냄새 좋네요. 입에서 군침이 막 도는데요?'이다.

그렇다면 위의 표현인 **There is something fishy about it**은 뭘까? 이 뜻은 '생선 냄새가 난다'가 아니라 '뭔가 느낌이 온다' 혹은 '뭔가 냄새가 난다'의 뜻으로 쓰이는 문장이다. **His accounting book always seemed a bit fishy.** (그의 회계장부는 항상 살짝 냄새가 났어.(수상했어.)) 물론 **I get a hunch that S + V** 식도 '뭔가 느낌이 온다, 냄새가 난다'의 뜻으로 사용되기도 하며 **I saw it coming**은 '그것이 오는 것을 보았다!'의 뜻이니 결국 '내 그럴 줄 알았어!'이다.

원래 **fishy**는 형용사 형으로 '뭔가 냄새가 나는, 뭔가 수상한'의 뜻을 가진 단어이다. 그 대표적인 표현이 **There was something about the deal that smelled very fishy**인데 그 뜻은 '그 거래는 아주 미심쩍은 데가 있었어요!'이다.

'수상하다'의 단어 뜻을 가진 것으로는 **suspicious**나 **strange** 그리고 **shady** 등이 있다. 예) **There's something suspicious about him.** (그는 어딘지 뭔가 수상한 데가 있다.)

유사 표현 문장

- **There is something strange going on here!** 여기 뭔가 수상한 일이 벌어지고 있다.
- **I suspect there is something going on between the two.** 두 사람 사이가 뭔가 수상하다.
- **There is something fishy about that deal.** 그 계약(거래)은 뭔가 낌새가 수상하다.
- **There is something fishy is going on around here.** 여기 뭔가 낌새가 이상하다.

Conversation

A) How was the deal with them?
그들과의 계약은 어땠나요?

B) I don't know yet but there is something fishy about that deal.
아직은 잘 모르겠어요. 하지만 그 계약은 뭔가 낌새가 이상해요.

A) Really? You must think twice then!
정말이에요? 그럼 다시 한 번 더 신중하게 생각하세요.

135 Can you fix me up with some one?

대박영어

누구 하나 소개 좀 시켜 주세요?

영어공부를 한다는 사람 중에 **introduce**를 모르는 사람은 없다. **Introduce**는 '소개하다, 소개'의 뜻이다. 그래서 '제 자신을 소개하겠습니다'라고 한다면 **Let me introduce myself ~** 라고 한다.

하지만 **fix + 목적격 + up**이 '~을 소개하다, 다리를 놓아주다'의 의미가 있다는 것을 아는 사람은 드물다. 예를 들어 '누가 당신의 만남을 주선했습니까?'라고 할 때면, **Who fix you up?**이라고 한다. 물론 **introduce**가 일반적으로 쓰이는 것은 사실이다. 예) **Who introduced you to this place?** (누구 소개로 여기 오셨습니까?), **We were introduced by a friend**. (친구 소개로 알게 되었습니다.)

그렇지만 의외로 **fix 목적격 up**도 많이 쓰이고 또한 사용한다는 것을 잊어서는 안 된다. **Fix me up**은 '주선하다' 뜻 말고도 '가져다주다, 가져오다'의 뜻도 함께 사용된다. 예) **Can you fix me up with another one?** (다른 것으로 갖다 주시겠어요?)

'주선하다'의 단어로는 **arrange**, **organize**, **set up**, **fix up** 등을 쓴다. 예) **Who set you up in a blind date?** (소개팅 누가 주선해줬어요?)

유사 표현 문장

- **Would you arrange for me to meet him?** 그 분과 만날 수 있게 주선 좀 해주세요?
- **Can you fix me up with some pretty girl this weekend?** 이번 주말에 누구 예쁜 아가씨 하나 소개해 주실래요?
- **Can you fix him up with someone nice you know?** 좋은 사람 있으면 그 사람한테 소개해 주시겠어요?
- **I will commend a man to your notice**. 한 사람을 당신에게 소개하렵니다.

Conversation

A) **Can you fix me up with some woman?**
여자 하나 소개해 주실래요?

B) **What type of woman do you have in mind?**
마음에 두고 있는 스타일은 어떤 여자인가요?

A) **Anything but self-centered**.
자기중심적이 아니라면 누구라도.

136 I am sorry, I got you into this!

Epic English

이 일에 끌어들여서 미안해요!

외화를 잘 시청하려면 여러 가지 문장을 잘 알아야 한다. 단어만으로 그 문장을 해석하기란 쉽지 않다. 왜냐하면 단어에는 한 가지 뜻만 있는 것이 아니라 여러 가지 의미가 함께 있기 때문이다. 앞에 혹은 뒤에 어떤 문장이 오느냐에 따라 그 단어의 뜻이 달라지는 경우가 많다. 우리가 잘 알고 있는 **sorry**라는 단어를 보자. **Sorry**를 우리는 막연히 '미안하다'라고만 생각하고 또 그렇게 알고 있다. 하지만 '유감스럽다, 후회하다'의 뜻도 함께 있다. 그래서 단어보다는 문장전체를 이해하려고 노력해야 한다.

이런 문장을 보라. **I am sorry that you lost your job!** 이 말은 '당신이 실직했다니 유감이군요'이다. '미안하다'가 아니다. **I am sorry to hear that** 역시 '그 소리를 듣게 되어서 유감이군요'이다. 이밖에 '유감'의 뜻으로는 **regret**와 **pity**도 있다. 이들 역시 자주 사용되는 단어들이다.

참고로 '끌어들이다'는 **get + 목적격 + into**이다. 그래서 **I got her into that matter**라고 하게 되면 '내가 그녀를 그 문제에 끌어들였다'이고 **matter** 대신에 **business**라고 하면 '내가 그녀를 그 사업에 끌어들였다'이다.

유사 표현 문장

○ **I am sorry to trouble you.** 당신을 곤란하게 해서 미안합니다.
○ **I feel sorry that I got her into this matter.** 그녀를 이 일에 끌어들인 것에 대해 미안해하고 있습니다.
○ **I am sorry, I hope I am not disturbing you.** 미안해요, 당신을 방해하질 원치 않습니다.
○ **I don't want to intervene between you and her.** 그녀와 너 사이의 문제에 개입하고 싶지 않다.

Conversation

A) **I am so sorry I got you into this matter.**
당신을 이 문제에 끌어들여서 정말 미안해요.

B) **That's okay.**
괜찮아요.

A) **But I feel really terrible about that!**
그래도 제 마음은 정말 죄송하게 생각합니다!

137 He has no human affection!

대박영어

그는 인간미(정)가 없다!

'인간미'를 영어로 어떻게 표현해야 할까? 먼저 '그에 대한 느낌이나 미련이 없다'는 **I have no feeling left for him**을 쓴다. '느낌이 남아있지 않다'의 뜻이다.

하지만 '인간미'는 조금 다르다. **Humanity**나 **human touch**를 쓰곤 한다. 또한 **be + warm hearted** 역시 '인간미'라는 뜻이다. 말 그대로 '따뜻한 마음씨'이다. 반대의 경우인 **cold hearted**는 '인간미가 없다'가 된다. **Personality** 역시 '인간성'으로 자주 쓰이는 단어이다. 그래서 **He has a good personality**라고 하면 '그는 인간성이 아주 좋은 사람이다'가 된다.

간혹 영화 대사에 **he overflow with warmth**라는 표현이 나오는데 이 말의 뜻은 '그는 인간미가 넘친다'이다. 여기서 **with warmth**은 숙어형으로 '혈안이 되어 말하다, 열성적으로 ~하다, 흥분하여 ~하다'의 뜻이 있다. **He has no human affection**에서 **affection**은 '애착, 보살핌, 애정'의 뜻이다. 그래서 **I miss a human affection**이라고 하면 '사람의 정이 그립다'이고 **feel affection for** '~하면 애정을 느끼다'이다. 예) **Patrents have affection for their children**. (부모들은 자식에게 애정을 품는다.)

유사 표현 문장

○ **I long for warm human affection**. 사람의 정이 그립습니다.
○ **He is good natured**. 그는 인간성이 좋은 사람이다.
○ **You're an animal, bereft of all humanity**. 너는 인간성이라고는 없는 동물이다.
○ **It is human nature to want love and affection**. 사람이 애정을 받기 원하는 것은 본성이다.

Conversation

A) He always keeps his presence of mind.
그는 언제나 냉정합니다.

B) Right! He has no human affection.
그러게요. 인간성이라고는 없어요.

A) He's too stubborn, either.
게다가 완고하기까지 하다구요.

138 That's not in my field.

Epic English

그건 제 전공이 아닙니다.

'전공'은 영어로 **major**이다. 그래서 '당신의 전공이 무엇입니까?'라고 한다면 **What is your major?**라고 한다. 또한 **specialize in** 역시 '전공'을 뜻한다. '전공'은 본인이 가장 잘하는 것, 잘하는 분야를 의미한다. 대학교에서는 '전공'을 **major**라고 하고 '부전공'은 **minor**라고 한다. 우리가 잘 알고 있는 '복수전공'은 **double major**이다.

'~을 잘한다'는 일반적으로 **be + good at ~ ing**을 쓴다. 반대는 **poor at**이다. 예) **I am good at speaking English.** (저는 영어를 잘 합니다.) **I am poor at speaking English.** (저는 영어를 잘 못합니다.)

Specialize in 역시 '~을 잘하다, ~을 전공하다'의 뜻이 있다. 그래서 **Which part do you specialize in?** 하게 되면 '당신의 전문분야는 무엇입니까?'가 되는 것이다. **I specialize in consultations on live and dating**은 '난 연애상담 전문가다'이다.

하지만 **territory**나 **field** 역시 '내 분야, 내 전공'의 뜻이 있다. 그래서 **That's not in my territory**나 **That's not my field**라고 하게 되면 '그것은 내 분야가 아닙니다'가 된다. 또한 '특기'를 영어로는 **right up my alley**라고 한다. **Please wash the dishes.** (설거지좀 해 줄래?) **That's right up my alley!** (그거 내 전문이지!)

유사 표현 문장

○ **Driving is right up my alley.** 운전이 내 특기죠!
○ **What is your specialty?** 당신의 특기는 무엇입니까?
○ **Is there anything special to note?** 무슨 특기할 만한 사항이 있습니까?
○ **He has a knack of impersonating other people.** 그의 주특기는 성대모사이다.

Conversation

A) can you play the guitar?
기타 칠 줄 아세요?

B) That's not in my field but paino is in my territory.
제 전공이 아닙니다만 피아노는 좀 칩니다.

A) Be the life of the tonight's party.
오늘 파티에서 스타가 되세요.

139

대박영어

She will go nets if she knows this one.
이것을 그녀가 알면 난리 칠 것입니다.

'난리 난다, 난리 친다' 이런 것들을 한국식으로 사고하여 '난리'라는 단어에만 치중하면 그것이 바로 **broken English**로 가는 지름길이다. **Like crazy**나 **make a big fuss**, **real problem**, **a mess** 등이 상황에 따라 '난리'에 해당되는 뜻을 가진 단어들이다. 그래서 영화에 보면 **What's all the fuss about?**이라는 말이 나오는데 이 뜻은 '왜 이렇게 난리죠?'이다.

'난리'를 뜻하는 단어 중에는 **ructions**도 있다. 그래서 **My father will be ructions if he knows about this** (아버지가 아시면 난리난다)도 있다. **Ructions**에는 명사형으로 '소란, 소동, 난리'의 뜻이 있다. **Tantrum** 역시 '짜증, 난리'의 뜻이 있어 **have a tantrum** 하게 되면 '떼를 쓰다, 짜증을 부리다'이고, '갑자기 떼를 쓰다'는 **fly into a tantrum**이다.

예) **I warn you, one more tantrum like this, you will be a history.** (경고하겠는데, 한번만 더 짜증(성질) 부리면 넌 끝장이야!)

또한 **go nets**라는 숙어에도 '열중하다, 미치다' 그리고 '환장하다, 돌아버리다'의 뜻이 있어 **killing me** ~와 곧잘 같이 쓰이곤 한다.

유사 표현 문장

- **This hot weather is killing me.** 날씨가 너무 더워 환장하겠어요.
- **I go crazy when I can't see you.** 당신과 만날 수 없을 때는 미치겠어요.
- **My brother will go nets if I use his car.** 우리 형이 내가 그의 차를 쓴 것을 알면 돌아버린다.
- **Throwing a tantrum in summer is my specialty.** 여름에 짜증내는 게 내 특징이다.

Conversation

A) **We can play hooky from school today, okay?**
우리 오늘 학교 땡땡이치자, 오케이?

B) **No, never! My dad will go nets if I miss the class.**
아니 안 돼! 내가 수업에 빠지면 우리 아빠가 돌아버릴거야.

A) **Oh, I'm really cooking today.**
오, 나 오늘 너무 덥단 말이야.

We have to face up to the reality.
현실을 직시해야 합니다.

'현실'은 reality이다. 그래서 '현실은 현실입니다'는 Reality is a reality라고 한다. 또한 '이상과 현실'은 the ideal and the real이라고 한다. 그렇다면 책 선전 카피로 자주 등장했던 The ideal and the real never coincide는 뭘까? 이는 '이상과 현실은 결코 일치하지 않는다'이다. '현실에서 도피하고 싶다'라고 한다면 I want to escape from the reality라고 한다. '이것이 현실입니다'는 그냥 This is the reality라고 하면 된다.

하지만 '꿈이 현실이 되다'는 My dream come true라고 한다. Come true는 숙어로 '이루어지다, 실현되다'의 뜻이 있다. 예) Winning gold medal is like a dream come true. (금메달을 딴다는 것은 꿈을 이루는 것과 같다.) '현실을 직시하다'는 어떻게 표현할까? Face the facts라고 하기도 하고 Have to see the reality 혹은 You should accept realities it is라고도 한다.

또 하나 move with the time도 '현실을 직시하다'이다 글자 그대로 '시간과 같이 움직이다'의 뜻인데 여기서 time은 현실을 의미하므로 결국 '현실을 직시하라'가 되는 것이다.

유사 표현 문장

○ **I am satisfied with my present situation.** 난 내 현재의 상황에 만족하고 있습니다.
○ **He has his eye opened to the stem realities of life.** 그는 현실에 눈을 떴습니다.
○ **You must move with the time.** 우리는 현실을 직시해야 한다.
○ **The words exactly fit the reality.** 기사가 현실에 딱 맞는다.

Conversation

A) Reality hits me a few days ago.
며칠 전에 현실을 깨달았습니다.

B) Yes, we have to face up to the reality.
네. 우리는 현실을 깨달아야 해요.

A) That's why I am here.
그래서 제가 여기 있는 거잖아요.

141

Let me + Verb ~
~하게 해 주십시오.

대박영어

영어 대화 중 자주 쓰이는 표현 중 하나가 **Let me** ~이다. 하지만 우리는 **Let us**의 줄임말인 **Let's** ~에만 익숙해져 있다. 그래서 기본적인 표현을 할때도 간혹 어려움을 겪는다.

예를 들어 **Let me get out of here and I'll find it out**은 '저를 여기서 보내주시면 제가 그것을 알아보겠습니다'이다.

만약 '~하곤 했습니다'라고 한다면 **I used to ~**를 사용하며, '~에 익숙해져 갑니다'는 **get**을 써서 **I get used to ~** 식을 쓴다. 예) **I get used to Korean food**. (한국음식에 익숙해지고 있습니다.)

하지만 **I may get used to this**는 '이런 상황에 익숙해져야겠어요'이다. **I used to** 다음에는 동사원형을 **I get used to** 다음에는 명사를 쓴다는 것에도 명심해 둘 필요가 있다. '**Let me + 동사**' 구문을 잘 사용해야 영어를 맛깔스럽게 구사할 수 있다. 예) **Let me guess** (내가 맞춰볼게요), **Let me have it** (그것으로 먹을게요), **Let me check it out** (제가 한번 알아볼게요), **Let me do that** (내가 그 일을 할께), **Let me advice you** (내 말 좀 들어), **Let me drive** (제가 운전할게요), 말하는 도중에 상대방이 끼어들면 **Let me continue** (제가 계속 할게요)라고 말한 뒤 이야기를 이어가자.

유사 표현 문장

○ **I used to get that way when I was young**. 저도 어렸을 때는 그랬었죠.
○ **Let me go there and play with my friends**. 저도 거기 가서 친구들과 놀게 해주세요.
○ **Let's get out of here ASAP**. 여기서 가능한 빨리 나갑시다.
○ **Let me help you to study English**. 제가 영어 공부하는 걸 도와줄게요.

Conversation

A) **Please let me drive once, okay?**
제발 한번만 운전해볼게요. 네?

B) **No means no.**
한번 안 된다면 안 돼!

A) **Okay, I understand that. Rule is rule.**
알겠습니다. 규칙은 규칙이니까.

142

She goes through fire and water for money!
그녀는 돈이라면 물불을 가리지 않는다!

Epic English

'~에 대한 개념이 없다'는 **no conception about**나 **of ~**를 쓴다. 그래서 '그는 돈에 대한 개념이 없어요'를 **He doesn't have conception of money**라고 한다. '시간개념이 없다'라고 할 때에도 **he doesn't have any conception of time**을 쓰면 된다. 이와 반대로 '~라면 사족을 못 쓴다' 혹은 '수단과 방법을 가리지 않는다'라고 할 때는 **goes through fire and water for ~**를 쓰는 게 일반적이다. '수단과 방법을 가리지 않는다'는 **every means to ~**를 쓰거나 **by means of ~**를 쓰기도 한다. 그렇다면 '사족을 못 쓴다'는 뭘까? **Be + crazy about** 도 '~에 미쳐있다, 사족을 못 쓴다'의 뜻이지만 **have weakness for**도 '~에 대해 사족을 못 쓴다'의 뜻이고, **be + enamored with ~**도 '~라면 사족을 못 쓴다'이다. 뿐만 아니라 **be + suckers for** 역시 '~라면 사족을 못 쓴다'이다. 예) **He is suckers for pretty young girl.** (그는 젊은 여성이라면 사족을 못 쓴다.) 마지막으로 **be partial to ~** 역시 '~의 일부분이다'. 즉 '~ 라면 사족을 못 쓴다' 이다. 예) **I am partial to fruits.** (난 과일이라면 사족을 못 쓴다.) **She is partial to the blue color skirt.** (그녀는 청색 치마를 좋아한다.)

유사 표현 문장

- **She goes through fire and water for helping poor people.** 그녀는 가난한 사람을 돕기 위해서는 물불을 안 가립니다.
- **He goes through fire and water for speaking English well.** 그는 영어를 잘하기 위해서라면 물불을 안 가립니다.
- **He goes through fire and water for making girl friend.** 그는 여자 친구를 만들기 위해서라면 물불을 가리지 않아요.
- **He goes through fire and water for being rich.** 그는 부자가 되기 위해서는 물불을 안 가립니다.

Conversation

A) **I think she is crazy about money.**
제 생각에는 그녀는 돈에 환장한 사람 같아요.

B) **Right! She goes through fire and water for money.**
맞아요! 그녀는 돈 되는 일이라면 물불을 안 가립니다.

A) **Money talks.**
돈이면 다 되는 세상이니까요.

143

That's why I oppose that plan.
그래서 내가 그 계획을 반대하는 겁니다.

대박영어

우리는 영어를 할 때, '그래서 ~하다'라는 표현에 **so**를 많이 쓴다. 하지만 원어민들은 이 부분을 강조하기 위하여 **so** 대신에 **that's why**를 쓰는 경우가 많다. 예를 들면 '그래서 난 그것을 좋아하지 않는다'를 뭐라고 할까? **That's why, I don't like that**이 원어민들의 감각이다.

여기서 몇 가지 **that's why**의 예문을 보자.

That's why she never answered my question. (그것이 그녀가 나에게 대답을 하지 않은 이유이다.)
That's why I didn't tell you before about her. (그것이 내가 그녀에 대해 너한테 말을 하지 않았던 이유다.) **That's why one question is not enough.** (그래서 하나의 질문으로는 충분치가 않다는 것이다.) 등이 있다.

참고로 **therefore**는 '그러므로, 그러니'이고, **and therefore**는 '그 때문에, 그래서'이다.

'반대를 하다'에도 많은 표현과 숙어 및 단어가 있다. 먼저 **dissent**나 **gainsay** 역시 '반대하다'의 뜻을 가진 단어이고 **disapprove of** 역시 숙어형으로 '~을 반대하다', **lean against** '~반대하다'의 뜻이다.

참고로 **make and objection**나 **offer opposition** 역시 '반대하다'에 해당하는 숙어이다.

유사 표현 문장

- **We are dead set against going there.** 우리는 거기에 가는 것을 결사반대했다.
- **I am absolutely opposed to stand together with that party.** 나는 그 정당과 입장을 함께 하는 것을 결사반대한다.
- **Why do you disapprove of pre-marital sex?** 왜 당신은 혼전섹스에 반대하나요?
- **We're making objection to go there.** 거기에 가는 것을 반대한다.

Conversation

A) **Why do you oppose him to meet her?**
왜 그가 그녀를 만나는 것을 반대하죠?

B) **He is a loser that's why I opposed.**
그 사람은 낙오자예요. 그래서 반대했어요.

A) **But, he's still young and it's not over until it's over.**
그러나 그는 아직 젊고 끝날 때까지는 끝난 것이 아니잖아요?

144

I was possessed by something!
뭔가에 홀렸습니다!

Epic English

Possessed는 '홀리다'이다 What possessed you? (뭐에 홀린거야?) I was possessed by her brain power. (나는 그녀의 지성에 홀렸다.) '정신이 없다'라고 할 때에는 일반적으로 put of one's mind를 쓴다. 또한 I am a little out of practice 역시 '약간 정신이 없다'이다. '혼란스럽다'라고 한다면 confuse를 써도 되겠지만 whirl을 써서 My mind is whirling이라고 한다.

또한 jam packed 역시 '정신없이 ~'의 뜻이 있다. 그래서 Tomorrow is really jam-packed 하게 되면 '내일은 정신없이 바쁩니다'이다. 영화에 나오는 scatter brained person 역시 '정신이 산만한 사람'의 뜻으로 '그는 정신이 산만하다'는 He is a scatter brained person이라고 한다.

Can't concentrate 역시 '정신을 집중할 수가 없다'의 뜻이다. 예) I can't concentrate on something. (뭔가에 집중할 수가 없습니다.)

I am thoroughly confused 역시 '나는 몹시 혼란스럽다'이고 My mind is somewhere else는 '마음이 콩밭에 가 있습니다'이다. Unfocused를 써도 같은 뜻으로 '집중이 안 된다'이다.

She made an unfocused look. (그녀는 뚜렷이 무엇을 보지 않는 표정을 지었다.) My mind is unfocused. (마음이 집중이 안된다.)

유사 표현 문장

○ **I can't concentrate on my work.** 일에 집중을 할 수가 없습니다.
○ **I was possessed by her charming.** 그녀의 애교에 홀렸습니다.
○ **I was distracted by the people fighting.** 사람들이 싸우는 통에 정신이 산만하다.
○ **I would say I was disturbed at all.** 전혀 심란하지 않다고 말할 수 없다.

Conversation

A) **I heard you lost a lot of money at the gambling.**
   노름으로 많은 돈을 날렸다고 들었습니다.

B) **Yes! I was possessed by something at that time.**
   네! 그때는 뭔가에 홀렸습니다.

A) **It's not easy to resist against temptation.**
   유혹에 맞선다는 건 쉬운 일이 아니죠.

쉬면서 알고 가는 영어표현

I

It is windy. 바람이 부네.

It makes sense. 이해가 되네요.

It takes time. 시간이 걸립니다.

It's for you. 여기요 전화 왔어요.

It's not fair. (It's unfair.) 불공평합니다.

It's all right. 괜찮습니다.

It's beautiful. 아름답군요.

It's cool. (Cool) (세련되어 보이네요) 멋있네요.

It's free. 공짜입니다.

It's freezing. 얼어붙네.

It's my fault. 내 잘못이지요.

It's all your fault. 모든 게 네 잘못이야.

It's my pleasure. 제게 기쁨입니다.

It's my turn. 이번에 내 차례입니다. (이번엔 내가 냅니다.)

It's now or never. 지금이 절호의 기회입니다.

It's on me. (It's on the house.) 이건 제가 쏘는 겁니다. (식당 사장님이 냅니다.)

It's really bad. 아주 나빠요.

색깔 있는 영어

- green eye 질투의 눈 • green-ass 풋내기의, 미숙한 • green with envy 몹시 시샘을 하는
- green lung (도시 내의) 녹지구역

일상생활에 자주 사용되는 영어 표현들입니다.

J

It's tough. 터프하네요.(힘들군요.)

It's your turn. 당신 차례입니다.

Just about. 거의.

Just kidding. 그냥 농담이에요.

Just looking. 그냥 보는 거예요.

Just a moment. 잠깐만요.

K

Keep an eye on this, will you? 이것 좀 봐줘요, 그래요?

Keep going. 계속 가세요.

Keep in touch. 계속 연락해요.

Keep it confidential. 대외 비밀로 해 주세요.

Keep it yourself. 당신만 알고 계세요. (비밀로 해주세요.)

Keep looking. 계속해서 찾아봐요.

Keep out of my way. 제 길을 막지 마세요.

Keep the change. 잔돈을 가지세요.

Keep your chin up! 고개를 드세요. 낙담 하지 마세요. 기운을 내요.

Knock it off. 그만 두세요.

Large or small? 큰 거요? 아니면 작은 거요?

색깔 있는 영어

- deep green 극단적 환경주의자 · green meat 야채 · long green 지폐, 현금
- green thumb 원예의 재능, 처세술

145

I will not meet her and deal with that.
그렇게 하면서까지 그녀를 만나지는 않을 것이다.

대박영어

Even so는 '그렇기는 하지만, 그렇지만'의 뜻이고 in doing so는 '그렇게 하면서'이다. And while you're about it… 역시 '그리고 그렇게 하면서…'의 뜻이다. 또한 having so that은 '그렇기는 해도 ~'의 뜻으로 I sometimes get worried in the job having said that I enjoy doing it은 '가끔 이 일을 하는 내가 걱정이 되기도 해요. 그렇긴 하지만 이 일이 즐거워요'이다. In doing so until 역시 '그렇게 하면서까지'의 뜻이 있다. 그리고 however는 '그러나'의 뜻으로 반문할 때 자주 쓰이고 even if는 '~에도 불구하고'의 뜻이다. 예) Even if that were the case. (설령 그것이 사실이라 하여도.)

Even though 역시 '비록 ~일지라도, 설사 ~라고 할지라도'의 뜻을 가진 숙어이다. 예) Even though he is the boss, he can't do that. (그가 설사 사장일지라도 그렇게 할 수는 없다.)

Nonetheless 역시 '그럼에도 불구하고'인데 원래는 none the less였다, 하지만 붙여서 사용하는 게 더 일반적이 되었다. 예) The book is too long nonetheless informative and interesting. (그 책은 너무 길다 그럼에도 불구하고 재미있고 유익하다.)

유사 표현 문장

○ **I don't want to make money and deal with that.** 그렇게까지 하면서 돈 벌고 싶지는 않습니다.
○ **After all warning you still it wrong.** 그렇게까지 이야기 했는데도 여전히 실수를 했네요.
○ **You're too sensitive. It was nothing to yell about.** 당신은 너무 예민해요. 그렇게까지 소리칠 일은 아니었어요.
○ **I will not go there and deal with that.** 그렇게까지 하면서 거기 가고 싶지는 않습니다.

Conversation

A) Why you didn't meet her today?
왜 오늘 그녀를 안 만나죠?

B) Well, she wanted something from me. I don't want to meet her and deal with that.
그래요. 그녀가 내게 뭔가 원해요. 그렇게까지 하면서 그녈 만나고 싶진 않습니다.

A) That's why you having such a long face.
그래서 그렇게 화난 얼굴이군요.

146

I have no incentive to study.
공부할 의욕이 안 생긴다(없다).

Epic English

'의욕'은 will, desire 그리고 drive다. 우리는 흔히 drive라고 하면 '운전하다'라고만 인식한다. 하지만 drive에는 '의욕, 의지력'의 뜻도 있고 '추진력'의 뜻도 있다. 그래서 positive drive라고 하면 '추진력'이 된다.

여기 문장을 보라. He is a full of drive in everything he does가 있다. 뜻은 '그는 매사에 의욕이 넘친다'이다. a full of는 '꽉 찬, 가득한'의 뜻이다. Will 또한 '의욕'이다. Will power는 '의지력'이다. 그래서 the will to live하면 '살아가려는 의지'이고 the will to work는 '근로의욕', the will to produce는 '생산의욕', 그리고 우리가 흔히 말하는 '성욕'은 the will to sex이다.

Incentive는 명사형으로 '장려, 부여, 격려'의 뜻이다. 그래서 '성과급'이나 '격려금'을 bonus 대신에 incentive wages라고 한다. 하지만 incentive 역시 '의욕'의 뜻이 있다. 물론 work on incentive라고 하게 되면 '성과급' 또는 '커미션으로 일을 하다'의 뜻이다. 참고로 backbone은 '줏대, 의지'의 뜻이 있어 I need a backbone 은 '줏대가 필요하다'는 뜻이다.

유사 표현 문장

- He had not much incentive to study any longer. 그는 더 이상 공부할 의욕이 없었다.
- You need incentive to study hard if you want to speak English well. 영어를 잘 하고자 한다면 당신은 공부하겠다는 의욕이 필요합니다.
- We have no inventive to work there. 우리는 거기서 일할 의욕이 안 생깁니다.
- Incentive is very important to study English. 영어공부에 있어 의욕은 아주 중요합니다.

Conversation

A) Why you didn't study English any more?
왜 요즘은 영어공부를 안 하시나요?

B) I don't know. I have no incentive to study.
잘 모르겠어요. 그냥 의욕이 안 생겨요.

A) Pull yourself together.
힘내세요.

147 It's nip and tuck.

대박영어

막상막하일 겁니다.

The game이나 The fan이라는 영화를 보면 It's nip and tuck이라는 말이 나온다. '막상막하네요'라는 뜻이다. **The two sprinters were nip and tuck in the race but thanks to the incredible last spurt Usain Bolt became the world record breaking winner**. (두 스프린터의 레이스는 막상막하였지만 믿을 수 없는 라스트 스퍼트 덕분에 우사인 볼트가 세계기록을 깨며 승자가 되었다.) '막상막하'의 경기를 그냥 **a well matched contest**라고 해도 되겠지만 아무래도 뉘앙스의 차이가 있다. **It's a close game**이나 **close match**를 써도 마찬가지이다. 그렇다면 **neck and neck**은 뭘까? 유래를 봐야 한다.

경마에서 '서로 먼저 골인하기 위해 목을 내민다'에서 유래가 되었다고 전한다. 그래서 **neck and neck** 하게 되면 '막상막하'이다.

예) **They ran neck and neck**. (그들은 막상막하로 달렸습니다.) 실력이 '비등하다' 혹은 '막상막하다' 라고 할 때 **diamond cut diamond**라고 하기도 한다. 가장 단단한 물질인 다이아몬드는 오직 다이아몬드로만 연마할 수 있기 때문이다. 예) **It's diamond cut diamond**. (막상막하의 경기입니다.) 또한 숙어로 **close-run thing** 역시 '막상막하'의 뜻이 있다. **The election was a close-run thing**. (그 선거는 박빙의 승부였어요.) **Close and tough** 역시 '막상막하의 혈전'을 의미할 때 쓴다.

유사 표현 문장

- **We will be neck and neck**. 우리는 막상막하일 겁니다.
- **The two teams played a tight match even in the extra-time**. 두 팀은 심지어 연장전에서도 팽팽한 접전을 벌였다.
- **The game was really close and tough**. 그 경기는 정말 막상막하였어요.
- **The two teams were almost too evenly match!** 그 두 팀은 거의 막상막하의 실력이었다.

Conversation

A) **What do you think of that match?**
그 경기를 어떻게 생각하세요?

B) **Well, It'll be a nip and tuck, I think**.
제 생각에는 막상막하예요.

A) **It could be a tough game. You bet!**
격렬한 경기가 되겠군요. 내기합시다.

148

Epic English

You can help me by leaving me alone.
저를 가만히 내버려 두는 게 도와주는 겁니다.

일반적으로 '도와주다'는 give를 쓴다. 그러나 '도움을 받다'라고 한다면 **have received help from ~**이다. '도움을 주다'의 뜻으로는 **help** 말고도 **assist** 그리고 **aid**, **support**, **offer** 등이 있다. **Without your support, I can do nothing.** (당신의 도움없이는 나는 아무 것도 할 수 없어요.) 그리고 '도움을 요청하다'라고 한다면 **ask for help**나 **seek help**, 그리고 **turn to somebody for help**를 쓴다.

Helpful 역시 '도움'이다. 그래서 **This dictionary is not very helpful** 하게 되면, '이 사전은 큰 도움이 못 된다'이다. **Give somebody hand** 역시 '도움을 주다'여서 **Can you give me your hand?**라고 하면 '도움을 주실 수 있겠습니까?'이다.

'도움이 되다'는 **any help**를 쓴다. 예) **I'm glad to be of any help.** (도움이 될 수 있다니 기쁩니다.)

위의 문장을 보자. **You can help me** '나를 도와주실 수 있습니다', **by leaving me alone** '나를 가만히 내버려두는 것으로'이다. 결국 '나를 가만히 내버려 두는 것이 저를 돕는 겁니다'이다.

유사 표현 문장

○ **I was happy to be able to help you.** 제가 도움이 될 수 있어서 기뻤던 걸요.
○ **You're of assistance to me.** 넌 내게 도움이 된다.
○ **I am sorry that I can't be of further assistance.** 제가 더 이상 도움이 될 수 없어서 죄송합니다.
○ **Just tell me when you need my help.** 제 도움이 필요하면 이야기 하세요.

Conversation

A) **Tell me. I'll help you. What are friends for?**
제가 도와드릴게요. 제게 이야기 하세요. 친구 좋다는 게 뭔데요?

B) **Please you can help me by leaving me alone.**
저를 가만히 내버려 두는 게 도와주는 겁니다.

A) **Please be a good mixer again soon.**
금방 사람들이랑 다시 어울리자구요.

Is that guy really you feel about me?

대박영어

넌 진짜 나를 그런 놈으로 보는 거냐?

'느낌'을 물을 때는 **think**를 '감정'을 물을 때는 **feel**을 쓴다. 예를 들어 '한국이 어떠세요?'는 **What do you think of Korea?**를 쓰고 '저를 어떻게 생각하세요?(애정을 묻는 것임)'는 **How do you feel about me?**를 쓴다. 간혹 **How do you think of**나 **about**을 쓰는 사람이 있는데 이것은 엉터리 영어이다.

뿐만 아니라 **impression**과 **feeling**에도 차이가 있다. 먼저 **impression**은 사람이나 사물로부터 받는 인상이나 느낌을 의미하고 **feeling**은 '감촉, 촉감, 만져보다, 느끼다, 동정하다'의 뜻이다. 즉, 다시 말해 마음이나 감각을 통해 느끼는 것을 **feeling**이라 한다.

예) **I have a good feeling about this game.** (이번 시합에 느낌이 좋다.)

What's your first impression of Vietnam? (베트남에 대한 첫인상이 어때요?) **I have a feeling that she is lying.** (그녀가 거짓말하고 있다는 느낌이 듭니다.)

주제 문장인 **Is that guy you really feel about me?**는 '당신 진짜 나를 그런 사람으로 보는 겁니까?'이다. 간혹 영화에 보면 **What do you take me for?**라고 하는데 이 역시 '나를 뭐로 보는 겁니까?'이다. **Don't treat me as like that**이라고 하면 '나를 그런 놈으로 취급하지 마시오'이다.

유사 표현 문장

○ **What do you think I am?** 사람을 뭐로 보는 겁니까?
○ **That's the way you are!** 넌 항상 그런 식이지!
○ **Who do you think I am?** 내가 누구로 보입니까?
○ **Don't treat me as a stupid.** 나를 바보 취급하지 마세요..

Conversation

A) **Rumor has it that you misappropriated public funds.**
당신이 공금을 유용했다는 말들이 있습니다.

B) **What? Is that guy you feel about me?**
뭐라구요? 당신은 나를 진짜 그런 놈으로 보는 겁니까?

A) **I don't believe that news either.**
저 역시 그 소문을 믿지 않습니다.

150

Epic English

Hyperbole is lost on some people.
어떤 사람들에겐 과장법이 통하지 않습니다.

'통하다'에는 여러 가지 표현법이 있다. '의사소통하다'도 있고 '마음이 통하다'도 있으며 '느낌이 통하다'도 있다. 한국말은 '~이 통하다' 한 단어만을 사용하지만 영어는 상황에 따라 '통하다'가 다르다.

그렇다면 먼저 '의사소통이 된다'는 어떻게 표현할까? **We communicate well with each other**라고 하면 '우리는 서로 의사소통이 잘 된다'이다. 여기서 **communicate**는 '의사소통'이다.

Wavelength(주파수)를 써도 좋다. **We're been on the same wavelength.**(우린 잘 통하네요.) **We're good chemistry**라고 해도 된다. 그리고 영화에 보면 **We met a party and clicked immediately**라고 하는데 '우리는 파티에서 만났는데 즉석에서 마음이 통했다'이다.

Clicked immediately에는 '마음이 즉석에서 통하다'의 뜻도 있지만 '첫눈에 반하다'의 뜻도 함께 있다. **We clicked immediately each other.** (우린 서로 첫 눈에 반했어요.) 그리고 우리가 자주 접하는 **crush on ~** 역시 '~에 뿅 가다, 홀딱 반하다'의 뜻으로 **I got a crush on her**라고 하면 '난 그녀에게 뿅 갔다'의 뜻이 된다. **Be + lose on**은 숙어형으로 '~이 이해가 가지 않습니다' 혹은 '~가 통하지 않습니다'의 뜻이다. 그래서 **His joke were completely lost on most of the students**라고 하면 '그의 농담이 대부분의 학생들에게는 통하지 않았습니다'이다.

유사 표현 문장

- **It will be lost on her.** 그녀에게는 안 통할 겁니다.
- **He tried to do everything but it was lost on me.** 그는 모든 걸 다 했지만 나에게는 통하지 않았습니다.
- **His words are lost on me.** 그의 말은 나에게는 안 통한다.
- **Sweet talking is lost on me.** 감언이설은 나에겐 안 통한다.

Conversation

A) **She was tricked into a marriage with that man.**
그녀는 속아서 그와 결혼했습니다.

B) **Oh, really? That is lost on me!**
오우 정말이요? 그런 건 나에겐 안 통해요!

A) **I take pity on her.**
그녀가 불쌍해요.

151

대박영어

Why do I have to fawn you?
내가 왜 너의 비위를 맞춰야 하는 거지?

'눈치를 보다'는 **read face**라고 한다. 의역해보면 '네 얼굴을 읽다'이니 결국 '눈치를 보다'이다. 이처럼 **read**가 꼭 '읽다'로만 해석되는 것은 아니다. **You read my mind**를 보더라도, 여기서 **read**는 **know**(알다)로 해석한다. 다시 말해 '네가 내 마음을 알아주는구나!'인 것이다. 그래서 '내가 왜 그 사람 눈치를 봐야 하는 겁니까?'는 **Why I have to read his/her face?**가 되는 것이다.

'비위를 맞추다'는 숙어형으로 **pay make court**나 **make one's court**가 있다. 또한 **fawn** 역시 동사형으로 '아첨하다, 아양을 떨다, 비위를 맞추다'의 뜻이 있다. 그래서 **The salesman fawned over the customer**는 '세일즈맨은 고객에게 아첨을 했다'라고 해석한다. **Smooch**라는 단어 역시 영화나 팝송에 종종 등장하는 단어로써 '알랑거리다, 비위를 맞추다'의 뜻이 있는 단어이다. **Curry favor with** 역시 '~에게 환심을 사다'여서 **He is trying to curry favor with the boss**라고 하면 '그는 사장님의 환심을 사기 위해 노력한다'가 된다.

참고로 '아첨꾼'은 **fawner** 혹은 **flatter**이라고 하고, 비교적 우리가 잘 아는 **yes man**에도 같은 뜻이 있다. **It's no use trying to butter me up**도 익혀두자. '내게 아첨해봐야 소용없다'는 뜻이다.

유사 표현 문장

- **Then you know the meaning of the word sycophant?** 당신은 그럼 아첨꾼이라는 단어의 의미를 알고 있군요.
- **The brown-noser, however, are rarely unearthed.** 그러나 아첨꾼은 거의 없었어요.
- **At this moment, pease the whim of a stupid person.** 일단 지금은 어리석은 자의 비위를 맞추자.
- **You said I fawn too much, right?** 넌 내가 너무 알랑방귀 뀐다고 했지?

Conversation

A) **Why do I have to fawn her all the time?**
내가 왜 그녀에게 항상 비위를 맞춰야 하죠?

B) **Because she is our VIP customer.**
왜냐하면 그녀는 우리의 VIP 고객이니까요.

A) **I don't want to flatter her.**
그녀한테 아첨하기 싫은데요.

152

Epic English

They prefer to get vicarious satisfaction from TV drama.
그들은 TV 드라마를 통해 대리만족을 느낍니다.

'대리만족'이 영어로 뭘까? 숙어형으로 **get vicarious from** ~가 '~로부터 대리만족을 느끼다'이다. Vicarious 뒤에 **satisfaction**을 넣어서 쓰기도 한다. vicarious는 명사 앞에만 쓰이게 되어 있다. Vicarious는 형용사형으로 '대리의, 간접적인'의 뜻이 있어서 **vicarious pleasure**라고 하면 '간접 즐거움'이 된다. '만족'의 뜻으로 사용되는 영어단어로는 **satisfaction, contentment, gratification**, 동사형으로는 **be satisfied with, be pleased with, be content with, be gratified** 등이 있다. '~에 대해 만족감을 느끼시나요?'라고 물을 때는 '**Are you satisfied with ~ 명사**'를 쓰곤 한다. 예) **Are you satisfied with your new job?** (새로운 직업에 만족하십니까?). '당신 전공에 대해 만족하시나요?' 라고 할 때에도 **Are you satisfied with your major?** 라고 한다. 그러므로 **be + satisfied with + 명사**는 '~에 만족하십니까?'이다. 반대로 '~에 만족하지 못합니다'는 **be not proud**를 쓴다. 그래서 간혹 영화에 나오는 **I'm not proud what I did!**라는 대사는 '내가 한 일에 자부심을 못느끼겠어' 즉 '내가 한 일이 만족스럽지 않아'이다. **I don't feel satisfied** 역시 '~에 만족함을 느끼지 못하겠습니다'이다. 문장 뒤에 **about + 명사**가 오면 '~에 대한 만족감이 없다'가 된다. 수동태인 **be + 과거분사** 가 오면 '~을 만족시키다'이다. 그래서 **a boss hard to be contented**은 '만족시키기 쉽지 않은 사장'이다.

유사 표현 문장

- **I have decided I am not satisfied with that.** 그것에 대해 만족하지 않기로 결심했다.
- **I want feel satisfied if you don't.** 자네가 만족하지 않는다면 나도 아닐 거야.
- **I am trying to get vicarious satisfaction from my children.** 난 내 자식들을 통해 대리만족을 느끼려고 하고 있어.
- **They tried to get vicarious satisfaction from their son.** 그들은 그의 아들을 통해 대리만족을 느끼려고 했었죠.

Conversation

A) **I sometime try to get vicarious satisfaction from TV sports.**
전 가끔씩 TV 스포츠 중계를 통해 대리만족을 느끼려고 해요.

B) **Same here.**
저도 그래요.

A) **What's your favorite sports?**
좋아하는 스포츠가 뭔가요?

153 That's the one of privileges!

대박영어

그것도 하나의 특권이지!

'특권'은 **privilege**나 **prerogative** 그리고 **special right**라고 한다. 그래서 **In many countries education is still the prerogative of the rich**라고 하면 '많은 나라에서 교육이 아직도 부자들의 특권이다'의 뜻이 된다. **Special favor** 역시 '특혜'의 뜻이 있다. 이뿐만 아니다. **Preferential** 역시 '우선권, 특혜' 등이 있어 숙어형으로 **receive preferential treatment**라고 하면 '특혜를 받다'의 뜻이 된다. **Perk** 역시 동사형으로는 '목에 힘을 주다, 뽐내다, 으스대다'라는 뜻이지만 명사형으로 '특혜, 특전' 등의 뜻이 있어 **Still there are perks, which are becoming obvious** 하게 되면 '여전히 뻔히 보이는 특혜들이 있습니다'가 된다.

'도덕적, 법적 권리'는 주로 **right**를 쓴다. 그래서 **I have the right to stay here**라고 하면 '나는 여기 머물 권리가 있다'가 된다.

여기서 숙어 몇 가지를 살펴보면, **the abuse of privilege**는 '특권남용'이고, **diplomatic immunity**는 '외교관의 면책특권', **executive privilege**는 '대통령 행정부 특권', **privilege taxi**는 '고급 택시', 그리고 비교적 말도 많고 탈도 많던 '국회의원 면책특권'은 영어로 **parliament privilege**이다.

유사 표현 문장

- **He served two years in the army without special favor.** 그는 아무 특혜로 받지 않고 2년간 군복무를 했다.
- **Many politicians are only looking for bribes and perk.** 많은 정치가들은 뇌물과 특혜만 찾고 있다.
- **Economists say financial perks only go so far.** 경제학자들은 재정적 특혜가 있다고들 합니다.
- **That's your privilege, no doubt about it.** 그건 의심의 여지 없이 당신의 특권입니다.

Conversation

A) **He received preferential treatment.**
그는 특혜를 받았어요.

B) **But he graduate from top class university.**
하지만 그는 일류대학을 졸업했다구요.

A) **That's the one of privileges too.**
그것도 역시 특혜 중의 하나죠.

154

Epic English

I filled my empty heart with alcohol.
난 나의 공허한 마음을 술로 달랬다.

'위로하다'에는 **consolation, comfort** 그리고 동사형인 **console**이나 **comfort, solace** 그리고 **cheer** 목적격 **up**이 있다. 그래서 '서로 위로하다'라고 한다면 **comfort each other**라고 하고 '원혼을 위로하다'는 **solace the vindictive spirits**라고 한다. '위로를 받다'는 수동태인 **be + consoled**를 쓰면 된다. 예) **Nothing could console me when I lost everything.** (내가 모든 것을 잃었을 때 그 무엇도 위로가 되지 못했다.) '위로하다, 달래다'의 뜻을 가진 단어로는 **appease**도 있다. 그래서 **Please appease her for a while**이라고 하면 '그녀 좀 어떻게 잠시 달래 보세요!'가 된다. '허기를 달래다'라고 할 때도 **appease**를 쓴다. 예) **A piece of bread will appease your hunger.** (빵 한 조각이라면 당신 허기를 달랠 것이다.)

'속담에 병 주고 약 준다'라는 말이 있는데 이것을 영어로는 **You're trying to comfort me what you did**라고 한다. '~을 다독거리다'는 **pat**을 쓴다. **He patted me on the back.** (그는 내 등을 다독거렸다.) **Filled my heart with ~** 는 숙어형으로 '내 마음에 ~으로 채우다'이다. 그러나 **empty heart**라고 하면 '공허한 마음'이 된다. '여자 친구와 헤어지고 난 후 외로움을 다른 사람으로 채우려고 노력 중이다'라고 한다면 **I am try to fill my empty heart with other woman's love**가 될 것이다. **I felt empty when she left me**는 '그녀가 내 곁을 떠나자 마음 한 구석에 허전함을 느꼈다'이다.

유사 표현 문장

- **Let it go of your greed and empty your mind (heart).** 욕심 부리지 말고 마음을 비워라.
- **She tried consoling me, then broke down in tears.** 그녀는 나를 달래다 말고 와락 울음을 터트렸다.
- **I don't want something to clam me down.** 저는 저를 안정시킬 뭔가를 원하지 않습니다.
- **It was hard to ally my anger.** 나는 내 화를 억누르기가 힘들었다.

Conversation

A) **I filled my empty heart with this.**
저는 이것으로 제 공허함을 달랬어요.

B) **But you must care your health too.**
그렇지만 당신 건강도 생각하셔야죠.

A) **Okay, I'll try to my humanly best for stop drinking.**
네, 술을 끊을 수 있도록 사람이 할 수 있는 최선을 다하겠습니다.

155 The plan fizzled out in 6 months!

대박영어

그 계획은 6개월 만에 흐지부지 되어버렸습니다!

우리나라 말에 '구렁이 담 넘어가듯 한다'라는 표현이 있다. 이것을 영어로 **Don't try to cover up silly**라고 한다. **Cover up**은 '덮다, 가리다'의 뜻으로 '~을 은폐하려 하다, 숨기려 하다'의 뜻이다. 또한 '이것도 저것도 아니다'는 **borderline**을 써서 **In fact that was borderline rubbish.** (사실 그것은 이것도 저것도 아닌 쓰레기였다.)라고 한다. **Borderline**은 형용사형으로 '이것도 저것도 아닌'의 뜻이 있고 '경계선, 경계역'의 뜻이 있다.

그렇다면 우리 식의 '흐지부지'는 어떻게 표현할까? 먼저 **fizzle out**이 숙어형으로 '흐지부지되다'이다. 그래서 **It's gonna be fizzling out in time**이라고 하면, '그것은 조만간 흐지부지하게 될 것이다'이다.

영화에 자주 나오는 **Don't try to get around it by just petering out**은 '흐지부지 넘어가려 하지 마라'이다. 여기서 **petering out**은 '흐지부지하다'의 뜻이 있다. **The hot water has petered out.** (뜨거운 물이 (점점 가늘어지더니) 안 나온다.)

또한 숙어형으로 **come to nothing** 역시 '흐지부지되다'의 뜻이 있고, **end in smoke**는 '연기처럼 사라지다', **hush up settlement** 역시 '뒷마무리를 흐지부지하다'의 뜻이다. 간혹 **It's too wishy-washy**라는 표현을 쓰기도 하는데 이 역시 '흐지부지하다'의 뜻이다.

유사 표현 문장

○ **And the ending is extremely lame.** 그리고 결말은 정말 흐지부지합니다.
○ **Certainly, it has not fizzled out.** 물론 그것은 흐지부지 끝나지 않았다.
○ **The ending of the movie just fizzled out.** 그 영화는 흐지부지 끝났다.
○ **The story is fizzling out.** 그 이야기는 흐지부지 끝났다.

Conversation

A) **What do you think of the project?**
그 계획을 어떻게 생각하세요?

B) **Well, the plan will fizzled out soon.**
조만간 그 계획은 흐지부지 될 겁니다.

A) **Yes, their previous project also has ended in smoke.**
그래요, 그들의 지난 번 계획도 연기처럼 사라졌지요.

156 Epic English

You thought I'd be touched if you do like?
이렇게 하면 누가 감동이라도 할 줄 알았어?

Mixed emotion은 '복잡한 감정', 다시 말해서 여러 가지 느낌이 섞인 감정을 말한다. 그래서 I have mixed emotion 은 '감정이 복잡합니다!'이다. 어느 영화에 보면 It's bitter sweet feeling이라는 대사가 나온다. 이는 씁쓸하면서도 달콤하다. 즉 '시원섭섭하다'라는 뜻으로 뭔가와 이별하고자 할 때 쓰이는 말이다. Feeling 대신에 things를 써서 It's bitter sweet things라고도 한다.

그리고 '감정을 숨기지 마세요'라고 할 때에는 Don't hide your feeling이라고 하는데 feeling이 여기서는 emotion에 가까운 뜻이다. '감동'은 영어로 be + moved 나 be +touched 그리고 be + affected by ~ 등이 있다. 그래서 I was deeply moved by the news라고 하면 '그 소식을 듣고 크게 감동했다'가 되고 I was touched by her action 하게 되면 '그녀의 행동에 감동했다'가 된다.

그렇다면 '그녀의 성의에 감동했다'는 어떻게 표현할까? I was so touched by her sincerity인데 여기서 sincerity가 '성의, 성실'의 뜻이다. 또한 감명은 impression을 주로 쓰는데 동사형인 impress는 '감명을 주다', be + impressed는 '감명을 받다'이다. 그래서 I was so impressed by their sincerity라고 하면 '그들의 성의에 감명을 받았습니다'가 된다. 예) That's so great, I am so impressed. (정말 훌륭해. 난 아주 감명받았어.)

유사 표현 문장

- She was impressed with what he did to the room. 그녀는 그가 꾸며놓은 방을 보고 감명을 받았다.
- I was impressed by her singleness of heart. 나는 그녀의 일편단심에 감명을 받았어요.
- The father was struck by his son's plea for divine help. 하느님의 도움을 간청하는 아들의 기도에 아버지는 감명을 받았다.
- They will be touched by your sincerity. 너의 성의에 그들은 감동할 것입니다.

Conversation

A) I don't like to be touched, okay?
난 감동받는 것은 싫어요.

B) Jesus! How can you tell me like that?
세상에 어떻게 그렇게 제게 말할 수 있어요?

A) Let's get down to earth from now on.
지금부터는 현실을 직시하자구요.

157

Violence cannot be justified under any pretext.
폭력은 어떤 핑계로도 정당화 될 수 없다.

'어떤 핑계로도, 어떤 이유라도'는 숙어형으로 **under any pretext** 나 **under the reason**이라고 한다. 여기서 숙어형 몇 가지를 공부해 보자. 먼저 **on a whim**은 '즉석에서, 즉흥적으로'의 뜻으로 **on the spot**과 같은 뜻이다. 예를 들면 **They have decided to go there on a whim**이라고 하면 '그들은 그 즉석에서 거기에 가기로 결정했다'이다. 또한 **on purpose**는 '고의로, 일부러'의 뜻으로 **He didn't attend the meeting on purpose**. (그는 일부러 그 미팅에 참석하지 않았다.)

그리고 **be + under the control of ~** 하게 되면 '~에게 지배를 받다, 관리를 받다'라는 뜻으로 **I am under the control of my girl friend**은 '난 내 여자 친구로부터 지배를 당하고 있다'이다. 또한 **in name**은 '이름만, 말로만'의 뜻으로 **We're brother in name**. (우리는 무늬만 형제이다.) 이 문장은 **Rainman**이라는 영화에서도 명대사로 나왔던 표현이다. '~은 정당화 될 수 없다'는 **cannot be + justified**이다. 여기서 **cannot be**는 '~이 될 수 없다'이다.

Justify는 동사형으로 '옳음을 보여주다, 타당하다', 그리고 '정당화하다'의 뜻이다. 그래서 **justify one's argument** 하게 되면 '자신의 논리를 정당화하다'의 뜻이 된다.

유사 표현 문장

○ **I don't mean to justify myself**. 딱히 날 정당화하려고 하는 건 아니다.
○ **There is no way he could justify the fight any more**. 이제 그가 그 싸움에 대해 정당화할 수단이 없다.
○ **I don't care how you justify it**. 나는 당신이 어떻게 이 일을 정당화하든지 상관없다.
○ **At any point torture cannot be justified**. 어떠한 관점에서 보더라도 고문은 정당화 될 수가 없습니다.

Conversation

A) **However, this statement cannot be justified**.
하지만 이 발언은 정당화 될 수 없습니다.

B) **I am so sorry, I didn't mean it**.
죄송해요. 일부러 그러려고 했던 건 아니에요.

A) **Watch your language, please**.
제발, 말조심하시라구요.

158 You're the one who must tell sorry for that!
Epic English

그것에 대해 미안해 할 사람은 당신입니다!

'~해야 할 사람은 당신입니다'라고 할 때에는 **You're the one who + 동사원형**을 쓴다. 다시 말해서 '공부를 해야 할 사람은 나다'라고 한다면 **I am the one who study**라고 하면 되는 것이다. 또한 '지금 나를 도와 줄 수 있는 사람은 당신뿐입니다'라고 할 때에도 **You're the only one who can help me now!**라고 한다. 그렇다면 '내가 사랑하는 사람은 당신뿐이다'라고 한다면 어떻게 할까? 역시 **You're the only one who I love**.

그렇다면 이것은 무슨 뜻일까? **I think you're the only one who can understand my situation**. 이것은 '내 상황을 이해해 줄 수 있는 사람은 당신뿐입니다'이다. 즉, '당신이 나를 이해해 주지 않는다면 누가 날 이해해 주겠느냐?'이다. 여기서 관계대명사 **who** 대해서 잠시 공부해보자. **The dog who is fall in love** (사랑에 빠진 개)처럼 who의 관계대명사는 영어에서 없어서는 안 될 아주 중요한 품사이다.

Who의 소유격은 **whose**이고, 목적격은 **whom**이다. 하지만 목적격 **whom** 대신에 주격인 **who**를 쓰는 경우가 많다. 예) **Whom do you hate the most = Who do you hate the most** (누구를 가장 싫어하니?)

Who를 잘 사용하는 사람이 영어를 비교적 잘하는 사람이다. **I don't like the man who macho it out** 이라는 표현은 드라마에서 자주 나왔던 표현으로 '난 터프가이는 싫다'이다.

유사 표현 문장

- **Who's talking?** 사돈 남 말하시네요. **(Talk about yourself)**
- **I should be saying that to you.** 그것은 내가 할 소리입니다.
- **The shoe is on the other foot.** 사정이 정반대로 뒤바뀌었습니다.
- **She is the one who I only love.** 그녀는 내가 유일하게 사랑하는 여자입니다.

Conversation

A) **You're the one who speaks English well here.**
여기서 영어를 잘하는 사람은 당신뿐입니다.

B) **So, all I have to do is translate, right?**
그러니까 저는 통역만 하면 되는 거죠, 그죠?

A) **You're the key person of the tonight's meeting.**
오늘 밤 회의 때는 당신이 가장 중요한 사람입니다.

159

Don't come at me just because you know English a bit!
영어 조금 안다고 너무 까불지 마시오!

대박영어

Come at somebody에는 '공격하듯이 달려든다', '덤벼들다, 까불다'의 뜻이 있다. **They come at me with their fists**. (그들은 주먹을 쥐고 나에게 덤벼들었다.)

'까불다'로 가장 많이 쓰이는 단어는 **act up**인데, '튄다', '건방지다'의 뜻으로도 쓰인다. '튄다'에는 **stand out**을 쓰는 게 일반적이다. 예) **She wants to stand out**. (그녀는 튀려고 한다.) 하지만 '깝죽거리다'는 **be + a know-it-all**을 쓰거나 **behave frivolously**, **act flippantly**, 그리고 **act lightly** 등을 활용한다. 그래서 '그는 디자인에 대해 뭘 좀 아는 것처럼 깝죽거린다'라고 하게 되면 **He's such a know-it-all as if he knows anything about design**이라고 한다.

Acting up 역시 '튀다, 난체하다'의 뜻이 있어 **stop acting up** 하게 되면 '너무 까불지 마세요'가 된다. Stand out 역시 '두드러지다'의 뜻이 있어 **She is trying to stand out** 하게 되면 '그녀는 튀려고 노력 중이다'가 된다. 반대로 **She doesn't like to stand out**라고 하면 '그녀는 튀는 것을 좋아하지 않는다'이다. 참고로 '건방지다'에는 **arrogant**나 **impudent**, **fresh**, **cocky**, **cheeky** 그리고 **stuck up** 등이 있다. 그래서 '그는 몹시 건방지다'라고 할 때에는 **He is so stuck up**이라고 한다. '싸가지가 없다'라고 할 때에는 **no respect**라는 단어를 사용하지만 (He has no respect), **He rude little bastard**나 **I know how bitch I am** (내가 얼마나 싸가지없는지 알고 있어) 와 같은 표현도 쓴다.

유사 표현 문장

- **Don't come at me just because you know a little bit about business**. 사업에 대해 좀 안다고 까불지 마시오.
- **Don't sling off at me**. 날 비웃지 마세요!
- **Don't be cheeky in front of old people**. 나이 드신 분 앞에서 건방지게 굴지 마라.
- **He used some pretty choice language**. 그가 참 싸가지 없게 말을 좀 했다.

Conversation

A) **How can you not know about that?**
그것에 대해 어떻게 모를 수가 있어요?

B) **Look! Don't come at me just because you know a little about that**.
이봐요! 그것에 대해 좀 안다고 너무 그러지 마세요!

A) **Don't be smart**.
잘난 척하지 마세요.

160 Epic English

I know this is presume but…
이거 주제 넘는다는 건 알지만요…

It's not my place to say that but…이라는 문장이 있는데, 이는 '제가 이런(그런) 말씀을 드릴 입장은 아닙니다만….'이라고 할 때 쓴다. '내가 당신 입장이라면요…'는 If I were in your shoes…라고 한다. '네 주제를 알아라' 혹은 '자신을 아세요'는 know your place 혹은 know yourself first라고 하는 게 일반적이다. 그렇다면 this is presume…은 무슨 뜻인가? 먼저 presume은 동사형으로 '(실질적으로 증거는 없지만 사실일 것이라고) 추정하다, 여기다, 생각하다'의 뜻이 있다. 그래서 They are very expensive, I presume? '추정컨대 그것들이 아주 비싸겠죠?'이다. 하지만 You presume! 하게 되면 '너무 무례하구나, 건방지구나'의 뜻도 있으므로 주의해야 한다. 왜냐 하면 presume의 명사형인 presumption에는 '건방진, 주제가 넘는….'의 뜻이 있기 때문이다. 부사형으로 '주제넘게…'의 뜻을 가진 단어는 무척이나 많다. Forwardly가 먼저 '주제넘게, 주책 맞게'의 뜻이 있고 blatantly 역시 '주제넘게, 뻔뻔하게'의 뜻을 가진 단어이다. 그밖에 officiously나 assumingly 그리고 perkily 역시 같은 뜻을 가진 단어들이다. Intrusive 역시 '주제넘게, 거슬리는'의 뜻으로 I don't want to be intrusive 하게 되면 '주제넘게 나서고 싶지 않습니다'의 뜻이 된다. I don't want to be presumptuous 역시 '난 주제넘게 되고 싶지 않다'이다.

유사 표현 문장

- I don't like the man who always thrusts himself forward. 나는 항상 주제넘게 나서는 인간은 싫어.
- Don't you think you overstepped your place in the debate. 그 논쟁에서 당신이 주제넘게 나선다고 생각하지 마세요.
- Please know your place before tell me something to me. 나에게 뭔가를 말하기 전에 네 자신을 먼저 알아라.
- This is presume but I must tell you something. 주제 넘는 거 알지만 이것은 말해야겠어요.

Conversation

A) What do you want to tell me uh?
뭔 이야기를 하고 싶은 겁니까?

B) I know this is presume but….
이거 주제 넘는다는 건 알지만, 그렇지만….

A) I know that I'm all thumb of direction.
나도 내가 길치라는 걸(방향감각이 없다는 걸) 잘 압니다.

161 Just split with her!

대박영어

그녀랑 헤어져 버리세요!

'헤어지다'는 break up을 쓰는 게 일반적이다. 그래서 break up의 과거형 broke up을 쓰면 '헤어졌다'가 된다. 예) I broke up with her last year. (난 작년에 그녀랑 헤어졌다.) 하지만 결혼 후 헤어지는 것은 이혼이다. '이혼'은 divorce이다. 예) After divorce, I tried to drink my problem away. (이혼 후 나는 술로 괴로움을 떨쳐버리려고 했다.)

영화를 보면 '끝나다, 헤어지다'를 여러 가지로 표현하는 것을 볼 수가 있다. 그냥 단순히 We're finished하고 해도 되지만 영화에서는 We're history라고 하거나 I am through with her라고 한다. Be + through with ~ 의 숙어에는 '~와 끝마치다, 뒤끝을 맺다'의 뜻이 있기 때문이다. History 역시 우리는 '이미 역사가 되었다'라는 뜻으로 '끝난 사이'를 이야기 할 때 이렇게 표현한다.

Break off relations 역시 '절교하다'의 뜻으로 사용되고, end a relationship '절교'이다. Break away나 discontinue intercourse 역시 '절교하다'이고 break with 역시 '관계를 그만두다, 거부하다, 절교하다'의 뜻이다. 본문에 나오는 spit up 역시 '~와 관계를 끊다, 결별을 하다'의 뜻이다. 그래서 My parents split up last year라고 하면 '우리 부모님은 작년에 헤어지셨다'가 된다.

유사 표현 문장

- **The singer split with his wife last year.** 그 가수는 작년에 아내와 이혼했다.
- **How could you split up with her?** 어떻게 그녀와 헤어질 수 있습니까?
- **So far this year, he has split up with five girlfriends.** 금년 들어 그는 벌써 5명의 여자 친구와 헤어졌다.
- **The couple broke up 6 months ago.** 그 부부는 6개월 전에 헤어졌다.

Conversation

A) **I am really sick and tired of her.**
정말 그녀는 지긋지긋 해요. 이제는.

B) **Just split up with her then!**
그럼 그냥 헤어져 버리세요!

A) **I'll leave her for good.**
영원히 그녀로부터 떠날 겁니다.

162

Epic English

I am trying to gain my feet again.
저는 다시 재기하기 위해 노력하고 있습니다.

영화를 시청하다 보면 **I proposed to take a brace**라는 대사가 나온다. **Brace**는 명사형으로 '버팀, 죔쇠, 멜빵, 치아교정기'의 뜻이고, 동사형으로는 스스로 '대비하다, 대비시키다, 버팅기다, 단단히 힘을 주다'의 뜻이 있다. 그래서 **They braced themselves against the wind**라고 하면 '그들은 바람에 맞서 (쓰러지지 않으려고) 몸을 버팅겼다'이다. 이처럼 **brace**를 써서 **take a brace**라고 하면 '재기를 하다, 다시 일어서다'의 뜻이 된다. 그래서 **I proposed to take a brace**가 '나는 재기할 것을 제안했다'가 되는 것이다. '재기하다'의 명사형인 '재기'는 **comeback**이다. 이 단어는 우리가 즐겨 쓰고 잘 하는 단어이다. 그래서 '그는 **comeback**했다'라는 말을 자주 쓴다. 권투선수가 링에 컴백하든, 가수가 무대에 컴백하든, 우리는 '재기하다'하는 의미보다 '돌아오다'의 개념으로 자주 쓴다.

그래서 미국 Talk Show(토크쇼)에 보면 **He attempted to make a comeback**(그는 재기를 노렸다)라는 표현이 나오는데 여기서 **make + comeback**은 동사형으로 '재기하다, 재기하려고 힘쓰다'이다.

무대배우로 '재기하다'는 **make a comeback as a stage actor**라고 하면 된다. 참고로 자동사형은 **resurge**는 '소생하다, 재기하다'이고 **resurgence**는 명사형으로 '재기, 부활'이다.

유사 표현 문장

- **He decided to gain his feet again.** 그는 재기하기로 결심했습니다.
- **He would have comeback sooner if he had found a script he likes.** 그가 마음에 드는 영화가 있었다면 보다 빨리 활동을 재개했을 것이다.
- **She declined in popularity for a bit but then resurged around 2014.** 그녀는 잠시 인기가 떨어졌다가 2014년에 다시 인기를 회복했다.
- **He tried to gain his feet but in vain.** 그는 재기를 위해 노력했지만 허사가 되었다.

Conversation

A) **What is he doing nowadays?**
그 사람 요즘 뭘 하나요?

B) **He is trying to gain his feet again as I know.**
제가 알기로는 그 사람 재기하려고 힘쓰고 있습니다.

A) **I expect he can be the 'comeback player of the year.'**
그가 '올해의 재기 선수'가 되었으면 좋겠습니다.

쉬면서 알고 가는 영어표현

L

Let it be! 그렇게 되도록 두지요.

Let me see… 자 어떻게 된 건지 보자.

Let me think about it. 그것에 대해서 좀 생각해봅시다.

Let's give him a big hand. 그에게 큰 박수를 보냅시다.

Let's call it a day. 오늘은 이것으로 마칩니다.

Let's eat out. 자, 외식하지요.

Let's get down to business. 이제 일을 시작하지요.

Let's get together sometime. 언제 같이 모여 보지요.

Let's go over it one more time. 자 한 번 더 살펴보지요.

Let's see. 좀 봅시다.

Let's split the bill. 나눠서 내지요.

Let's try. 한 번 해보지요.

Look who's here. 아니 이게 누구야.

Lucky you! 자네 운이 좋았어.

M

Make a way! 길을 비켜주세요.

Make mine well done. 내 것은 잘 익도록 해줘요.

Make that two, please. 그것을 2개로 해주세요.

색깔 있는 영어

- red-hot 작열하는, (감정이) 격렬한, (정보, 소식 등이) 최신의 · see red 몹시 화를 내다
- red tape 불필요한 격식 · red line (협상 등에서 양보나 용납할 수 없는) 마지막 선

일상생활에 자주 사용되는 영어 표현들입니다.

Make yourself at home. 집처럼 편하게 하세요.

Many thanks in advance. 미리 감사드려요.

Many thanks. 정말 고마워요.

May I interrupt you? 제가 좀 실례를 해도 될까요?

Maybe. 그럴지도 모르지요.

Maybe not. 그렇지 않을지도 모르지요.

Maybe some other time. 다른 때 해보자구요.

Me, too. 나도 그래.

Money talks. 돈이 만사를 좌우해.

Most likely. 아마도 그럴 겁니다.

My pleasure. 제 기쁨입니다.

N

Never better. 아주 좋아요. 최고에요.

Never mind. 신경 쓰지 않아도 되요.

Never say die. 죽는다는 소리 마라.

Never too late. 언제나 늦지 않습니다.

Next time. 다음번에.

Nice meeting you. 만나서 반가워요.

색깔 있는 영어

- red-faced(화가 나거나 당황해서) 얼굴이 붉어진 · blood-red 핏빛의 · red-blooded 혈기왕성한
- red carpet treatment 극진한 예우

163 I feel I am spinning my wheels with my English!

대박영어

난 영어가 늘지 않고 제자리걸음인 것 같아요!

'(실력이) 늘었다'를 영어로 어떻게 표현해야 할까? '좋아지고 있다'는 **better** (비교급)을 쓴다. 그래서 'A가 B보다 좋다'라고 한다면 **A is better than B**라고 한다. 또한 '너의 영어가 좋아지고 있다'는 **getting better**를 써서 **I think your English is getting better**라고 하면 된다.

'가족이 늘었다'는 **increase**를 써서 **Her family increased**를 쓰고, '지출이 늘고 있다'는 **Expenditure are swelling**이라고 한다. '체중이 늘다'는 **gain weight**를 쓰는 것도 잊지 말자. '체중이 줄다'는 **lost weight**다. 하지만 '능력' 늘었다고 할 때에는 **improve**를 쓴다는 것을 숙지할 필요가 있다.

다시 말해서, '당신 영어가 많이 늘었군요'라고 한다면 **Your English is very improved**라고 하면 된다. Improve에는 동사형으로 '개선되다, 나아지다, 향상시키다'의 뜻이 있기 때문이다. 반대의인 경우인 '나빠지고 있다'는 **getting worse**를 쓰지만, '제자리걸음'인 경우는 위의 표현처럼 **be + spinning one's wheels with ~**를 쓰는 것이다.

Spinning wheel 은 '물레'인데 '제자리걸음'과 왜 관련이 있는지는 그리스 신화를 참조하시라.

유사 표현 문장

○ **I need to improve my English.** 난 영어를 향상시켜야 한다.
○ **The system is on the improve.** 시스템은 개량 중이다.
○ **Do you want to improve your English?** 영어를 향상시키고 싶은가요?
○ **I am spinning my wheels at work.** 직장에서 승진도 안 되고 영 발전이 없어요.

Conversation

A) **I feel I am spinning my wheels with my English.**
제 영어가 제자리걸음인 것 같아요.

B) **Try to think in English all the time.**
항상 영어로 생각하도록 해보세요!

A) **Is that a short-cut to improve my English?**
그게 영어 실력을 끌어올리는 지름길일까요?

164 That's your duty as a son!
Epic English

그게 자식으로서 해야 할 일입니다!

'도리를 지키다'는 영어로 **do what's right**이다. 우리는 '도리'하고 하면 **duty**를 쓴다. **That's your duty as a team-mate.**(그것이 팀 동료로서 네가 할 도리야.) Duty 이외에 **right**에도 '권리', '도리'의 뜻이 있다. '~에 대한 권리가 있다'라고 한다면 **I have the right to** + 동사원형을 쓰곤 한다. 예) **I have the right to study here.**(난 여기서 공부할 권리가 있습니다.) 하지만 **right thing to do** 하게 되면 '올바르게 해야 할 일'의 뜻으로, 의역한다면 '도리'의 뜻이 된다. **In reason** 역시 '이유'의 뜻도 있지만 '도리'의 뜻도 포함되어 있다. 그래서 **I am willing to do anything in reason**이라고 하면, '도리에 맞는 일이라면 무엇이든 하겠습니다'가 되는 것이다.

도리와 가장 비슷한 단어로는 '의무'가 있다. 이것의 영어 단어로는 **obligation, duty**가 있다. '책임에 따른 도리'는 **responsibility**나 **liability**이다. 그래서 **It's my duty to report to the police**라고 하면 '그것을 경찰에 알리는 것이 내 의무이다'가 되고, **You're under no obligation to buy anything**이라고 하면 '당신이 무엇을 구입해야 할 의무는 없습니다'이다.

As 는 '~처럼, ~같이'의 뜻으로 명사 앞에서 쓰인다. 또한 '~으로'의 뜻도 있어 **do as a son**이라고 하면 '자식으로써 ~의' 뜻이 되는 것이다.

유사 표현 문장

- **What's the right thing to do as a teacher?** 선생님으로서 해야 할 도리가 뭔가요?
- **That's the right thing to do as a husband.** 그것은 남편으로 해야 할 도리입니다.
- **I didn't know it was mandatory.** 그게 의무인지는 몰랐습니다.
- **I am under obligation to tell nothing but truth.** 나는 오직 사실만을 말해야 할 의무가 있습니다.

Conversation

A) I am trying to make a phone call to my parents as often as possible.
저는 가능한 자주 부모님께 전화 드리려고 노력합니다.

B) That's your duty as a son.
그게 자식으로서 올바른 도리죠.

A) What's your obligation as a father?
아버지로서 당신의 의무는 뭔가요?

165 I want to do something as best I can!

대박영어 전 제가 잘 할 수 있는 것을 하고 싶습니다!

'최선을 다해라'는 영어로 **Do your best**이다. 초등학생도 다 아는 문장이다. **Best**는 형용사로서 '최상의, 최고의, 제일 좋은' 등의 뜻이 있다.

Good의 비교급은 **better**이고 최상급은 **best**이다. 그래서 **We're hoping for better weather tomorrow**라고 하면 '내일은 날씨가 더 좋아지기를 바란다'이고 **best**를 써서 **It's the best weather today**하고 하면 '오늘이 최고의 날씨이다'가 된다. 예) **That's the best movie I've ever seen**. (저건 내가 본 영화 중 최고다.) 그래서 우리는 가장 친한 친구를 이야기할 때 **best friend**라고 하지 않는가? 그래서 '네가 가장 잘 할 수 있는 것을 해라!'하고 할 때에는 **Just do it as best you can!**이라고 하는 것이다. 여기서 **as best you can**은 '네가 가장 잘 할 수 있는 것'의 뜻이다.

어느 광고에 나온 **Just do it!**이라는 문구를 번역하면 '행동으로 하라, 행동으로 옮겨라' 정도가 될 것이다. **Just do it according to the plan** (계획에 따라서만 행동하라) 도 있다.

또한 **have a go at it**은 '어서 해봐, 서둘러'라는 뜻으로 사용되는 문장이고 **give it a try**는 '한번 해보는 거야'의 뜻이다. 참고로 **be + good at + 명사**는 '~을 제일 잘하는'의 뜻이고 **It's best to + 동사원형**은 '~을 제일 잘 하는 것'의 뜻이다.

유사 표현 문장

- **It's the only thing she's good at.** 그것은 그녀가 유일하게 잘하는 것이다.
- **Then work on your thin layer.** 그럼 당신이 잘하는 것을 하세요.
- **Just do it as best you can.** 당신이 제일 잘하는 것을 하세요.
- **Just do it right now.** 지금 당장 시작하세요!

Conversation

A) **What would you like to do first?**
제일 먼저 무엇을 하고 싶습니까?

B) **Well, I want to do something as best I can.**
제가 제일 잘하는 것을 하고 싶습니다.

A) **Okay, what's your line(specialty)?**
좋아요, 특기가 뭐죠?

166

Epic English

You must learn the art of living.
당신은 처세술을 배워야 합니다.

'적절하게' 또는 '알맞게는' 부사형인 **condignly**가 있고 형용사형은 **condign**이 있다. 그래서 **inflict condign punishment on** ~하게 되면 '적절한 벌을 가하다'의 뜻이 된다. 또한 '적재적소'는 숙어형으로 **The right man in the right place**라고 한다. '알맞은 사람을 알맞은 장소에'의 뜻이니 '적재적소'가 되는 것이다.

예) **They put the right man in the right place.** (그들은 적재적소에 인력을 배치했다.)

They take a lot of trouble to find the right place for the right job. (그들은 인재를 적재적소에 배치하기 위해 무척 힘쓴다.)

하지만 '처세술'은 다르다. '처세술'은 영어로 **the art of living**이라고 하든지 아니면 **the secret of success in life**, 그리고 **one's way of living**, 마지막으로 **how to get on in the world** 등이 있다. 이 숙어들 전부다 '처세술'의 뜻을 가진 숙어형들이다.

또한 '임기응변'은 **I'll play it by ear**라고 하고 '상황껏 ~하다'는 **do according to the situation**을 쓴다. 그래서 **I'll answer the question according to the situation**이라고 하게 되면 상황에 따라 '대답(답변)하겠습니다'가 된다.

유사 표현 문장

○ **She acts like according to the situation.** 그녀는 상황껏 행동해요.
○ **Don't work like scratch the surface.** 형식적으로 일하지 마세요.
○ **We'd want to do it properly, wouldn't we?** 우리 이것을 적절하게 하고 싶어요.
○ **I think you need the art of living.** 제 생각에 당신은 처세술이 필요합니다.

Conversation

A) **What's so bad about being adequate?**
적절하게 되는 것이 왜 나쁜 겁니까?

B) **Anyway, you must learn the art of living.**
어쨌든 당신은 처세술을 좀 배워야 합니다.

A) **It's not an easy task for me.**
저한텐 쉽지 않은 과제입니다.

167 I have a problem of ~ing!

대박영어 저는 ~에 문제가 있습니다.

'내 코가 석자입니다'라고 할 때에는 **I have enough problem of my own**이라고 한다. 즉, '내가 가지고 있는 문제만으로도 충분하다'이니 결국 '이것이 내 코가 석자입니다'가 되는 것이다. 생각해보라. '이판사판 입니다'를 한국식으로 영작하려면 막연하기 짝이 없다. 하지만 미국인들은 이런 경우에는 바로 이렇게 표현하곤 한다. **There is nothing that I can do now!** 즉, '지금 내가 할 수 있는 것은 아무것도 없습니다'이다.

'난 돈 빼면 시체 입니다'를 영작해보자. 영어에 일가견이 있는 사람이라도 이것을 쉽게 영작하지 못한다. 문제는 '시체'라는 단어에서 생각이 막히기 때문이다. 이럴 때는 **I have nothing but money!**라고 하면 된다. 즉, '가진 것이 아무것도 없다, 을 빼면 ~'이다. '시간밖에 가진 것이 없다'라고 한다면 **money** 대신에 **time**을 쓰면 될 것이다. **Problem**에는 명사형으로 '(다루거나 이해하기 힘든) 문제'의 뜻이 있고 **trouble** 역시 명사형으로 '애, 문제, 곤란, 골칫거리' 등의 뜻이 있다.

그래서 **trouble spot**이라고 하면 '분쟁다발지역'이 되고 **look for trouble**은 우리가 잘 아는 '사서 고생을 하다(화를 자초하다)'의 뜻이 된다.

또한 **trouble**은 '고생'의 뜻이 있어 **Thanks the trouble**이라고 하면 '수고하셨습니다'가 되고 **It was worth the trouble**이라고 하면 '고생한 보람이 있었다'가 되는 것이다.

유사 표현 문장

- **This work is worth the trouble.** 이 일은 노력을 들일만 하다.
- **I don't want any trouble at work.** 더 이상 직장에서 문제가 없었으면 한다.
- **It's always a problem this time of the year.** 이맘때쯤엔 항상 골칫거리지.
- **Pollution will be a very big problem in the future.** 미래에는 공해가 아주 큰 문제가 될 것입니다.

Conversation

A) **I have a problem of studying English.**
영어공부 하는데 문제가 있습니다.

B) **What's the matter with you?**
무슨 문제인데요?

A) **I feel shy whenever I meet foreigners.**
외국 사람을 말날 때마다 수줍음을 느낍니다.

168

Epic English

It's time to get myself sort out!
이제 마음의 정리를 해야 할 때입니다!

'~해야 할 때입니다'는 무조건 It's time to + 동사원형이다. 예를 들어 '지금은 돈을 저축해야 할 때입니다'라고 한다면 It's time to save the money가 된다. 또한 '집에 갈 시간입니다'라고 할 때에도 It's time to go home이라고 한다.

'정리하다' 즉, '정리'의 뜻을 가진 표현들을 살펴보자. '정리'라고 다 단어가 같은 것은 아니다. 어떤 정리냐에 다라 다르다. 한국말은 같지만 영어는 그 문장의 쓰임새에 따라 각기 다른 표현이 있다. 먼저, '서류 등을 정리'할 때에는 **arrangement**를 쓰고, '교통 등을 정리'할 때에는 **control traffic**을, '재고정리'를 할 때에는 **clear out stock**을, '통장 등을 정리'할 때에는 **update one's bankbook**, '인원정리'는 **perform personal reduction**, '점포정리 세일'은 **have a clearance sale**, '책상이나 방을 정리'할 때에는 **clean up**을 쓴다.

Arrange는 '정리하다'의 대표적 단어이다. 그래서 **The book are arranged alphabetically by author**라고 하면 '책들은 저자 이름 알파벳 순으로 정리되어 있다'. 우리는 흔히 약속을 잡을 때도 **arrange**라는 단어를 쓴다. **Can I arrange an appointment for tomorrow?** (제가 내일 약속을 잡을 수 있을까요?) 그래서 **arrange for**라는 숙어는 '준비하다, 계획을 짜다'이고 **arrange with**는 '결말짓다, 해결하다, 합의하다'이다. 예) **arrange with a person for (about)** '~에 관해 ~와 합의보다'.

유사 표현 문장

○ **We must arrange a time.** 우리는 시간을 조정해야 합니다.
○ **Have you arranged to meet her?** 그녀와 만나도록 주선해 놓았나요?
○ **We'll meet them as arranged.** 우리는 정해진 시간대로 그들을 만날 것입니다.
○ **I've arranged that we can borrow that car.** 우리는 그 차를 빌릴 수 있도록 주선해 놓았습니다.

Conversation

A) **Is anything wrong? You look worried!**
무슨 문제가 있나요? 걱정이 있는 표정이군요!

B) **It's time to get myself sort out!**
이제 마음을 정리해야 할 때입니다.

A) **I always stands on your side.**
전 언제나 당신 편입니다.

I'll be the judge of that.
그것은 내가 판단합니다.

Be the judge는 숙어형으로 '판단하다'이다. 그래서 '의뢰인'이라는 영화를 보면 Let me be the judge of that, OK?라는 말을 한다. 그것은 '내가 판단한다'의 뜻이다. I'll 대신에 Let me를 썼을 뿐이다. Judge는 명사형으로 '판사, 심사'의 뜻이 있고, 동사형으로는 '판단하다, 여기다'의 뜻이 있다. Judgment 역시 명사형으로 '판단, 심판', 감정, 평가' 등의 뜻을 가졌다. 예) Judge the situation (상황을 판단하다.) An error of judgment. (판단착오.)

Don't judge a man by his appearances는 '외모로 사람을 판단하지 마십시오'이다. Make a hasty conclusion. (경솔하게 판단하다.)도 있다. 여기서 conclusion은 judgment와 함께 자주 쓰이는 '결론, 판단, 결말' 등의 뜻을 가진 명사이다. 그래서 Don't jump to the conclusion은 '성급하게 결론을 내리지 마시오!'이다. 다시 말해, '넘겨 집지 마시오'의 뜻도 되는 것이다. Judge 대신에 tell이라는 단어도 자주 쓰이는데 Nobody tell right or wrong about that이라고 하면 '그 누구도 그것에 대해 옳고 그름을 판단할 수 없다'이다. Make out 역시 숙어형으로 '파악하다, 알아보다'의 뜻을 가진 숙어이다. 예) I can't make out what's what. (뭐가 뭔지를 모르겠네요.)

유사 표현 문장

- **They judge a person by his looks.** 그들은 사람을 용모로 판단합니다.
- **We must read future in the now.** 우리는 현재를 미루어 미래를 판단해야 합니다.
- **Judge a person to be an honest man.** 누군가를 정직한 사람으로 판단하다.
- **As far as I can judge, all of them are to blame.** 내 판단으로는 그들 모두가 책임이 있다.

Conversation

A) **We must think twice before we go there.**
거기 가기 전에 한 번 더 생각해야 합니다.

B) **No worry, I'll be the judge of that.**
걱정 마세요. 그건 내가 판단합니다.

A) **We're still two players shy.**
아직 선수가 두 사람 부족하다구요.

170

Epic English

Since when are you a man of studying huh?
네가 언제부터 그렇게 공부공부 했냐?

Since when you're the man who study hard?라고 하면 '네가 언제부터 그렇게 공부를 열심히 했냐?'라는 뜻으로 결국 '네가 언제부터 공부공부 했냐?'의 뜻이다.

A man who + 동사원형은 '~하는 사람'의 뜻이다. 그래서 I hate a man who talks, no action이라고 하면 '나는 말로만 하는 사람은 정말 싫다'의 뜻이다. 여기서 잠시 since와 from의 차이점을 살펴보자. 먼저 since는 과거에서 현재까지 진행형일 때 쓴다. 그래서 어느 회사에 가거나 커피숍에 가면 since 1963이라고 씌어 있는데 이는 1963년부터 현재까지를 의미하는 것이다. From은 ~로부터 이이 끝난 기간을 의미할 때 쓴다. 예) He was at hospital from last month to yesterday. (그는 지난달부터 어제까지 병원에 있었다.) 이처럼 since와 from에는 상당한 차이가 있다. 이것을 정확하게 이해할 필요가 있다.

평소에는 일이라면 수박 겉핥기식으로 하던(scratch the surface) 사람이 그날따라 특별히 강조하면서 '열심히 일합시다'라고 한다면, Oh my god! That will be the day. '그것 참 해가 서쪽에서 뜰 일이네', Since when are you a man of working hard!이라고 하면 된다. 또한 '언제까지 그렇게 시비조로 나올 거야?'라고 할 때에는 How far are you tackling that?이 있다. 기간을 물을 때는 보통 How long have you been ~ing를 쓰는 것이 일반적이다. 참고로 Stop sarcasting me라고 하면 '비꼬지 마세요!'이고 You're pulling my leg!이라고 하면 '나를 가지고 노시는군요!'의 뜻이 된다. You manipulate me와 같은 뜻이다.

유사 표현 문장

- Since when are you two friends? 너희들은 언제부터 친구가 되었니?
- Since when are you avoiding her? 언제부터 그녀를 피하고 있니?
- Since when are you studying like that? 언제부터 그런 식으로 공부했니?
- Since when are you cheating on the test? 언제부터 시험칠 때 부정행위를 한 겁니까?

Conversation

A) We have to study first. It's not a time to play like this.
우리는 공부를 먼저 해야 해. 그렇게 놀 때가 아니라고.

B) Hey, since when are you a man of studying huh?
야, 네가 언제부터 그렇게 공공공부 했니?

A) This exam could be a turning point of our life.
이번 시험이 우리 인생에 전환점이 될 수도 있다구.

171 I loved you without art!

대박영어

나는 당신 있는 그대로를 사랑했어요!

사랑에는 세가지 종류가 있다고 한다. 그 첫 번째가 종교적인 사랑인 아가페(**Agape**), 두 번째가 부모자식 간의 사랑인 팔리아(**Palia**), 세 번째가 젊은 남녀 간의 사랑닌 에로스(**Eros**)다.

영어공부를 하는 대다수의 사람들이 아직은 구분하지 못하는 것이 있는데 그것이 **girl friend** 와 **female friend**의 차이다. **Sex**(성)가 다른 친구는 **girl friend**가 될 수 없다. 그러므로 여자끼리 서로 친구라고 할 때는 **female friend**라고 해야 하고, 서로 연인관계일 경우에만 **girl friend**라는 단어를 사용한다.

'사랑은 주고받는 것이다'는 **Love is two way street**라고 하며, '짝사랑'은 **one side love**이다. '삼각관계'는 **love triangle**이라고 한다. '첫사랑'은 **first love**나 **puppy love**라고도 한다. '당신이 처음이자 내 마지막 사랑입니다'라고 한다면 **You're my first and last lover**라고 하면 될 것이다.

'당신 그대로를 사랑합니다'는 **I love you the way you are**라고 하거나 위의 표현처럼 **I love you without art**라고 한다. 여기서 **art**는 '예술'이 아니라 '인공적인 것'이라는 의미가 있다. **I like her smile without art**. (저는 그녀의 꾸밈없는 미소를 좋아합니다.) '당신 없이는 살 수 없습니다'는 **I can't live without you!** 가 되고, '저 사람들은 무늬만 부부입니다'라고 할 때에는 **They are man and wife in name** 이라고 한다. 여기서 **in name**은 '무늬만'의 뜻이다. 형식적으로 혹은 '형식적인'의 의미로 쓸 때에는 **out of respect**를 쓴다. 예) **I must go there out of respect**. (형식적이라도 거기에 가야 합니다.)

유사 표현 문장

- **She stood me up last night**. 그녀에게 어젯밤에 바람을 맞았어요.
- **She is playing hard to get!** 그녀는 너무나 튕겨요!
- **He is crazy about her**. 그 사람은 그녀에게 미쳤어요. (**He got crush on her**)
- **No one can live without love**. 사랑 없이 살 수 있는 사람은 없습니다.

Conversation

A) **I don't understand your attitude nowadays!**
요즘 당신의 태도를 이해할 수가 없어요.

B) **Look! I loved you without art, but….**
이것 봐! 너의 있는 것 그대로를 사랑했었어. 그러나…

A) **Did you change your mind already?**
이미 마음을 바꾼 건가요?

172 Epic English

I saw it coming!
내 이럴 줄 알았다!

단어를 많이 알고 있어도 생활영어 회화에 약한 사람들이 있다. 가능한 관용어 표현을 많이 익히고 활용하는 것이 문제 해결의 지름길이다.

위 문장을 보자. I saw it coming. '그것이 오는 것을 보았다'이다. 말 그대로 해석하기보다 유추해석이 필요한 문장이다. 결국 '내 그럴 줄 알았다!'가 되는 것이다.

It's an open and shut case라는 문장도 있다. '그것은 불 보듯 뻔한 겁니다'인데 그들은 '문이 열리고 닫히는 경우'라고 표현한 것이 우리와 다른 점이다.

It serves you right 역시 관용어 표현으로 '꼴좋다, 고소하다'의 뜻인데 주로 상대방을 비하할 때 쓰이는 표현이다. Serve는 '제공하다, 섬기다, 봉사하다'의 뜻이어서 serve at dinner라고 하면 '만찬의 시중을 들다'의 뜻이 되겠지만 first come first served하고 하면 '선착순'이 된다. 이 표현은 미국 신문에서도 자주 등장하는 표현으로 '선착순으로 sale(판매)한다'라고 할 때 주로 쓰인다. Serve the town with gas. (도시에 가스를 공급하다.) 여기서 serve는 공급의 의미로 쓰였다.

유사 표현 문장

- **Seeing is believing.** 보는 것이 믿게 하는 것이다. 백문이 불여일견.
- **See one and you've seen them all.** 하나를 보면 열을 알 수 있다.
- **Look, what did I say?** 그것 봐, 내가 뭐라고 했어요?
- **I can't see her as an actress.** 그녀가 배우가 되다니 상상할 수 없는 일이다.

Conversation

A) He lost all his fortune in gambling.
그는 전 재산을 노름으로 날렸어요.

B) See! I saw it coming.
그것 봐, 내 그럴 줄 알았다니까!

A) Like father, like son.
부전자전인거죠.

173 대박영어

Stay hungry, stay foolish! I have always wished that for myself.
항상 내 자신에게 되뇐다. 만족하지 말고 계속 정진하라!

한 때 모든 젊은이들에게 동경의 대상이었던 스티브 잡스! 그는 결국 암으로 세상을 떠났지만 수많은 명언을 남겼다. 그것들 중 하나가 **Stay hungry, stay foolish**이다. '계속 배고파하고 계속 바보같이 생각하고 살아라!'는 뜻으로 '상황이 좀 좋아졌다고 만족하지 말고 계속 정진하라'는 뜻으로 한 말이다.

미국 영화에 가장 많이 등장하는 명언 하나를 들라고 한다면, **If you say yes, stay yes**가 있다. '오늘은 **yes**했다가 내일은 **no**하지 말라'는 뜻으로 '마음 변하지 말라'는 뜻이다. 물론 **change**를 써서 **Don't change your mind, OK?**라고 해도 될 것이다. 하지만 뭔가 확답을 받고자 원하거나 강조를 의미할 때는 **If you say yes, stay yes** 라고 한다.

또한 팝송에 자주 쓰이는 **Are you gonna go back on your word?**라는 말은 '한 입으로 두 말 하겠다는 겁니까?'이고 **I'll give you my word**는 '내 말 내가 보장합니다'이다. **If you have crooked mouth but you must tell the straight**라는 표현도 '입은 삐뚤어져도 말은 똑바로 하세요!'로 우리가 일상생활에서 자주 쓰는 표현이다.

Stay를 우리가 막연히 '머무르다'의 뜻으로만 이해한다면 자칫 영어공부를 할때 곤란을 겪을 수 있다. '남아있다, 계속 ~하다'의 의미도 있음을 고려해야 영어를 잘 할 수 있다.

유사 표현 문장

- You stay angry so long about trifles. 사소한 일에 너무 오랫동안 화를 내고 있군요.
- Please stay for supper. 천천히 계시다가 저녁도 드세요.
- When my minds made up, it stays made up. 단 한번 결정하면 절대로 변심하지 않습니다.
- I hope peace will come to stay. 평화가 영원히 지속되었으면 좋겠습니다.

Conversation

A) Stay hungry, stay foolish! I've always wished that for myself.
만족하지 말고 계속 정진하자! 저는 항상 그렇게 제 자신에게 되뇝니다.

B) It's very hard to do that!
그렇게 한다는 것은 대단한 것입니다.

A) If I say yes, stay yes.
마음 변하지 않겠다는 거죠.

174

Epic English

I don't incite you to fight.
난 네가 싸우라고 부추기지 않는다.

영어공부를 하다 보면 **make**라는 사역동사가 얼마나 자주 쓰이는지 알게 된다. **Why?** 대신에 **What makes you ~**가 더 자주 쓰이고 있다는 것도 잘 알 것이다. 그래서 '왜 그리 당신은 늘 바쁩니까?'라고 할 때 **Why are you so busy all the time?**이라고 하기 보다는, **What makes you busy all the time?**이라 쓰고 **Why are you so funny?** 대신에 **What makes you so funny?**라고 하는 것이다.

또한 **make bad blood ~** 라고 하면 '사이를 나쁘게 하다'의 뜻으로 '이간질을 시키다'가 된다. **Don't make bad blood between she and me.** (그녀와 나 사이를 이간질시키지 마라.)

즉 **A good beginning make a bad ending**은 '시작은 좋은데 끝이 안 좋다'라는 말로 우리 식의 '용두사미'에 해당되는 말이다.

'~을 부추기다, 선동하다'는 **incite**라는 단어를 주로 쓴다. 그래서 '싸움을 부추기다'라고 할 때에는 **He incited them to fight**라고 하고 '폭동을 선동하다'는 숙어형으로 **incite a riot**를 쓴다. 또한 '사주하다'의 뜻도 있어 **He was charged with inciting violence**라고 하면 '그는 폭력을 사주한 혐의로 기소되었다'이다. '사주하다, 선동하다'에는 **instigate**도 있다. 예) **They were accused of instigating racial violence.** (그는 인종차별적인 폭력을 부추긴다는 비난을 받았다.)

유사 표현 문장

- **We don't want to incite riots.** 우리는 폭동을 선동하기를 원하지 않습니다.
- **They failed to incite an civil war of that country.** 그들은 그 나라에서 내전을 선동하는데 실패했다.
- **She didn't incite me to fight with them.** 그녀는 내가 그들과 싸우라고 부추기지 않았다.
- **Instigate workers to do on strike.** 노동자를 선동하여 파업을 하게 하다.

Conversation

A) **Why did you fight with them?**
왜 그들과 싸운 거야?

B) **What? You incited me to go there and fight!**
뭐라고? 네가 싸우라고 부추겼잖아!

A) **I didn't mean it. No kidding.**
전혀 그런 적 없어. 농담하지 마.

175

대박영어

You name the time and place!
시간과 장소는 당신이 정하시오!

Name에는 명사형으로 '이름, 성함, 명함' 등의 뜻이 있고 '별명, 닉네임, 애칭, 약칭'의 뜻도 함께 있다. 동사형으로는 '이름을 지어주다, ~라고 부르다, 이름을 붙이다'의 뜻도 있다. 그래서 **How can I call you?** 라고 하면 '당신을 어떻게 부르죠?'인데 이것은 오히려 address를 써서 **How do I address you?** 라고 하는 게 더 일반적이다. 왜냐하면 **address**에는 '주소' 말고 동사형으로 '부르다, ~에게 말을 걸다, 호칭하다'의 뜻도 함께 있기 때문이다. **What shall I call you?** 도 같은 표현, 즉 '당신을 뭐라고 부를까요?' 이다. 영어공부를 할 때에는 그 단어가 명사형으로는 무엇인지 또한 동사형으로는 어떻게 쓰이는지를 알아야 한다. 영화 속 단골표현으로 **I don't want name names**가 있는데 이 말은 '누구인지 거론하고 싶지 않다' 즉, '딱 잘라 누구라고 말할 수 없습니다'이다. 또 **call+someone+names**는 '~를 욕하다'이다. 예) **He is calling me names.** (그가 나한테 욕을 합니다.)

우선 **in name**은 '무늬만', 또는 '이름만'으로의 뜻으로 '우리는 무늬만 (이름만, 서류상으로만) 부부입니다'라고 한다면, **We're man and wife on paper**이라고 한다. 그리고 **by name**은 '이름을 대고, 이름을 써서(이름을 들먹이며)'의 뜻이 있다. **He asked for you by name.** (그가 이름을 들먹이며 당신을 불러달라고 했다.) **I know him by name** 역시 '그 사람 이름 정도만 알고 있다'는 말로 '정확히 잘 아는 사이가 아니다'라는 뜻이다.

유사 표현 문장

○ **You name it, we have everything here.** 말씀만 하세요. 여기 전부다 있습니다.
○ **Please don't forget the time and place.** 시간과 장소를 잊지 마십시오.
○ **What time shall we make it?** 우리 언제 만날까요?
○ **You decide on the time please!** 시간은 당신이 정하십시오!

Conversation

A) **When would it be the most convenient for you?**
언제가 가장 편리하신가요?

B) **You name the time and place.**
시간과 장소는 당신이 정하세요!

A) **I'm hunger to death now. Let's have lunch together, now.**
지금 배고파 죽겠습니다. 지금 저랑 점심 같이 하시죠.

176 Epic English

I will carry out my lover's wish!
나는 내 연인의 희망에 따를 것이다!

단어를 힘들게 외우고 나면 또 기다리는 것이 있다. 숙어다. 숙어란 단어와 단어가 합쳐진 것이다. 즉, 합성어라고 하기도 한다! 단어들이 합쳐지면 뜻이 달라진다. 많은 단어들을 알고 있어도 막상 문장을 만들어서 회화를 하려고 하면 쉽게 되지 않는 이유가 바로 여기에 있다!

예컨대 **carry**를 보자. 이는 동사형으로 '나르다, 들고 있다'의 뜻이다. 숙어형 **carry out**은 '계속 가다, 움직이다'의 뜻이고 **carry in**은 '거두어들이다, 가지고 들어오다'의 뜻이다. 그래서 **If that is not for sale, please don't carry in**하게 되면 '그것을 팔 것이 아니라면 가지고 들어오지 마라!'의 뜻이다.

그리고 **carry over**는 명사형으로 쓰이는데 '잔재, 결과'의 뜻이다. 또한 동사형으로는 '계속 이어지다'의 뜻도 있어 **Attitude learned at home carry over into the playground**라고 하면 '집에서 배운 태도가 놀이터까지 이어진다'의 뜻이다.

여기서 **carry out**은 '수행하다, 이행하다, 따르다'의 뜻이 있다. 그래서 **I'll carry out my plan**이라고 하면, '난 내 계획에 따를 것이다'가 된다. '계획대로'라고 하면 **as my project**나 **as my plan**이 될 것이다.

참고로 **carrying**은 '적재, 운동, 운수'의 뜻으로 자주 우리가 접하는 단어이기도 한다.

유사 표현 문장

- **The man carrying a child just bought a balloon.** 아이를 데리고 있는 남자가 막 풍선을 샀다.
- **Universities carry out a lot of research.** 종합대학은 많은 연구과제를 수행한다.
- **The task is too heavy a burden to carry out.** 그 일은 내가 수행하기에는 부담스러운 짐이다.
- **I always carry [keep] my important papers on my person.** 난 중요한 서류는 항상 몸에 지닌다.

Conversation

A) **No matter what you say, I'll carry out my lover's wish.**
난 당신이 뭐라고 해도 내 연인의 희망에 따를 것입니다.

B) **Okay, okay, good for you!**
그래, 알았어, 알았다고. 어디 잘해봐 그럼!

A) **Stay away from us, please.**
저희한테서 물러나시기 바랍니다. 제발.

177 Don't butt in while others are speaking!
대박영어 다른 사람이 말할 때 끼어들지 마세요!

우리나라 말에 '오지랖이 넓다'라는 말이 있다. 구태여 영어로 표현하자면 여기에 딱 맞는 말이 없다. 하지만 상응하는 표현은 있다. **Be nosy**가 바로 이 단어이고 **interfere** 역시 '나서다, 끼어들다'의 뜻을 가진 단어이니 '나설 때 아니 나설 때 구분 못 한다'에 해당한다.

Meddlesome이라는 단어도 '간섭하길 좋아하는' 혹은 '나서길 좋아하는'의 형용사이다. 그래서 **meddlesome aunt who tries to run the affairs of a family**라고 하면 온갖 집안일을 맡아 보려고 하는 '감초 아주머니'의 뜻이고, 그냥 **She is a meddlesome mother to him**은 '그녀는 그에게 지겹게 참견하는 엄마이다'가 될 것이다. '간섭하다'에 해당하는 표현으로는 **interfere in**, **meddle in**, **butt in** 등이 대표적으로 쓰인다. 그래서 **Don't interfere in other business**라고 하면, '남의 일에 관여하지 마라'인데 우리는 이것을 **None of your business**라고도 알고 있다.

'끼어들다'라고 할 때에는 **cut in**이나 **break into ~** 를 쓰기도 한다. 그래서 **He breaks into a line** 하게 되면 '그는 행렬에 끼어들다'의 뜻으로 '새치기를 하다'가 된다. '개입하다'의 뜻으로는 **intervene**를 쓰는데 **The president intervened personally in the crisis.** (대통령이 직접 그 사태에 개입했다)도 있다. 마지막으로 '관여하다'에는 **be concerned with**나 **involved in** 있다.

유사 표현 문장

- **He is always meddling in other people's affairs.** 그는 쓸데없는 참견을 잘한다.
- **I didn't mean to interfere but**… 참견하려던 의도는 아니었어요. 하지만…
- **How can I explain if you keep butting in?** 네가 자꾸 끼어들면 내가 어떻게 설명을 하겠니?
- **I didn't ask you to butt in my private business.** 당신더러 내 사적인 일에 참견해 달라고 말한 적 없소.

Conversation

A) **Why do you always butt in?**
왜 당신은 항상 불쑥 끼어들어요?

B) **Please don't be that way!**
그렇게 말하지 마세요.

A) **Don't be a back-seat drive.**
이래라 저래라 참견하지 마시라구요.

178

Epic English

Don't forget your original intention!
초심을 잊지 마세요!

세상사 무슨 일을 하든지 끈기가 있어야 성공한다고들 한다. 그 '끈기'가 **backbone**이다. 물론 **patience**라고도 하고 **tenacity** 그리고 **persistence**라고도 한다. **Persistence is the most important.** (끈기야 말로 제일 중요하다.) 하지만 끈기보다 중요한 것이 바로 '초심(初心)'이다. 초심이란 맨 처음 시작했을 때의 마음가짐이다. 성공의 조짐이 보이면 마음가짐이 달라지는 것이 인간사의 상례이다. 하지만 제대로 성공한 사람들은 이 초심을 끝까지 유지한 사람들이다. '초심'이 영어로 뭘까? 위의 문장표현처럼 **Don't forget your original intention**이라고 하면 '초심을 잊지 마세요'가 된다. **Original intention**이 바로 '초심'인 것이다. 여기서 영어 단어 몇 가지를 공부해 보자. 먼저 '열정, 정열'은 **passion, ardor,** 그리고 **fervor**라는 단어를 쓴다. 그래서 **Her passion for learning is amazing**이라고 하면 '그녀의 배움에 대한 열정은 놀랍다'가 된다. 그리고 노력은 **effort, exertion** 그리고 **strive** 등이 있다. 그래서 **We must strive for our dream** 하게 되면 '꿈을 이루기 위해서는 열심히 노력해야 한다'이다. 또한 **will**이나 **will power**는 '의지'이다. 그래서 **We need a will power if we want to succeed**가 바로 '성공을 원한다면 의지가 있어야 한다'이다. '목표'는 뭘까? **Goal**이나 **aim, target** 등이 '목표'이다. **Purpose**나 **objective**도 쓴다. 예) **What is your target this time?** (우리의 이번 목표는 뭔가요?), **What's the main goal of this project?** (이 프로젝트의 주 목표가 뭔가요?) **Don't forget to aim.** (목표를 잊지 마세요.) **Who's the target reader of Epic English?** (대박영어가 목표로 하는 독자는 누구인지요?)

유사 표현 문장

- **She is very faithful.** 그녀는 정말 성실하다.
- **People can always count on you.** 사람들은 너에게 항상 의지할 수 있다.
- **He's got no consideration for others.** 그는 남을 배려하는 게 전혀 없다.
- **I don't want to forget my original intention.** 전 저의 초심을 잃고 싶지 않습니다.

Conversation

A) **Don't forget your original intention whatever you do.**
뭘 하든지 초심을 잊지 마세요!

B) **I'll try to do it!**
저도 그러려고 노력하고 있습니다.

A) **You're such a character!**
당신은 정말 훌륭한 사람입니다!

179 The most important thing is ~ 주어+동사
대박영어 보다 더 중요한 것은 ~

'내가 가장 후회스러운 것은 ~'라고 할 때에는 **You know what I regret the most is** ~ 라고 한다. 그리고 **The only things that ~**는 '오직 ~만 생각한다'이고 **Morality is all that counts**라고 하면 '도덕성이 최우선이다' 즉 '먼저 인간이 되는 것이 제일 중요하다'이다.

이런 표현들은 주로 문장 맨 앞에 위치한다. '내가 살면서 가장 억울한 것은 ~'라고 한다면, **I am so bitter that + S + V** 식이다. 다시 말해서 '내가 살면서 가장 억울한 것은 누구도 사랑하지 않았다는 것이다'를 영어로 말하고자 한다면 **What I am so bitter that I didn't love anybody of my life** 식이 된다.

참고로 '그 사람은 억지를 쓴다'는 **He is trying to make an unreasonable demand**라고 하며, '나도 왕년에는 ~'는 **In the pride of my year** ~ 이다. 또한 '감히 말하건대 ~'는 **I dare say** ~ 라고 하고, '넌 ~ 하는 경향이 있다'는 **You tend to + 동사원형**을 쓴다. 예) **You tend to look down on prople.** (넌 사람을 경시하는 경향이 있다.)

또한, **When I am riding high** ~는 '나도 잘나갈 때에는 ~'의 뜻으로 사용되며, '가장 신기한 것은요 ~'는 **the most unusual thing is that + 주어 + 동사** 식이다. 그리고 '~하는 것이 약간의 의외입니다'는 **I am kind of surprise + S + V** 식을 쓴다. 예를 들어 '당신이 영어공부를 한다는 것이 의외입니다'라고 한다면 **I am kind of surprise that you're studying English**라고 하면 된다.

유사 표현 문장

○ **She blurted out that she wanted to go!** 별안간 그녀가 가고 싶다고 했다.
○ **Practically speaking, it is impossible.** 현실적으로 말해서 그건 불가능합니다.
○ **I tried to laugh it off but I couldn't.** 웃어넘기려고 했었지만 그럴 수가 없었어요.
○ **When push come to shove, I'll let you know.** 결정적일 때가 오면 제가 알려드릴게요.

Conversation

A) **The most important thing is that we must try to do our best first.**
보다 더 중요한 것은 일단 먼저 최선을 다하는 것입니다.

B) **Yes, I feel the same way!**
네, 저도 그렇게 느끼고 있습니다.

A) **I know there is no black and white solution but**…
명백한 해결책이 없다는 걸 알지만…

180 I don't want to provoke him!

Epic English

그를 화나게 하고 싶지 않습니다!

Provoke는 동사형으로 '~반응을 유발하다, 화나게 하다, 짜증나게 하다' 혹은 '도발하다'의 뜻이 있다. 그래서 That announcement provoke a storm of protest하고 하면 '그 발표는 거센 항의를 유발했다'가 된다. 한때 우리나라에서 유명했던 영화 가운데 '구타 유발자'라는 작품이 있었다. 그렇다. '~을 유발하다'는 provoke라는 단어를 쓴다. 그러므로 결국 어떻게 해석하느냐에 따라 '선동하다'의 뜻도 있는 것이다. 숙어형인 provoke a riot이 바로 '폭동을 선동하다'의 숙어형이다.

'생트집을 잡다'는 Stop riding me(생트집 잡지 마라), 유사한 표현으로 Stop distracting me(정신 산만하게 하지 마라), Stop making me nervous(나를 자꾸 불안하게 하지 마시오)도 있다.

여기서 모든 문장의 공통점은 stop 다음에 ~ing가 온다는 것이다. '나에게 ~을 그만 하세요'라고 할 때에도 stop making me ~이다. 예) Stop making me laugh (나 좀 그만 웃겨요), Stop smoking (담배 좀 그만 피우세요), Stop sarcasting. (그만 비꼬시지요.)

또한, '~을 유발하다'의 경우, arouse one's interest하게 되면 '흥미를 유발하다'가 되고 arouse jealousy는 '질투심을 유발하다', arouse one's curiosity는 '호기심을 유발하다'가 된다. 예) It arouse my curiosity. (그것은 나의 호기심을 유발한다.)

유사 표현 문장

- **Her strange behavior aroused our suspicions.** 그녀의 이상한 행동이 우리의 의심을 불러 일으켰다.
- **Do not arouse any public attention.** 세간의 주의를 끌지 마세요.
- **He provokes my anger.** 그는 나를 화나게 했다.
- **That will be able to arouse a disease.** 그것을 질병을 일으킬 수도 있다.

Conversation

A) **Why you never talked to him anything?**
왜 당신은 그와 전혀 이야기를 안 하는 겁니까?

B) **I don't want to provoke him.**
그를 화나게 하고 싶지가 않습니다.

A) **Is there any misunderstanding between you and him?**
당신과 그 사람 사이에 어떤 오해가 있나요?

쉬면서 알고 가는 영어표현

N

No kidding. 설마 농담이겠지.

No problem. 문제가 아니에요.

No sweat. 문제없어요.

No way. 절대 안 돼요.

No wonder. 어쩐지 그렇더라.

Not a chance. 기회가 없어요. (절대 안 돼지요)

Not bad. 나쁘지 않은데요. (그런대로 좋군요)

Not really. 그렇지는 않아.

Not too good. (Not too bad.) 썩 좋지가 안네요. (썩 나쁘지 않네요.)

Nothing much. 별거 없어.

Nothing new. 새로운 것은 없어요.

Nothing new about that. 그것에 대해서 새로운 게 없어요.

Now what? 자 이제는 뭐죠?

Now you are talking. 이제야 바르게 말을 하시는군요.

O

Occupied. 사용중.

Oh, dear! 아니 저런.

Okay. 그래. 알았어요.

색깔 있는 영어
- red herring 관심을 돌리는 것
- red ink 손실, 적자
- red ass 안달복달
- code red (매우 심각한 위기) 경고

일상생활에 자주 사용되는 영어 표현들입니다.

P

Okeydokey. (가까운 사이에서만 사용) 좋아요.

On the contrary. 반대로.

Once in a blue moon. 아주 가끔요.

Ouch! 아야.

Out of question. 질문의 여지가 없습니다.

Pick it up! 주우세요.

Please enjoy yourself. 좀 즐겁게 지내세요.

Please relax. 좀 느긋해 지세요.

Please! 제발.

Poor thing. 가엾게.

Pretty good! 정말 좋지요.

R

Really? 정말이에요?

Relax. 좀 느긋해져요.

S

Same here. 저도 동감입니다.

Same to you. 당신도요.

Say cheese! 치즈라고 말하세요.

Say hello for me. 나 대신 안부 전해줘요.

색깔 있는 영어

- yellow fever 황열병
- yellow Pages 업종별 전화번호부
- yellow ribbon 옐로우 리본(병사의 무사귀환을 비는 상징)
- yellow dog 잡종견, 인간 말종

우보현·장원재의 대박영어 ❷ 221

181

대박영어

I begin to sing and the rest people chimed in.
내가 노래를 부르기 시작하자 나머지 사람들도 덩달아 불렀다. (맞장구를 치다)

It takes two to tango라는 것은 '같이 탱고를 추다'의 뜻도 있지만 '맞장구를 치다'의 뜻도 함께 있다. 그래서 **Why do you take two to tango?**라고 하면 '넌 왜 맞장구를 치는 거니?'가 되는 것이다. 또한, **As they say, it takes two to tango!**라고 하면 '항간의 이야기로는 손바닥도 마주쳐야 소리가 난다는 말이 있다'이다. 또한, **It takes two to tango - managers and shareholders**라고 하면 '경영진과 주주 모두 책임이 있습니다'가 된다. 이런 것이 바로 영어회화의 맥이다. 어떻게 하면 영어회화를 잘할까? 라고 고민하는 분들이 많은데 그 방법은 간단하다. 최대한 많은 표현을 숙지하고 내 것으로 만든 뒤 다채롭게 응용하면 유창한 영어회화가 가능하다.

Chime은 동사형으로 '종이나 시계가 울리다' 혹은 '시간을 알리다'의 뜻이 있다. 명사형으로는 '테두리, 가장자리'의 뜻이다. 하지만 **chime in**하게 되면 '~에 끼어들다, 맞장구를 치다'의 뜻도 함께 있다.

숙어형인 **chime in with ~**는 '~의 대화에 끼어들다, 맞장구를 치다'이다. 그래서 **He kept chiming in with his own opinion**하게 되면, '그는 자기 의견을 내세우며 계속 끼어들었다'가 되고, **She chimed in with us!**하고 하면 '그는 우리에게 맞장구를 쳤다'가 된다. '맞장구를 치다'에는 **obligingly assent**도 있다.

유사 표현 문장

○ **I know you're trying to play up to me.** 네가 나한테 아부(맞장구) 하는 것 다 알아!
○ **She chimed me all the time.** 그녀는 항상 나의 말에 맞장구를 쳤다.
○ **He kept agreeing enthusiastically with what she was saying.** 그는 그녀의 이야기에 열성적으로 계속 맞장구를 쳤다.
○ **There is a murmur of appreciative laughter.** 맞장구치는 웃음이 여기저기서 터져 나온다.

Conversation

A) **I begin to sing a song, she chimed in.**
내가 노래를 부르기 시작하자 그녀가 맞장구를 쳤습니다.

B) **Are you being honest?**
그게 사실인가요?

A) **You can't imagine it, uh?**
상상하기 어려운 일이지요, 그렇죠?

182

Epic English

I feel irritating by the way he works.
그 사람이 일하는 것 보면 정말 답답합니다.

'~하는 것 보면 속이 터진다' 혹은 '맘에 안 든다'라는 표현이 있다.

'속이 터진다, 마음에 들지 않는다'는 비교적 어렵지 않게 표현이 가능하지만 '~하는 것을 보면 ~'을 영어로 표현하라고 하면 뭔가 개인차가 많다. 정확하게 어떻게 해야 하는지 모르기 때문이다.

I feel irritating이 '답답하다'이고 그 뒤로 **by the way he talks**는 '그가 말하는 것'. **by the way he drives**는 '그가 운전하는 것'이다.

이와 같은 문장을 보면 보다 쉽게 이해가 되지 않을까 생각한다. 가령, '네가 먹고 놀 때 난 열심히 일을 한 사람이야 불평하지 마!'라고 한다면, **Don't complain me, the day you play with girl I worked hard**이다. 여기서 **the day** '~하던 시간에' 혹은 '~하던 때에'가 된다. 순서가 다르고 표현이 다른데 자꾸 한국식으로 문장 끼워 맞추기 식만 고집하면 유창한 영어를 할 수가 없다.

그렇다면 이 문장은 어떻게 해석해야 할까? **The guy who came here last night had a car accident!** '그 사람, 어제 저녁에 여기 왔던, 차 사고를 당했다'이니 결국 '어제 저녁에 여기 왔던 사람이 차 사고가 났다'가 된다.

유사 표현 문장

- **I feel very angry by the way she acts.** 그 여자 행동하는 걸 보면 정말 화난다.
- **I feel very scare by the way he drives motorbike.** 그 사람 운전하는 거 보면 정말 무섭다.
- **I feel frustrated by the way he speaks English.** 그 사람 영어 하는 거 보면 답답해 미치겠다.
- **The day you played with your girl friend, I was at the coffee shop.** 네가 네 여자 친구와 놀고 있던 날, 난 그 커피숍에 있었다.

Conversation

A) What's the matter with him?
그 사람과 무슨 문제가 있나요?

B) Well, I feel irritating by the way he drives.
그래요. 그 사람 운전하는 걸 보면 천불이 나요!

A) I know he missed an accident by inches last week. It was almost touch ang go.
알아요, 지난주에도 거의 사고 날 뻔 했다구요.(사고를 몇 인치 차이로 겨우 피했어요.) 거의 부딪칠 뻔 했다니까요.

183

대박영어

Even if she doesn't appreciate us~
그녀가 우리에게 감사하지 않을지라도 ~

'감사하다'에 해당하는 대표적인 영어단어는 **thank**이다. 초등학생도 다 알고 삼척동자도 다 안다. 그래서 우리는 무의식 속에서도 thank you라는 말을 자주 내뱉곤 한다.

그러나 이 **thank**라는 단어만을 머리 속에 인식하면 여러 가지 표현을 다양하게 말할 수가 없다. 생각해 보자. '비록 내가 당신에게 감사하지 않을지라도'에도 **thank**가 들어갈까? '비록 당신이 내게 감사하지 않을 지라도 난 계속 당신을 돌볼 것입니다!' 하고 영작을 한다면 **appreciate**란 단어가 필요하다. **Even if you don't appreciate me, I'll care you continues!**라고 하면 될 것이다. 그렇다면 여기서 명사형의 '감사'와 동사형의 '감사하다'의 단어들을 잠시 살펴보자. **Gratitude, appreciation, thanks**는 명사형인 '감사'이다. 하지만 동사형인 '감사하다'는 **appreciate, thank, be + grateful** 등이 있다.

그래서 영화대사 중에 자신의 처지를 비판하는 친구에게 **Hey, you should be grateful!** 라고 말하는 장면이 나오는데 '넌 감사해야 해!'의 뜻이다. 생각해보면 타인에게 감사해야 할 점이 많은 것이 우리네 인생이다. 일반적으로 '~해주셔서 감사합니다'는 **thanks for** + 명사를 쓴다. 예) **Thanks for your coffee.** (커피 감사합니다.) 하지만 '그들도 감사할 것이다'라고 한다면 그냥 **thank ~**보다는 **I am sure they will appreciate that**이라는 문장을 써보는 것도 영어로 대화하는데 큰 도움이 될 것이다.

유사 표현 문장

- **I'm appreciate some help.** 도와주신다면 고맙겠습니다.
- **They were very appreciative of my efforts.** 그들은 저의 노고에 아주 고마워했습니다.
- **Don't thank me yet.** 아직은 나에게 고마워하지 마!
- **Thnks for your kindness.** 당신의 친절함에 감사드립니다.

Conversation

A) **I really appreciate your advice.**
저한테 조언 부탁드립니다.

B) **We must understand even if she doesn't appreciate us.**
그녀가 우리에게 감사하지 않을지라도 우리는 이해를 해야 합니다.

A) **However I don't understand her attitude at all.**
하지만 그녀의 행동을 전혀 이해할 수가 없어요.

184

Epic English

I make no claim to be a paragon!
난 내가 모범이라고 주장하는 것이 아니다.

Claim은 동사형으로 '주장하다' 또는 '~등을 돌려달라고 요구하다'의 뜻이 있다.
Insist 역시 동사형으로 '~해야 한다고 고집하다, 주장하다'의 뜻이 있고, **assert** 역시 '사실임을 강하게 주장하다, 권리 등을 행사하다'의 뜻이 있다. 그래서 **He continued to assert that he was innocent**라고 하게 되면 '그는 계속해서 그가 무죄라고 주장했다'가 된다. '주장하다' 혹은 '주장'에는 쓰이는 용도에 따라 쓰이는 단어가 조금씩 달라진다. 이것들을 숙지하고 사용하면 그만큼 영어가 강해질 것이다. 먼저 의견 등을 고집할 땐 **insistence**나 **assertion**을 쓰고, 논점이나 논리로 싸우거나 주장할 때는 **argument**, 막연히 근거가 없는 통괄적인 것은 **claim**나 **insist** 등을 쓴다.

Protest 역시 명사형으로 '항의, 시위'의 뜻도 있으나 '항의하다, 주장하다'의 동사형도 있다. 그래서 **She has always protested her innocence**라고 하면 '그녀는 항상 그녀가 무죄라고 주장해왔다'가 된다. 수입수출을 하는 회사들은 비교적 **claim**에 대한 단어의 뜻을 잘 알고 있다. **Re-claim** 역시 권리나 소유물 등의 '반환을 요구하다, 되찾다'의 뜻이다. 그래서 **claim back**하면 '~을 돌려달라고 요구하다'이고 **make claim**은 '클레임을 제기하다'의 뜻이다. 결국 명사형으로 '청구'의 뜻이 강하다. **Paragon**은 '귀감, 모범, 전형'이다. **That judge is in every way a paragon.** (그 판사는 모든 면에서 모범이다.)

유사 표현 문장

- **I make no claim that you're wrong and I am right!** 난 당신이 틀리고 내가 맞다고 주장하는 것은 아닙니다.
- **I make no claim to understand modern art.** 난 현대미술을 이해할 수가 없다.
- **I make no claim that she is a bad woman.** 그녀가 나쁜 사람이라고 주장하는 것은 아닙니다.
- **I make no claim to originality in this book.** 이 책이 독창적이라고 주장하는 것은 아닙니다.

Conversation

A) **I make no claim to be a paragon but ~**
제가 모범이라고 꼭 주장하는 것은 아닙니다만 ~

B) **But what?**
그런데 뭡니까?

A) **I'll go there with you, if you insist.**
꼭 가야한다고 말씀하시면, 그곳에 같이 가겠습니다.

185 How long have you been ~ ing?

대박영어 ~하신지는 얼마나 됐습니까?

'~하신지는 얼마나 됐죠?'와 '~을 얼마 동안 하고 계신 거죠?'가 있다. 전자는 현재완료고 후자는 현재진행형이다. 우리가 학창시절부터 배워온 것이 **How long have you been + P.P** 나 **How long have you been ~ ing**이다. 현재완료형 **p.p**. 는 과거부터 현재까지이지만 완료된 상황을 이야기 할 때 쓰는 것이고, 현재진행형 **ing**는 현재까지 쭉 진행되고 있는 상황을 설명할 때 쓰는 문장이다.

예문을 한번 살펴보자. **I have been married 3 years**. '결혼한 지 3년이 되었습니다.' **I have been studying English for 3 years**. '3년 동안 열심히 영어공부를 하고 있습니다'. 하지만 **have been to** 다음에 명사가 오면 '~에 가본 적이 있다'가 된다. 그래서 **Have you been to Seoul?**이라고 하면 '서울에 가본 적이 있습니까?'가 되는 것이다. '~해 본 적이 있습니까?'는 **have you ever been + P.P** (과거분사) 형을 쓴다. 그래서 '영어공부 해본 적이 있습니까?'를 **Have you ever been to studied English?**라고 하는 것이다. 참고로 '담배 피워본 적이 있습니까?'라고 할 때 **Have you ever been smoked?**라고 하는데 여기서 **Never ever**라고 대답하면 '절대 피지 않으며' 즉, '피워본 적이 한 번도 없습니다'로 **ever**가 들어가면서 강조하는 의미가 강화되는 것이다. 예) **Have you ever tried Korean dishes?** (언제이든 한국음식 드셔보신 것이 있습니까?) **Never ever.** (아뇨, 단 한번 도 없습니다.)

유사 표현 문장

- **Have you ever traveled overseas?** 해외여행 해보신 적 있으세요?
- **Have you ever thought of my feelings?** 내 기분 생각해 본 적이 있어요?
- **Have you ever heard about Vietnamese song?** 베트남 노래에 대해 들어보신 적 있으신가요?
- **Have you ever noticed that he doesn't sleep?** 그 사람이 잠을 자지 않는 것에 대해 알고 있나요?

Conversation

A) **How long have you been meeting her?**
그녀를 만난 지 얼마나 됐죠?

B) **I am shacking up with her for 3 years.**
전 지금 그녀와 3년째 동거 중입니다.

A) **What's your merital status?**
결혼 여부가 어떻게 되시죠?

186

Epic English

There is no reason to + 동사원형
~을 계속 할 이유가 없습니다.

'~할 이유가 없다'는 **There is no reason**~이다. 얼마 전 파퀴나오와 오스카델라 호야와의 **Boxing match**에서 호야가 파퀴나오에 일방적으로 당하자 링 세컨(매니저)이 **We should stop here. There is no reason to fight more**라고 했다. 말 그대로 '여기서 멈추어야 한다. 더 이상 싸울 이유가 없다'라는 뜻이다.

물론 **It's not doing any good** 역시 '그건 무의미하다'의 뜻이 되고, '~에 있어 아무런 의미가 없다'라고 한다면 **It didn't mean any of that**이라고 하기도 한다. **No meaning**을 쓰기도 하고 **no use of ~**을 써서 비슷한 뜻을 표현하기도 한다. 그래서 **It's no use crying over split milk** (물이 엎어지고 난 후 울어 봐도 소용없다)라는 속담도 있지 않은가? **Meaningless** 역시 '무의미'의 뜻으로 **My life become meaningless since she died**라고 하면 '그녀가 죽은 이후로 나의 삶은 무의미해졌다'가 된다.

Motiveless 역시 '동기가 없는, 이유가 없는'의 뜻의 형용사이다. 반대는 **motive**이다. **There seemed to be no motive for the murder.** (살인에는 아무런 동기가(목적이) 없는 것 같았다.)

'~할 이유가 없다'에는 **have no reason for anxiety** (걱정할 이유가 없다), **see no objection to** (~에 반대할 이유가 없다), **There is no reason to believe in** '~을 믿을 이유가 없다' 등이 있다.

유사 표현 문장

○ **There is no reason for delay.** 연기할 이유가 없다.
○ **There is no reason to fear.** 두려워할 이유가 없다.
○ **There is no reason to worry about that.** 그것에 관해 걱정할 필요가 없습니다.
○ **There is no reason why I should apologize.** 내가 사과할 이유가 없다.

Conversation

A) **I am worry about my future.**
전 제 미래에 대해 걱정이 됩니다.

B) **You have no reason to be apprehensive of the future.**
당신은 미래에 대해 걱정할 필요가 없습니다.

A) **I have a good motivation to study English but I don't know how to do that.**
영어 공부를 해야겠다는 동기는 있지만 어떻게 해야 할지는 모르겠습니다.

187

대박영어

I am still living under my parents.
아직도 부모님 그늘에서 살고 있어요. (보살핌을 받고)

Guardian은 영어로 '보호자'이다. Protector라고 하기도 한다. 그러나 일반적으로는 guardian을 더 많이 쓴다. 예) **Am I your guardian?** (내가 네 보호자냐?) 하지만 chaperone이라는 단어도 종종 등장한다. 그래서 **Why do I need a chaperone?** 하게 되면 '왜 제가 보호자가 필요한 건가요?'가 되는 것이다. Chaperone은 '청소년, 어린이들의 보호자, 매니저'의 뜻이 강한데, 미인대회 참가자들을 도와주는 사람도 chaperone이다.

'세대주'는 householder라고 한다. 말 그대로 '집을 holding한다'에서 비롯되었다. 그렇다면, '누가 집의 생계를 책임지십니까?'는 어떻게 할까? **Who supports to your family?** 라고 하는데 여기서 support는 '지지하다, 지원하다, 후원하다'의 뜻이 있다. 또한 영화에서는 **Who brings home the bacon?** 이라고 하는데 이 또한 '누가 집으로 bacon을 가지고 가느냐?'의 뜻으로 '누가 가장인가요?'의 뜻이다. 우리가 자주 접하는 단어 supporter 역시 후원자를 의미한다. 예) **She was a supporter of the free market economy.** (그녀는 자유시장경제의 지지자였다.)

재미있는 표현으로 **mooch off**나 **sponge off**라는 숙어가 있는데, 이것은 '~에게 빈대를 붙다'이다. 그래서 **Are you trying to mooch off me?** 라고 하면 '당신 나한테 빈대 붙으려고 하는 거야?'이고, **She is always trying to sponge off people** 이라고 하면 '그녀는 아무에게나 늘 빈대 붙으려고 합니다'이다.

유사 표현 문장

- **I am always living under the stress.** 나는 언제나 스트레스 속에서 살고 있습니다.
- **I shack up with my girl friend.** 나는 내 여자 친구와 동거합니다.
- **He lived in obscurity all his wife.** 그는 평생을 아내의 그늘에서 살았다.
- **I am still sponging off my father.** 난 아직도 부모님 신세를 지고 살고 있다.

Conversation

A) **Who are you living with?**
누구랑 살고 있나요?

B) **I am still living under my parents.**
전 아직도 부모님 밑에서 생활하고 있습니다.

A) **Are you a local boy of this town?**
이 동네 출신인가요?

188 Can you introduce me someone?
Epic English 어떤 사람 좀 소개시켜 줄 수 있나요?

　Introduce는 '소개하다, 진행하다'의 뜻이지만 '소개하다'의 뜻이 95%이다. 영어를 배우는 사람 치고 **introduce** 모르는 사람은 없다. 초등학생조차도 잘 알고 있는 단어이다. 영어를 맨 처음 배울 때 쓰는 단어와 문장이 **My name is ~**그리고 **Let me introduce ~** 이기 때문이다. 여기서 한 가지 알고 가야 할 것은 **Let me ~**이다. 우리가 잘 아는 **let's** 는 **let us**의 줄인 말로 '우리 ~ 합시다'이다. 이것은 버릇처럼 잘 나온다. 하지만 영어를 공부하거나 배우는 사람들은 대체로 **Let me ~**의 표현에 약하다. 오로지 **Let me introduce**만 머리 속에 입력되어 있을 뿐이다.

　'나 갈래, 나 가고 싶어, 나 가게 해주세요!'가 있다고 가정해보자. **I'll go**는 '나 갈거야'이고, **I want to go**는 '나 가고 싶어'이다. 하지만 '나를 가도록 해주세요'는 **Let me go**이다. 여기서 **please**만 붙이면 더 완벽하다. 바로 이렇게 말이다. **Let me go please!** 참고로 사람을 소개하고 받을 때는 **introduce**이지만 **fix me up**이라는 숙어도 '소개해주다, 주선하다'의 뜻이 있다. 그래서 **Who fix you up?**이라고 하면 '누가 너의 만남을 주선했니?'가 된다. 예) **Can you fix me up with your friend?** (친구 하나만 소개시켜 줄 수 있으세요?) 한편, **self-introduction**은 '자기소개'이고, **a letter of introduction**은 '소개장'이다. 그리고 **Have you two been introduced?**라고 하면 '두 분 서로 소개하셨나요?'이고 숙어형인 **be formally introduced**는 '정식으로 소개받다'의 뜻이다.

유사 표현 문장

- **Can you fix me up with someone who is pretty girl?** 예쁜 여자 하나만 소개해 주실 수 있으세요?
- **Don't ever fix me up again!** 다시는 나에게 소개시키지 마세요!
- **There are many people I'd like to introduce you!** 소개해 드릴 사람이 많습니다.
- **Let me introduce some members of our team.** 우리 팀 몇몇 멤버를 소개하겠습니다.

Conversation

A) **Can you introduce me someone this weekend?**
　이번 주말에 사람 하나 소개시켜 주실 수 있으세요?

B) **Well, I'll check it out and let you know.**
　제가 확인하고 알려드릴게요.

A) **Please call me as soon as possible.**
　가능한 한 빨리 전화주세요.

189

대박영어

There is nothing to be sorry.
미안해 할 필요가 전혀 없습니다.

'~할 필요가 없다?' 우리는 '필요하다'라는 단어라면 무조건 **need**를 떠올린다. 반대의 경우는 **no need**이다. 그래서 **I need a car**는 '차가 필요하다'이고 **I don't need it**은 '난 그것이 필요 없다'이다. **Need to**는 숙어형으로 '~해야 한다'는 뜻인데, **must**나 **have to** 대신에 자주 쓰인다. 또한 **use** 역시 '사용하다'의 뜻으로 상황에 따라 **need**의 뜻으로 사용되기도 한다. 예를 들어 '물이 엎질러지고 난 후 울어 봐도 소용없다'라고 한다면 **It's no use crying over split milk** 라고 한다. **Nothing to**는 '~에게 아무것도 아님'의 뜻이다. 그래서 **There is nothing to be sorry**가 '미안해 할 일이 아니다' 혹은 '그럴 필요 없습니다'가 되는 것이다. 물론 **No need to be sorry**도 같은 표현이다. **There is nothing that I can do now**는 '내가 할 수 있는 게 없다'이니 결국 '이판사판 입니다'라는 뜻이다. **Nothing to**의 반대인 **something to**는 '~와 관련이 있다' 혹은 '성과가 있다'의 뜻이다. '~이 있다'는 결국 **something to**이다. **We need something to drink.** (뭔가 마실 것이 필요하다.)

참고로 **I have nothing to do with ~**는 '~와 관련이 없다, 관계가 없다'이고, 반대로 '~와 관련이 있다' 혹은 '관계가 있다'는 **I have something to do with ~**이다.

예) **I have nothing to do with that matter.** (난 그 사건과 아무런 관련이 없습니다.)

유사 표현 문장

- **There is nothing to be sorry about that.** 그것에 대해 미안해 할 필요가 없어요.
- **I have nothing to do with that.** 난 그것과 아무런 상관이 없습니다.
- **There is nothing that I can study now.** 지금 내가 할 수 있는 공부는 없습니다.
- **There is no need to thanks.** 고마워 할 필요는 없습니다.

Conversation

A) **I am so sorry for my being late!**
　제가 늦어서 정말 죄송합니다.

B) **That's OK. There is nothing to be sorry.**
　괜찮습니다. 미안해 할 필요가 없습니다.

A) **I feel guilty to keep you waiting.**
　기다리시게 해서 정말 죄송합니다.

190 We should be an example for them!
우리는 그들의 본보기가 되어야 한다!

'본보기'가 영어로 뭘까? '본보기'가 다른 말로 하면 '귀감'이다. 이것을 영어로는 **role model** 그리고 **example**이라고 한다. **Pattern**이나 **paragon** 역시 '귀감' 혹은 '모범'이다. 또한 같은 명사형인 **example** 역시 '모범, 전형'의 뜻이다. 예) **I make no claim to be a paragon.**(나는 내가 모범이라고 주장하는 것이 아닙니다.) 여기서 **claim**은 '주장하다, 요구하다'의 뜻이다. 그래서 숙어형인 **claim something back**이 '~을 돌려 달라고 요구하다'이다. **You can claim back the tax on your purchases**(구입물품에 대한 세금환불을 요구할 수 있습니다), **This claim is, of course, ludicrous!** (그런 주장은 정말 터무니가 없네요!) '본보기가 되다'는 **be a model**이나 **be an example**, '본보기로 삼다'는 **make a model [example] of ~**, '본보기를 보이다'는 **set**이나 **give**를 써서 **give an example to ~**라고 쓴다.

또한 **a model father**는 '모범적인 아버지'이고 **a classic example**은 '모범적인 예'이다. '모범적인 분별'은 **a model of discretion**이며, **model behavior**는 '모범적인 행동'이다. **Outstanding** 역시 '모범'의 뜻이 있어 **The woman is an outstanding taxi driver**라고 하면 '그 여자는 모범적인 택시 운전사이다'이다.

유사 표현 문장

- **I have always tried to be the model daughter.** 저는 항상 모범적인 딸이 되려고 노력해 왔습니다.
- **I think they have behaved in an example manner.** 나는 그들이 모범적인 태도를 보였다고 생각한다.
- **He will be an example for us.** 그는 우리의 본보기가 될 것이다.
- **He is the perfect example of that.** 그는 좋은 본보기이다.

Conversation

A) **We should be an example no matter what.**
우리 어떻게 하든 본보기가 되어야 한다.

B) **Like how?**
예를 들면 어떻게요?

A) **Act like a text book.**
교과서처럼 행동하는 거지.

191

We have to wait until we sort everything out.
모든 것이 잘 정리될 때까지 우리는 기다려야 한다.

대박영어

영화 대사 중 **settle into shape**라는 말이 나온다. 이 말은 '윤곽이 잡히면' 혹은 '어느 정도 정리가 되면 ~'의 뜻이다. 그렇다면 '정리'의 뜻으로 쓰이는 단어는 뭘까? 먼저 정리에는 **arrangement**와 **regulation** 그리고 **adjustment**와 **order** 등이 있다. 그러나 이들이 쓰임새는 조금씩 다르다. 일반적으로 '정리하다'는 **arrange**를 쓴다. 그래서 **I have not arranged my books yet**이라고 하면 '책은 아직 미정리된 채로 있다'이다.

'자료를 정리하다'라고 할 때에는 **arrange data** 말고도 **classify data**나 **put data in order**를 쓰기도 한다. '서류정리를 하다'에는 **sort out papers**, '장부를 정리하다'는 **adjust accounts**를 쓴다. 하지만 '난 이 일을 가능한 빨리 정리하고 싶다'라고 할 때에는 **I'd like to have this matter disposed of as soon as possible**이라고 하는데 여기서 **dispose** '배치하다, 정리하다'의 뜻이다. 예) **I'll dispose of unnecessary things**. (난 불필요한 것들을 정리할꺼야.) 하지만 '회사 인원을 정리하다'라고 할 때에는 **The company cut down it's staff**라고 한다. 여기서 **cut down**은 숙어형으로 '축소하다, 삭감하다'의 뜻이다. 참고로 '머리를 정리하다, 꽃꽂이를 하다, 단어를 배열하다'등은 전부 **arrange**를 쓴다는 것에 유의하자. 예) **Everything I sall arranged**.(모든 것이 만반의 준비가 되었다.)

유사 표현 문장

○ **It's arranged that we should meet here**. 여기서 만나기로 되어 있어요.
○ **We will arrange about it tomorrow**. 내일 그 점에 관해서 협정합시다.
○ **Everything will sort out soon**. 모든 것이 조만간 정리될 겁니다.
○ **Wait till I get my hands on him, I'll soon sort him out**. 내가 그 놈 잡을 때까지 기다려. 그 자식을 곧 처리할 테니까.

Conversation

A) **I want to sort out something**.
  난 뭔가를 정리해야 합니다.

B) **No, we must wait until she comes here**.
  아니요. 그녀가 여기 올 때까지 기다려야죠!

A) **Does she come here? Bet it, toss!**
  그녀가 여기로 올까요? 내기합시다, 동전 던져요!

192

Epic English

It's on the tip of my tongue!
입안에서 빙빙 돌고 말은 나오지 않습니다!

영어회화의 가장 큰 문제점은 생각은 많고, 잘 할 수 있을 것 같은데 막상 외국인과 만나면 말이 입안에서 맴돌 뿐 밖으로 술술 잘 나오지 않는다는 것이다. 이런 상황을 영어로 표현할 때, **It's on the tip of my tongue**라고 한다. 말 그대로 '혀 끝에 걸려있다'이니 '입안에서 빙빙 돌고 말은 나오지 않는다'가 되는 것이다. 참고로 **It's the tip of the iceberg**는 '빙산의 일각이다'이다.

'실언을 했습니다'라고 할 때에도 **mistake**라는 단어를 쓰지 않고, **It was a slip of my tongue**이라고 한다. '그것이 내 혀에서 미끄러졌다'라고 표현하는 것이다. 그렇다면 '제 말 취소하겠습니다'는 어떻게 표현할까? **I'll take back my word**라고 한다. 영화에서도 자주 등장하는 말이다. '취소하겠다'고 해서 **cancel**이라는 단어를 쓰는 것은 아니다. 예약이나 약속이나 미팅 등을 '취소하다'라고 할 때에는 **cancel**이라는 단어를 쓰지만 '말을 취소하다'라고 할 때에는 **take back one's word**라고 한다. 말 그대로 '한 말을 거둬들이겠다'라고 하는 것이다. '깜박했다'라고 할 때에도 우리는 무조건 **forget**의 과거형 **forgot**만을 고집한다. 하지만, '잊었다'와 '깜박했다'는 뭔가 차이점이 있다. 이러한 경우에는 그들은 **It slipped my mind**라고 한다. 말 그대로 '마음에서 미끄러졌다. 즉 깜박해버렸다'라고 하는 것을 이렇게 표현하는 것이다.

참고로 **switch the conversation**은 '말을 돌리다'인데, **change the subject**라고 하기도 한다.

유사 표현 문장

- **Don't beat around the bush. Just get to the point.** 말 빙빙 돌리지 말고 결론만 이야기 하세요!
- **I got tongue tied. (I lost my words)** 할 말을 잃었습니다.
- **My heart is too full for words.** 마음이 너무 벅차서 말이 안 나옵니다.
- **I am speechless with surprise.** 너무 놀라서 말이 안 나옵니다.

Conversation

A) **What's your problem when you speak English?**
영어할 때 문제점이 뭔가요?

B) **Well, it's on the tip of my tongue.**
글쎄요. 그게 입안에서만 빙빙 돌고 말이 잘 안 나와요.

A) **Be brave!**
용감해지세요!

193

대박영어

Now I need your focus!
집중해서 대답해!

우리가 잘 아는 영화 **Taken**(테이큰)의 스토리다. 사랑하는 딸이 인신매매단에 납치된다. 주인공은 딸을 찾으러 미국에서 멀리 프랑스까지 날아간다. 그리고 그 일당의 하나를 잡고 딸의 행방을 묻는 과정에서 **Now I need your focus**라는 말을 한다.

이 말은 '난 너의 집중이 필요하다'의 뜻인데 직역하면 다소 모양새가 이상하다. '이제 내 말 잘 들어라' 혹은 '잘 집중해서 대답하라' 등 함축되어 있는 내용이다.

먼저 **focus**는 동사형으로 '(관심, 노력 등을) 집중하다' 혹은 '집중시키다'의 뜻이다. 우리가 학창시절에 배웠던 **concentrate** 역시 동사형으로 '(정신을) 집중하다, 집중시키다, 고정하다'의 뜻이고 **concentration**은 명사형으로 '집중, 정신집중'의 뜻이 있다.

그래서 **He can never concentrate upon his work**라고 하게 되면, '그는 자기 일에 집중을 못하는 사람이다'의 뜻이다. 여기서 **upon**은 전치사로서 **on**과 같은 뜻이지만 좀 더 격식을 갖출 때 쓰인다. 또한 **concentrate** 뒤에는 전치사 **on**이 온다는 것도 유의할 필요가 있다. 예) **It's interfering with my ability to concentrate on my work**. (이것이 일에 집중할 수 있는 제 능력을 방해합니다.)

참고로 **focus** 뒤에도 역시 **on** 전치사가 온다는 것도 알아두자.

유사 표현 문장

○ **The children are too noisy for me to concentrate**. 아이들이 떠들어서 정신이 헷갈린다.
○ **I can't seem to concentrate on my work**. 제 일에 집중을 못하는 것 같아요.
○ **We only have a few minutes, so let's focus**. 우리는 조금밖에 시간이 없다. 집중 하자.
○ **I think it's more important to focus on the future**. 난 미래에 대해 신경 쓰는 것이 더 중요하다고 생각한다.

Conversation

A) **It helps to focus on work**.
요게 집중엔 딱이지.

B) **Yes! Now I need your focus**.
그래. 지금부터는 내 말 잘들어.

A) **Do not avoid the main issue**.
문제의 본질을 피하지 말자.

194 Epic English

Do not meet and talk to him, he is not worth it.
그와 만나서 이야기 하지 마라. 그는 그럴 가치가 없다.

오늘은 '가치'에 대해 공부해 보자! 가치는 영어로 price라고 생각하기 쉬우나 price는 '가격'이다. 가치'는 value나 worth라고 해야 한다. 그래서 valuable하게 되면 형용사형으로 '가치 있는'의 뜻이 되고 a high value product는 '고가의 상품'이라는 뜻이다.

또한 '돈의 가치'라고 할 때에는 the value of money가 되고 '상품의 가치'는 the value of product이다. '금의 가치'나 '다이아몬드의 가치'도 the value of diamond(gold)라고 하면 된다.

Worth는 형용사형으로 '~의 금전적 가치가 있는', '~해볼만한 가치가 있는'의 뜻이다. 그래서 My house is worth about 100,000 US dollars라고 하면, '우리 집은 약 10만 달러의 가치가 있다'가 된다. 그리고 '거기에 가 볼만한 가치가 있다'는 It's worth of visiting there라고 하면 된다. '그 영화는 볼만한 가치가 있다'라고 한다면 It's worth of seeing the movie가 될 것이다.

이처럼 '~할만한 가치가 있다'는 it's worth of ~ 명사가 오면 된다. 반대로 it's not worth는 그'럴 가치가 전혀 없다'이다. 그래서 It's not worth of meeting her는 '그녀는 만날 가치가 없다'가 된다.

유사 표현 문장

- **This work is worth the trouble.** 이 일은 노력을 들일만 합니다.
- **It's not worth of having a meeting.** 미팅을 할만한 가치가 없습니다.
- **It's worth of learning about that.** 그것은 배울만한 가치가 있습니다.
- **This is a day worth celebrating.** 이건 기념할만한 날입니다.

Conversation

A) Don't meet him anymore. He is not worth it.
그 사람 더 이상 만나지 마세요. 그럴 가치도 없어요.

B) Why? What's the matter with him?
왜? 그와 무슨 일이라도 있었어?

A) It's a long story.
말하자면 길어요.

195

대박영어

It can happen to anyone of us.
누구에게도 그런 일들이 일어날 수 있는 거죠.

우리가 살면서 가장 많이 듣는 단어 중 하나가 해프닝이다. **Happen**은 '(무슨 일이) 일어나다, 생기다, 닥치다'의 뜻이다. 그래서 **Whatever may happen** 하게 되면 '무슨 일이 생기더라도, 무슨 일이 닥치더라도 ~'의 뜻이다. **Happening**은 명사형으로 '우연히 일어난 일, 사건, 해프닝'의 뜻이다. 그래서 **amazing happening**이라고 하면 '재미있는 사건'이다.

숙어형인 **happen to**는 '우연히 ~하다, 어쩌다'의 뜻으로 **I happened to meet her in the elevator** 라고 하면, '우연히 그녀를 엘리베이터에서 만났다'가 된다. 또한 '혹시'라는 뜻도 함께 있어 **Do you happen to know her?** 하고 하면, '혹시 그녀를 아십니까?'가 될 것이다. 예) **If you happen to come this way, call me**. (혹시 여기 오거든 연락주세요.)

Happen to에는 '우연히 ~하다'의 뜻이 강하지만, '언뜻 ~하기에 ~'라는 뜻도 있다. 그래서 **I happen to hear about that but ~** 는 '언뜻 듣기에 ~ 하답니다. 그러나 ~' 식이 될 수도 있다.

물론 '그것은 뜬소문입니다'라고 할 때에는 **That's hearsay**, '금시초문입니다'는 **That's news to me!** 라고 한다.

유사 표현 문장

- **Something came up.** 무슨 일이 생겼습니다.
- **Did something important come up?** 무슨 중요한 일이 생겼나 보죠?
- **Something urgent came up.** 무슨 급한 일이 생겼습니다.
- **Something came up at the office.** 사무실에 무슨 일이 생겼습니다.

Conversation

A) **I didn't know what happened to you!**
당신에게 무슨 일이 생겼었는지 몰랐어요!

B) **No worry! It can happen to anyone of us and that was in the past too.**
걱정 마세요! 누구에게나 생길 수 있는 일이었어요. 그리고 이미 지나간 일이구요.

A) **I pray for your father. Rest in peace.**
당신 아버지를 위해 기도합니다. 고이 잠드소서.

196

Epic English

There is always a gap between reality and ideals.
현실과 이상은 늘 차이가 있는 법이죠!

Reality는 '실제상황' 혹은 '현실'을 말하고 ideals는 '이상적인, 완벽한, 알맞은'의 뜻이다. 그래서 우리는 reality and ideals을 '현실과 이상'이라고 한다.

She refuses to face reality는 '그녀는 현실을 직시하기를 거부한다'인데, 여기서 face reality가 '현실의 직시'라는 것을 알 수가 있다.

또한 ideal을 써서 high ideals 하면 '높은 이상'이고, a person of ideals 하면 '이상을 가진 사람'이란 뜻이다. '높은 이상을 품다'라고 한다면 have high ideals 하고 한다. 그래서 '현실은 현실이고 이상은 이상이다'를 영어로 Reality is reality and ideals is ideals라고 한다.

팝송 단골표현인 You're out of touch with reality는 '당신은 현실과 동떨어져서 있어요'의 뜻이다. 여기서 out of는 '~밖으로' 혹은 '~안에서 밖으로, ~로부터'의 뜻이다.

'현실을 받아들이다'는 accept reality라고 하면 되고, '현실에서 도피하다'는 escape from reality이다. A flight from reality 역시 '현실도피'이다.

유사 표현 문장

- **The reality is that there is not enough money to pay for this project.** 현실은 이 사업에 지불할 충분한 돈이 없다는 것이다.
- **I really want to flight from this reality.** 전 정말 이 현실에서 도피하고 싶어요.
- **Reality hit me the second day.** 이튿날 현실을 깨달았습니다.
- **The words exactly fit the reality.** 가사가 현실에 딱 맞는다.

Conversation

A) **I have a great project this time but no money.**
이번에는 정말 굉장한 프로젝트가 있는데 돈이 없어요.

B) **So, there is always a gap between reality and ideals.**
그래서 현실과 이상은 차이가 있는 겁니다.

A) **But, this is a big chance to make money with that.**
그러나 이번엔 정말 그것으로 큰돈을 벌 수 있는 기회에요.

197 You're just saying that, right?

대박영어

그냥 말로만 그러는 거죠, 그죠?

It's not empty word는 '그것 빈소리가 아닙니다'이다. 그러나 영화를 보면 **You're bold in your word only!**라는 말이 자주 나온다. 이 말은 '입만 살았군'이다. 이런 문장 하나 알고 있으면 외국인과 대화할 때 많은 도움을 받을 수 있다.

'쉽게 말을 한다'는 **easy to talk**나 **easy to tell**을 쓰면 된다. 예) **He is very easy to tell everything.** (그는 무엇이든지 쉽게 말해 버린다.)

그렇다면 '왜 내 말을 비꼬는 겁니까?'는 어떻게 할까? 물론 **sarcastic**이라는 단어를 써서 **You're being sarcastic**이라고 해도 되겠지만 **You always twist my word**가 더 널리 쓰이는 표현이다. '내 말을 비튼다'라고 하는 것이다.

You're just saying that, right?는 그냥 '말로만 그러는 거죠?'이다. 팝송 가사에 **Jive**라는 댄스의 일종이 나온다. **I was just jiving you**는 그래서 '그냥 웃자고 해본 소리입니다'라는 뜻이다.

참고로 **Don't be that way** 나 **Don't say that please**는 '그런 식으로 말하지 마세요'이다.

유사 표현 문장

- **Don't worry, I know she is just saying that.** 걱정 마. 난 알아. 그녀가 말로만 그러는 것이라는 것을.
- **Stop playing lip service to us to act.** 립 서비스는 그만하고 행동으로 옮겨라.
- **He is good at playing lip service.** 그는 입에 발린 소리를 잘해요.
- **She only talks no action.** 그녀는 말뿐입니다.

Conversation

A) **I am really sick and tired of you.**
당신한테 이제 진절머리가 나요.

B) **What? You're just saying that, right?**
뭐라구? 그냥 말로만 그러는 거지?

A) **No, I want to finish here. I'm serious.**
아뇨, 여기서 끝내고 싶어요. 진심입니다.

198

Epic English

You don't need to say something so mean.
그렇게 정 떨어지게 말할 필요 없잖아요!

Fall out of love라고 하면 '정 떨어진다'이다. 그래서 '그 여자에게 정 떨어졌어요'라고 할 때면 **I fall out of love with a girl**이라고 한다. 이것은 영화에 자주 나오는 표현이다.

숙어형으로 **be + put off by** ~라고 해도 역시 '정 떨어지다'의 뜻이 있다. 예) **I was worried that she might have been put off by me.** (난 그녀가 내게 정이 떨어졌을까봐 걱정했어요.) 또 **be + out of love** 역시 **fall out of love** 와 같은 '정이 떨어지다'의 뜻이다.

또한 **be + disgusted** 역시 '정 떨어지다'의 뜻이 있다. **I am quite disgusted at his attitude.** (난 그의 행동(태도)가 정말 정 떨어진다.)

원래 '정'의 뜻을 가진 단어로는 **affection**이나 **attachment**를 쓴다. **Love** 역시 '사랑'의 뜻만 있는 것이 아니라 '정'의 뜻이 있다. 그래서 **She still retains a lingering love for the man** 하게 되면 '그녀는 아직도 그에게 연연한 정을 품고 있어요'가 되는 것이다. 참고로 '연민의 정'은 **pity**나 **sympathy**라는 단어를 사용하기도 한다. 숙어형인 **be moved with compassion**은 '인정에 끌리다'인데 **compassion**에는 '연민, 동정심'의 뜻이 있다. **We were moved with compassion after hearing the sad story of that child.** (우리는 그 어린이의 슬픈 이야기를 듣고 연민의 정을 느꼈다.)

유사 표현 문장

- **You are so mean.** 정 떨어지겠네. (참 심술궂네.)
- **How could put things in such mean manner?** 무슨 말을 그리 정 떨어지게 해요?
- **Once you've grown fond of someone, it's hard to be separated.** 한번 정들면 떼기가 힘들어요.
- **I don't have any feeling left for that.** 그것에 대한 미련이 전혀 없습니다.

Conversation

A) **I didn't mean it. Sorry!**
진심이 아니었어요. 죄송해요!

B) **You don't need to say something so mean!**
그렇게까지 정 떨어지게 말할 필요는 없잖아요!

A) **Everything is my fault. I admit it.**
다 제 잘못입니다. 인정합니다.

쉬면서 알고 가는 영어표현

S

Say that again? 다시 말씀해 주실래요?

Say when. (술을 따라주거나 기타 비슷한 경우에 상대가 그만 하기를 원할 때) when이라고 하세요.

See you later! (Later!) 나중에 봐요.

Serious? 진심예요?

Shame on you. 창피한 줄 아세요.

She is my style. 그녀는 내 타입이에요.

She is very sophisticated. 그녀는 매우 세련되었어요.

Shoot! 어서 말해 봐요.

Skip it! 다음으로 넘어 가요.

So much for that. 이제 그 일은 그만 하지요.

So soon? 그리 빨리?

So what? 그래서 어떻다는 겁니까?

Sold out. 팔렸어요.

Something's fishy. 뭔가 이상한데.

Something's never changed. 어떤 것은 정말 안 변하는군.

Sorry to bother you. 번거롭게 해서 죄송합니다.

Sorry? (누구의 말을 잘못 이해했을 때) 뭐라고 하셨지요?

색깔 있는 영어

- yellow cab (미국의) 택시
- yellow zone (성희롱 혐의를 받을) 위험한 행동
- yellow sand 황사
- yellow-livered 겁 많은

일상생활에 자주 사용되는 영어 표현들입니다.

Sounds good. 듣기에 좋군요.

Speak out. 말 좀 크게 하세요.

Speaking Spanish? 스페인어 하세요?

Stay cool. 진정해요.

Stay longer. 좀 더 계시지요.

Stay out of trouble. 말썽을 부리지 말아요.

Stick around. 옆에 있어 보세요.

Stick with it. 포기하지 말고 계속 해 봐요.

Stop complaining. 불평 좀 그만 하시지요.

Suit yourself! 좋을 대로 하세요!

Super. 잘하는군요.

Sure thing. 확실한 것이지요.

Sweet dream. 즐거운 꿈꾸세요.

T

Take a guess. 맞춰보세요.

Take care! 조심하세요. 잘 가(떠날 때)

Take my word for it. 그것에 대해서는 내 말을 따라요.

Take your time. 천천히 하세요.

색깔 있는 영어

- pink slip 해고통지서
- in the pink 건강이 좋은
- pink ink (선정적인) 연애소설
- pink elephant (술 취한 눈에 보이는) 헛것

199 I saw you flirt with some girl!
대박영어
내가 당신이 어떤 여자하고 시시덕거리는 것을 봤어요!

우리는 일반적으로 바람둥이를 **play boy**라고 한다. 물론 틀린 말은 아니다. 하지만 외화를 보면 **flirt**라는 단어를 보다 더 자주 들을 수 있다. 이 단어에는 '집적거리다, 치근거리다, 추파를 던지다'의 뜻이 있고, '바람둥이'의 뜻도 있다. 그래서 **Does he flirt with the girls?**라고 하면 '그 사람 바람둥이니?'의 뜻이 된다. 이 문장은 **Sex and the City**라는 미국 드라마에 많이 나왔던 표현이다.

또한 **flirt**에는 '환심을 사다'의 뜻도 있어 **Not try to flirt with any one!**이라고 하면 '아무에게 환심사려고 할 필요가 없습니다'이다.

그리고 '장난삼아 연애를 하다'에는 **play with love**라고 하는데 말 그대로 '사랑을 놀이로 한다'의 뜻이다. 예) **I don't want to play with love.** (저는 장난삼아 연애하고 싶지는 않습니다.)

소위 말하는 '불장난'도 **play with love**라는 표현을 쓴다. 원래 **play with ~**는 '~와 놀다, 불장난하다'의 뜻으로 **play with fire** 하게 되면 '진짜 불장난'이 되는 것이고 **play with someone** 하게 되면 '누구를 데리고 놀다'의 뜻이 된다. **She is the girl who play with men's emotions.** (그녀는 남자들의 감정을 가지고 노는 여자다.)

유사 표현 문장

- **I like to play with my dolls.** 나는 인형을 가지고 놀고 싶다.
- **I like to play with lego.** 레고를 가지고 놀고 싶습니다.
- **I don't like to play with any girl.** 전 여자를 가지고 놀고 싶은 생각은 없습니다.
- **He flirts with any girls he sees.** 그는 여자만 보면 누구나 할 것 없이 치근거린다.

Conversation

A) **I don't want to play with any women, OK?**
전 어떤 여자하고도 장난질 하고 싶은 생각은 없어요, 알아요?

B) **Look! I saw you flirt with some girl last night.**
이것 봐요! 내가 어젯밤에 당신이 여자하고 시시덕거리는 것을 봤어요.

A) **I'm not an womanizer. Certainly not.**
전 바람둥이가 아닙니다. 절대 아니라구요.

200 Epic English

You have no sincerity about that!
당신은 그것에 대해 진정성이 없어요!

Sincerity는 '성실, 성의, 정성'의 뜻이다. '성의가 있다 혹은 없다'라고 할 때도 have 혹은 have no sincerity를 쓰는 것이다.

성의는 다시 말해서 '진정성'이다. '뭔가를 했는데 진정성이 안 보인다'라고 할 때 원어민들은 I think you have no sincerity라고 말한다. 물론 have + truth 해도 '진정성을 가진 ~'의 뜻이 된다. 왜냐하면 truth에 '사실, 진상, 진실'의 뜻이 있기 때문이다. 그래서 I needs must know the truth가 '난 사실을 꼭 알아야 한다'인 것이다.

여기에 나온 needs must라는 숙어는 '반드시 ~해야 한다' 혹은 '~하지 않을 수 없다'인데 '꼭 필요하다면 하기 싫더라도 해야 한다!'라고 할 때 쓰이는 표현이다. 그 대표적인 용례가 Passengers with special needs must check in early.(특별한 용무가 있는 승객께서는 일찍 탑승수속을 하여야 합니다)이다.

단어의 순서를 바꾸면 뜻이 완전히 달라진다. 즉 must needs에는 '어리석게도, 미련하게도'의 뜻이 있다. 그래서 He must needs leave now는 '그는 어리석게도 지금 떠나려고 하고 있다'이다. 참고로 '정의'는 justice이고 '명분'은 justification이다.

유사 표현 문장

- I need a justification to hire him. 그를 채용하려면 명분이 필요하다.
- Sincerity moves heaven or faith will move a mountain. 지성이면 감천이다.
- There is a sincerity about him. 그에 대한 진심이 담겨 있다.
- Whatever you do there is no your sincerity. 네가 무엇을 하더라도 진정성이 없다.

Conversation

A) How many times must I tell you I am so sorry?
제가 몇 번이나 미안하다고 말했습니까?

B) But, I think you have no sincerity about that!
그렇지만 제 생각에는 당신의 진정성이 의심됩니다.

A) Okay, the time for negotiation was over. Thank you all the same.
알겠습니다. 협상을 위한 시간은 끝났습니다. 어쨌거나 감사합니다.

201 Your careless words hurt her feeling.

대박영어 무심코 던진 당신의 말 한마디가 그녀에게 상처를 주었어요.

What you said made~는 '당신 말 한마디에 ~'의 뜻이다. **What you said made me cry.** (당신의 한 마디가 나를 울렸다.) 또한 **One word from him, all the students fell silent**는 '그의 말 한마디에 모든 학생이 조용해졌다'이다.

Word는 '단어, 말'이다. 그래서 **It's not empty word**는 '빈 말이 아니다'이고 **Talk back your word**는 '말 취소하시오'이다.

You always twist my word?는 '왜 항상 당신은 내 말을 비꼬는 겁니까?' 이다. 그렇다면 영화의 단골 표현 중 하나인 **It's no use crying over spilt milk**는 무슨 뜻일까? '물이 엎질러지고 난 후 울어봐도 소용없어요!'이다. 여기서 **no use ~**는 숙어형으로 '~해도 소용없다'이다. 참고로 '말문이 막힌다'는 **I am speechless**를 쓰거나 **I get tongue tied**를 쓴다. **Tongue**이 '혀'나 '말'의 뜻이다.

다시 본론으로 돌아와서 **word**는 '단어, 말, 어휘'의 뜻이다. 이와 비슷한 단어인 **tongue**이나 **speech**, **language** 등도 **word**와 같이 쓰이는 단어들이다.

Careless는 '부주의한, 무심한'의 뜻이다. **His careless driving brough the accident.** (그의 부주의한 운전이 사고를 불러왔다.) **She gave me a careless smile.** (그녀는 나에게 무심하게 미소지었다.)

유사 표현 문장

- **I pledge my word to loving you forever.** 내 말을 걸고 너를 평생 사랑한다고 맹세한다.
- **Every word of his speech reflected his passion.** 그의 말 한마디 한마디가 그의 열성을 반영한다.
- **By word, smoking is killing the people.** 전해져 오는 말처럼 담배는 인간을 죽인다.
- **She's an woman of her word.** 그녀는 약속을 지키는 사람이다.

Conversation

A) **Please think twice before you say something from mouth.**
제발 뭔가를 말할 때 생각을 한 번 더 하고 말하세요.

B) **Why? That's the true, right?**
왜요? 사실이잖아요, 안 그래요?

A) **I know, but your careless words hurt people's feeling.**
나도 알아요! 하지만 당신 말 한마디에 사람들이 상처를 받는다구요!

202 Practically speaking it's impossible!
Epic English 현실적으로 말해서 그것은 불가능합니다!

'현실적'은 reality나 realistic이라고 한다.
예) Don't confuse the ideal and the real. (이상과 현실을 혼동하지 마라.)
여기서 '현실적'이 들어가는 숙어를 살펴보자. 먼저 '현실적인 세계'는 the real world라고 하고, '현실적인 제안'은 a practical proposal, '현실적인 가능성'은 a realistic possibility, 그리고 '현실적으로 생각하다'라고 할 때에는 think a realistically, '객관적 관점'은 an objective point of view, '현실적 관점'은 realistic point of view다.

'현실과 이상은 다르다'라고 할 때에는 Reality is different from ideals라고 하는데 이것은 미국 외화에도 자주 등장하는 표현이다.

참고로 '솔직히 말해서'는 Frankly speaking ~이라고 하고 Generally speaking은 '일반적으로 말해서 ~'이다. Frankly speaking, I forgot his phonenumber. (솔직히 말해서, 그 사람 전화번호를 잊어버렸습니다.)

유사 표현 문장

- **Generally speaking, those are the most expensive type.** 일반적으로 말하면 저것들이 가장 비싼 종류이다.
- **Frankly speaking, I don't love her anymore.** 솔직히 말해서 난 그녀를 더 이상 사랑하지 않아요.
- **Practically speaking, they won't be able to help us.** 현실적으로 말하면 그들이 우리를 도울 수 없을 겁니다.
- **Let's be real for a second.** 잠시 현실적으로 생각해 봅시다.

Conversation

A) **We may start to do that business again if we can get chance.**
어쩌면, 우리는 기회를 잡아 다시 그 사업을 시작할 수도 있어요.

B) **Sorry, practically speaking, it's impossible.**
미안하지만 그건 현실적으로 불가능합니다.

A) **To be honest, I agree with you.**
솔직히 말해서, 나도 당신 생각에 동의합니다.

203 This calls for celebration!

대박영어

이거 축하할 일이구먼!

This situation calls for dramatic measure라는 말이 있다. '이 상황에서는 먼저 극적인 조치가 필요하다'라는 뜻이다. 여기서 **calls for ~**는 '~를 부른다'의 뜻 보다는 **need**를 대신해서 쓰인다.

그래서 **call for something**이라고 하면 '~을 필요로 한다'가 되는 것이다. **Call for**는 또한 '데리러 오다' 혹은 '가다'의 뜻도 있어 **I'll call for you at 7 PM**이라고 하면 '7시에 데리러 올게'라는 말이 된다. 여기서 **Call for**가 **pick up** 대신에 사용되었다. **Call for** 하고 하면 '~을 큰소리로 부르다, 청하다, 가져오게 하다'의 뜻도 있고, '필요하다' 대신에 '~을 원하다'의 뜻도 함께 있다. 그래서 **call for ~**하는 숙어를 알아두면 여러 가지 표현을 하는데 도움이 될 수 있다.

Call for에는 또 '촉구하다, 주의를 요하다, 수락하다'의 뜻도 있는데, 또한 **it's called**라고 하면 '~라고 불러지고 있다' 혹은 '~로 불리고 있다'이다. **It's called that is Kimchi**라고 한다면 '그것은 소위 김치로 불리고 있다'인 것이다. **So-called**는 '이른바'의 뜻이다. 그래서 **He is so-called a gigolo**라고 하면 '그는 소위 말하는 제비족이다'의 뜻이 된다.

유사 표현 문장

○ **I think it's called basic instincts.** 그게 타고난 본능이라고 하잖아!
○ **The whole country is in an uproar about X-files incident.** 온 나라가 이른바 X파일 사건으로 떠들썩하다.
○ **Can you call me back when the call is expected?** 전화가 연결되면 연락 주시겠습니까?
○ **Of course, that is not a call for business as usual.** 물론 그게 평상시처럼 행동하라는 건 아니다.

Conversation

A) **We will marry for better or for worse!**
우리는 좋든 싫든 결혼할 겁니다!

B) **Wow! This calls for celebration!**
우왜! 이거 축하할 일이네요!

A) **Many thanks indeed. Without your help, we cannot made it.**
여러 가지로 정말 고맙습니다. 당신의 도움이 없었더라면, 저희는 (결혼을) 할 수 없었을 겁니다.

204 That is only her pride and joy.
Epic English
그것이 유일한 그녀의 자랑거리다.

'자랑거리'는 영어로 **a source of pride**나 **something one's pride of** 그리고 **a feather in one's cap**을 쓴다. 우리가 잘 알고 있는 **pride and joy** 역시 '자랑거리'이다. 그래서 '그것이 저의 자랑거리 입니다'라고 한다면 **That's my pride and joy**라고 한다.

여기서 '자랑거리'에 대한 여러 가지 상황을 알아보도록 해보자. 먼저 **have source of pride**는 숙어형으로 '자랑거리를 갖다'이고, **read source of pride**는 '자랑거리를 읽다', **forget source of pride**는 '자랑거리를 잊다'이다.

'자랑'은 명사형으로 **boast, brag, show off, be boastful** 등이 있다. 그래서 **boast of one's success**라고 하면 '자신의 성공을 자랑하다'가 된다. 또한 '힘을 자랑하다'라고 할 때에는 **boast of one's strength**를 쓴다. 물론 '당신이 자랑스럽다'라고 한다면, **I am so proud of you**를 쓴다. '자랑스럽다'는 **be + proud of ~**을 쓴다. 예) **I am so proud of my father as he is very brave.** (나는 우리 아버지가 매우 용감하기 때문에 자랑스러워한다.) **I am very proud of Mr. Woo's declare for stop smoking.** (나는 우 선생의 금연선언이 자랑스러워요.)

참고로 **talent**는 재능인데 **talent show**는 '장기자랑'을 말한다.

유사 표현 문장

- **This photograph is my pride and joy.** 이 사진은 나의 자랑거리이다.
- **Their new daughter is their pride and joy.** 새로 태어난 그들의 딸은 그들의 자랑거리이다.
- **The certificate was his only real feather in his cap.** 그 상장은 그의 유일한 자랑거리이다.
- **He is the pride of his parents.** 그는 양친의 자랑거리이다.

Conversation

A) The new sports stadium is the pride of the town.
  그 신설 경기장은 그 도시의 자랑거리입니다.

B) Yes, I saw it. That was totally awesome!
  네, 저도 봤는데 정말 굉장하더군요!

A) It could be an Olympic legacy.
  그게 올림픽 유산이 될 겁니다.

205 I only need it for reference purpose!
오직 참고용으로 필요할 뿐입니다!

대박영어

참고용? '참고용'은 영어로 **reference**이다. 그래서 **a reference list**라고 하면 '참고용 일람표'이고 '참고용으로 ~'는 부사형인 **referentially**이다.

원래 **reference**는 명사형으로 '말하기, 언급, 언급대상' 그리고 '언급한 것'의 뜻이다. 그래서 **reference book**은 '참고도서'이고 **cross reference**는 '상호참조(표시)', **reference point**는 '판단기준', **reference date**는 '기준일자'이고, **reference letter**는 '추천서', **reference number**는 '조회번호', **references**는 '증빙서류'이다. **Could you send your letter of reference to the admission office as soon as possible?** ((저를 추천하는) 당신의 추천서를 입학담당실로 가능한 빨리 보내주시겠습니까?)

'견본'은 **sample**이고, **swatch** 역시 '견본'이다. 그래서 **come up to sample**이라고 하면 '견본과 같다' 혹은 '견본 그대로이다'의 뜻이다.

참고로 **keep it at hand for reference**는 '참고용으로 그것을 가까이 두다'의 뜻이고 **at hand**는 '거리가 가까운, 가까운 장래에, 머지않아' 등의 뜻이다. **Close by**나 **near**의 뜻이라 생각하면 된다.

유사 표현 문장

○ **We will take up references after the interview.** 추천서는 면접 후 받습니다.
○ **There is a list of reference at the end of each chapter.** 각 장 끝에 문헌목록이 있습니다.
○ **This book store contains many reference books.** 이 서점에는 참고서적이 많습니다.
○ **Below is a helpful reference chart.** 아래는 유용한 참고표이다.

Conversation

A) **Why we need this much documents?**
왜 이렇게 많은 서류가 필요한가요?

B) **We only need them for reference purpose.**
오직 참고용으로 필요할 뿐입니다.

A) **I see.**
알겠습니다.

206
Epic English

He is trying to rationalize his violence.
그는 그의 폭행을 합리화시키려고 한다.

'합리화하다'의 명사형으로는 **rationalization**이 있고 동사형으로는 **streamline** 그리고 **rationalize**가 있다. 또한 **justification** 역시 '명분, 합리화'의 뜻이 있다. 그래서 **self-justification**은 '자기합리화'고, **make an excuse**는 '발뺌하다, 변명을 늘어놓다'이다. '회피하다'의 단어로는 명사형 **evasion**과 동사형 **evade** 그리고 **avoid**가 있다. 그래서 '답변을 회피하다'는 **evade answering**이라고 하고, '책임을 회피하다'는 **avoid responsibility**라고 한다. 예) **He is trying to avoid his responsibility.**(그는 책임을 회피하려고 한다.) 또한 **Don't avoid that problem**은 '그 문제를 회피하려고 하지 마라'이다. 그리고 우리가 잘 알고 있는 **dodge** 역시 동사형으로 '재빨리 움직이다, 비키다, 회피하다'의 뜻이 있어 **He dodged his military service** 하게 되면 '그는 병역을 회피했다'가 되고, **He dodge paying his taxes**라고 하면 '그는 납세를 기피했다'이다.

이들의 과거형은 **dodged**, 과거분사는 **dodged**, 현재분사는 **dodging**이다. 영화대사의 단골표현인 **You're only rationalizing**은 '그럴듯한 이유를 붙이고 있을 따름입니다'이다. **Rationalize**는 '합리화'의 뜻도 있지만 '현실적'의 뜻도 있다.

유사 표현 문장

- **He only try to justify his argument.** 그는 오로지 자신의 논리를 정당화하려 할 뿐이다.
- **She is a good at rationalizing things.** 그녀는 자기 합리화에 능하다.
- **This is an excuse not a justification.** 이건 해명이 아니라 변명이다.
- **Don't use me to rationalize your failure.** 네 실패를 합리화하는데 나를 이용하지 마세요.

Conversation

A) **He is trying to rationalize his violence.**
그는 그의 폭행을 합리화하려고 하고 있어요.

B) **Violence cannot be justified by any reason.**
폭력은 어떠한 이유라도 용납될 수 없습니다.

A) **You took out of my mouth.**
그 말 제가 하려던 거 였어요!

207

They turn a blind eye to this kind of practice.

이러한 관행은 눈감아 주고 있다.

Practice를 '연습'의 뜻으로만 알고 있는 분이 대부분이다. 하지만 practice에는 '연습' 말고도 '관행, 관습'의 뜻이 함께 있다. **Some companies still practice fraudulent accounting.** (일부 기업에서는 아직도 분식회계가 관행처럼 이루어지고 있다.)

그렇다면 '눈감아 주다' 혹은 '눈감아 주고 있다'라는 표현은 영어로 어떻게 할까? 먼저 '~하는 것을 묵과하다'라는 단어로는 **overlook, condone, connive, wink at** 등이 있다. 예) **I can't overlook your fault.** (너의 잘못을 묵과할 수 없다.)

Condone 역시 '용납하다, 묵과하다'의 뜻이 있다. **Terrorism can never be condoned.** (테러행위는 결코 용납할 수 없다.)

숙어형으로 자주 쓰이는 '눈감아 주다'의 표현으로는 **turn a blind eye to ~**를 비롯하여 **shut one's eyes, close one's eyes, keep one's eyes** 등 수없이 많다. **It's no good to shut your eyes to the truth.** (진실을 알면서도 모르는 체 하는 건 좋지 않아요.) **I cannot turn a blind eye to this situation.** (저는 이 상황을 못본 척 하고 넘어 갈 수 없습니다.) 그러므로 이것들만 잘 인지하고 응용하여 사용한다면 이 분야에서는 그야말로 **second to none**이 될 수 있을 것이라고 자부한다.

유사 표현 문장

○ **We shouldn't close our eyes to his fault.** 우리는 그의 과실을 눈감아 주어서는 안 됩니다.
○ **I can't connive at his gambling.** 난 그의 노름을 용납할 수 없습니다.
○ **Let this mistake through only this time.** 이 실수 한번만 눈감아 주세요.
○ **We agree that it is a bad practice.** 우리는 이것이 아주 나쁜 관행이라는 것에 동의한다.

Conversation

A) **I was very surprised that the police officer received money under the table.**
　경찰이 뇌물을 받는 것에 대해 정말 놀랐습니다.

B) **Forget it! They turn a blind eye to that kind of practice.**
　신경 쓰지 마세요. 그러한 관행은 눈감아 주고 있어요.

A) **Oh, that's too bad. I can't believe this.**
　그것 참 유감이네요. 믿을 수가 없어요.

208

Epic English

I think, your shyness is a part of your charm.
수줍음도 당신의 매력 중 하나입니다.

'매력'에는 charm 그리고 appeal, attraction, magnetism 등이 있다. 그 중에서도 우리에게 가장 익숙한 단어가 charm이다. 하지만 매력이 charm이라고 해서 다 charm을 쓰는 것은 아니다. '그녀는 아주 매력적이다'라고 할 때 She is really gorgeous라고 하기도 하고, She is a seductive woman이라고도 한다. 젊은이들 사이엔 She is a knock out이 더 널리 쓰인다. '매력적'은 charming이나 attractive를 쓴다. 그리하여 She made an attractive offer 하게 되면 '그녀는 매력적인 제안을 했다'이다. 또 하나 재미있는 표현으로 Are you coming on to me?라는 영화대사가 있다, 이것은 '당신 나한테 오는 것이냐?'가 아니라 '당신 지금 날 유혹하는 건가요?'이다. He may seem charming but it's all show라고 하면 '그는 매력 있을지 모르지만 다 가식이다'이다. 또한 He is a magnet for girls는 '그는 여자를 끄는 매력이 있다'인데 magnet의 뜻에 '자석, 자철' 말고도 '흡입자석, 사람을 끄는 힘, 매력' 등이 있다. 그래서 Why is he still a magnet?가 '그가 지금까지도 사람 마음을 끄는 이유가 무엇일까?'가 되는 것이다.

Shyness는 수줍음, 숫기 없음이지만 Work-shy는 '일하기 싫어하는'이다. He's a kind of work-shy. (그는 일종의 일하기 싫어하는 사람이죠.) Shy에는 유용한 용법이 있다. 물건을 사고 싶은데 돈이 약간 모자란다면? Can you cut down a little? (조금만 깎아주실래요?) I'm one dollar shy. (1달러가 모자라네요.)

유사 표현 문장

- **The magnet has attraction for iron.** 자석은 철을 끌어당긴다.
- **There is something attractive about him.** 그는 어딘지 사람을 끄는 매력이 있다.
- **I have an affinity for that.** 왠지 그것에 마음이 끌린다.
- **I got a crush on her.** 난 그녀에게 홀딱 반했어요!

Conversation

A) **She can speak English very well.**
그녀는 영어를 아주 잘 합니다.

B) **Yes! That's a part of her charm too.**
네, 그것 역시 그녀의 매력 중 하나죠.

A) **She's really gorgeous.**
그녀는 정말 매력적입니다.

209

대박영어

That design is very polished!
그 디자인은 정말 세련되었습니다.

'세련되다'에 해당하는 단어를 살펴보자. 우리가 잘 아는 **classy**는 형용사로써 '고급의, 세련된, 멋진'의 뜻이 있다. 그래서 **a classy player** 하면 '멋진 선수'의 뜻이 되고, **a classy coffee shop** 하게 되면 '세련된 커피숍'이 된다.

Sophisticate 역시 '세련된, 교양 있는'의 뜻이다. 그래서 '난 당신이 교양 있다고 생각합니다'라고 할 때 **I think you're a sophisticated person**이라고 하고, '나는 교양 있는 여자가 좋다'는 **I like the woman who is a sophisticate**라고 하는 것이다.

Polish는 '폴란드인, 폴란드의 ~'의 뜻도 있지만 '광택, 윤이 나게 하는', 그리고 '잘 닦여진, 세련된'의 뜻이다. 그래서 **There's very polished**라고 하면 '그거 세련됐네요'라는 뜻이 되는 것이다.

누군가가 언어를 전달하는 과정에서 세련된 말솜씨를 뽐내는 사람이 있다. 이때 언론에서는 **She is a very polished communicator**라고 한다. 말 그대로 '세련된 언어 전달자'라는 뜻이다. **Interpreter**나 **translator** 앞에 **polished**를 붙이면 '품위 있고 세련된 통역자, 번역자'의 뜻이 될 것이다.

유사 표현 문장

○ **She is very intelligent and sophisticates.** 그녀는 지적이고 세련됐다.
○ **The interior decor is very refined.** 실내장식이 아주 세련되었군요.
○ **She is a very classy woman.** 그녀는 아주 세련된 여자이다.
○ **That design is very classy.** 그 디자인은 아주 세련됐네요.

Conversation

A) **They live in a very rich neighborhood.**
그들은 아주 부자동네에 살고 있죠.

B) **Wow. That's why her clothes are very classy all the times.**
우와, 그래서 그녀는 아주 세련된 옷만 늘 입고 다녔군요.

A) **Yes, she's a fashionable woman.**
그래요, 옷을 잘 입는 여성이죠.

210

I feel out of place!
이거 썰렁하군요!

Epic English

이 표현을 잘못하면 엄청난 **Broken English**가 된다. 그 이유는 '썰렁'이라는 단어 때문이다. 이 말을 한국식으로 영작하면 **cold, chilly**라는 단어를 떠올리게 된다. 이것들은 다 온도에 관한 단어이므로, '분위기가 썰렁하다, 차갑다'의 경우에 대입하여 사용하면 엉터리영어가 된다. 분위기 파악 못하고, 나설 때와 아닐 때를 가리지 못하는 사람을 보고 '썰렁하다'고 말하는 것 아니겠는가? 차라리 **corny**나 **flat, awkward, lame** 등의 단어를 사용하여 표현하면 그런대로 의미가 통한다. 예를 들어 **The joke is so corny** 혹은 **flat**이라고 하면 '그 농담은 정말 썰렁하구만'이 되고 **feel awkward** 역시 '느껴지는 것이 어색하다'이니 '분위기가 그저 그렇다'이다. **Lame joke** 역시 '썰렁개그'를 의미한다. **Lame**에 '서투른, 어설픈'의 뜻이 있기 때문이다.

참고로 외화에 자주 나오는 표현 하나를 소개한다. **The environment is heavy.** 이 말은 '분위기가 무겁구만, 살벌하구만'으로 해석하면 된다. **Feel out of place**는 '그 자리에 속해 있지 않은 것 처럼 느끼다, 썰렁하다'이고 **not a hair out of place**는 '몸가짐이 머리카락 한 올의 빈틈도 없는'이다. **I feel out of place at formal ceremony.** (격식을 차린 행사장에서 그곳이 내 자리가 아니라는 느낌이 들었다.) **In this church, wear a long skirt or feel out of place.** (이 교회 안에서는 긴 치마를 입어. 아니면 어색할꺼야.(썰렁할거야.)) **As an professional undertaker, he doesn't have a hair out of place during the funeral.** (직업적인 장의사로서, 그는 장례식 동안 머리카락 한 올 흐트러진 데가 없었다.)

유사 표현 문장

○ **The atmosphere was rather strange and awkward at first.** 처음에는 분위기가 썰렁했다.
○ **I feel out of place.** 이거 정말 썰렁하구만.
○ **I was left out in the cold.** 나는 왕따를 당했어요.
○ **He is an outcast at school.** 그는 학교에서 왕따다.

Conversation

A) How was your presentation?
　발표회 어땠어요?

B) I felt out of place.
　썰렁했습니다.

A) Why? What happened?
　왜요? 무슨 일이 있었나요?

211

He is always bad mouthing others.
그 사람은 남에게 안 좋은 소리를 잘해요.

대박영어

'험담'은 영어로 **Slander**나 **backbiting**다. '뒷말하다'는 **Say something in people's back**이다. 그래서 '그는 남의 뒷말하기를 좋아합니다'라고 할 때에는 **He likes to say something in people's back**이라고 한다. 반대로 **I don't like to say something in people's back** 하게 되면 우리 식의 '뒷담화를 하고 싶지 않다' 즉 '뒷말하고 싶지 않습니다'이다.

Bad mouthing 역시 '험담, 뒷말'의 뜻으로 **He is always bad mouthing** 하면 '그는 항상 험담을 한다'의 뜻이 있다. **Speaking ill** 역시 '험담'의 뜻이 있어 **I caught him speaking ill of me** 하게 되면 '그가 내 험담을 하고 있는 것을 목격했다'가 된다. **Digging dirt** 역시 숙어형으로 '험담을 하다, 좋지 못한 소리를 하다'의 뜻이 있다. **He is digging dirt on me.** (그는 나를 험담했다.)

또한 **Backbiting** 역시 '험담'의 뜻이 있어 **Backbiting is a mean deed**는 '뒤에서 험담한다는 것은 비열한 짓이다'이다. **Backbiting is a mean thing**도 같은 뜻이다.

유사 표현 문장

- **They do a lot of backbiting.** 그들은 많은 험담을 늘어놓는다.
- **Please, stop back mouthing other people.** 제발 남 험담 좀 그만 하세요.
- **He is always talking about people behind their backs.** 그는 늘 뒤에서 남을 험담한다.
- **He is suing them for slander.** 그는 그들을 명예훼손죄로 고소 중이다.

Conversation

A) **I never ever talking him for a long time.**
저는 그 사람과 오랫동안 이야기를 해 본 적이 없어요.

B) **Why?**
왜요?

A) **Because he is always bad mouthing other people.**
그는 늘 남 험담을 잘하거든요.

212

Epic English

I feel very heavy with worries.
걱정으로 가슴이 답답해요.

'답답하다'의 뜻으로 쓰이는 단어는 **stuffy**나 **stifling** 그리고 **suffocating**이 있다. 또한 **heavy**를 써서 **feel heavy~**라고 하기도 한다.

이것들의 용도를 살펴보면 다음과 같다. **This room feels very stuffy.**(이 방은 너무 답답하군요.) **It's stifling here.**(여기는 너무 답답합니다.) **Some marriages can sometimes feel suffocating.** (결혼 생활은 때때로 숨 막힐 때도 있다.) 또한 **fret**를 써서 **There is no reason to fret about that**이라고 하면 '그것에 대해 초조해 할 필요가 없다(이유)'이다. **Reason to ~** 대신에 **need to ~**을 쓰기도 한다. **Need to** 역시 '~ 할 필요가 없다'이다. 가끔 **have to** 를 **need to** 대신해서 쓰기도 한다. 하지만 언어장벽으로 답답함을 느낄 때는 **frustrate**를 쓴다.

예를 들어 '제가 영어를 잘 못해서 정말 답답합니다'라고 한다면 **I feel frustrated because I don't speak English well**이라고 하면 된다.

유사 표현 문장

○ **I feel frustrated when I speak in english.** 영어로 말할 때 가슴이 답답합니다.
○ **I don't like the man who is stuffy.** 난 답답한 사람(꽉막힌)은 싫다.
○ **He holds rigid views.** 그는 생각하는 게 참 답답하다.
○ **I feel frustrated because I can't express myself well in English.** 영어로 제 의사를 전달하지 못해서 답답합니다.

Conversation

A) **I feel frustrated because I can't understand any English.**
영어를 이해할 수 없어서 답답합니다.

B) **Take your time, nobody is good from the beginning.**
천천히 하세요, 누구도 처음부터 잘 하는 사람은 없어요.

A) **I feel like tunnel visioned myself. I feel very heavy with worries.**
제 스스로가 우물 안 개구리 같아요. 걱정이 되서 가슴이 답답합니다.

213 대박영어

Different people call it different things.
코에 붙이면 코걸이 귀에 붙이면 귀걸이.

영어도 속담을 많이 알면 그 만큼 표현 능력이 강해진다. 그래서 관용어 표현도 중요하지만 속담도 중요한 것이다. 위에 있는 표현은 '귀에 걸면 귀걸이 코에 걸면 코걸이'라는 뜻으로 '이렇게 저렇게 상황에 따라 다르다'라고 할 때 쓰이는 문장이다. 비슷한 뜻을 가진 숙어형으로는 **on a whim** (즉흥적으로)도 있고 **according to situation** (상황에 따라)도 있다.

According to ~는 '~에 따라' 혹은 '~에 의하면'의 뜻이다. 예를 들어 '**MBC News**에 의하면 많은 사람들이 태풍으로 많은 것을 잃었다'는 According to MBC News, many people lost a lot by typhoon이다. 또한 **Scratch the surface**도 '수박 겉핥기' 혹은 '형식적으로'의 뜻이 있어 He works like scratch the surface라고 하게 되면 '그는 형식적으로 (수박 겉핥기 식으로)일을 한다'가 된다. 이 표현도 익혀두면 좋겠다. **I can't have even scratch the surface.** '아직 표면을 긁지도 못했습니다'이니 드 뜻은 '아직 그 일을 시작조차 하지 못했습니다'이다.

또한 '줏대가 없이'는 **faddishly**를 쓰거나 **have + no backbone**을 쓴다. He has no backbone. (그는 줏대 없이 행동한다.) 간혹 영화에 보면 '이랬다저랬다'하는 것은 Sometimes hot sometimes cold라고 하는데 이것은 '변덕이 심한 사람'을 일컫는 말이다.

유사 표현 문장

- **A person needs to have some backbone.** 사람은 줏대가 있어야 한다.
- **I'll play it by ear.** 임기응변 식으로 하겠습니다.
- **You have to be able to improvise.** 당신은 즉흥적으로 그것을 할 수 있어야 한다.
- **That depends on the situation.** 상황에 따라 해야 합니다.

Conversation

A) The decision was based upon two considerations.
그 결정은 두 가지 상황을 고려하여 결정한 것입니다.

B) My god! Different people call it different things.
세상에! 코에 걸면 코걸이 귀에 걸면 귀걸이구먼.

A) Firstly, we have his ear.
무엇보다도, 그는 우리가 하는 말이면 다 들어주거든요.

214

Epic English

I don't like the man who is a flash in the pan.
전 용두사미형 인간은 되기 싫어요(반짝하고 끝인 사람이 되기 싫어요).

'뒤끝이 있다'는 **hold a grudge**이다. 그래서 '그는 뒤끝이 있습니다'는 **He holds a grudge**라고 한다. 반대로 '뒤끝은 없다' 소위 '꽁하지 않다'라고 할 때에는 **I don't hold a grudge long**이나 **I don't hold any grudges**라고 한다.

그렇다면 '난 뒤끝이 있는 사람은 싫어요!'를 어떻게 할까? **I don't like the person who holds a grudge**라고 한다. 또한 '그 사람 한번 삐치면 오래 간다'라고 할 때에도 **He holds grudges for too long when he sulks**이다. **Sulk**에는 '삐치다, 부루퉁하다, 샐쭉하다'의 뜻이 있다. 그래서 **There is nothing to sulk about** 하게 되면 '그것은 삐칠만한 일도 아니다'이다. 아무튼 시작은 좋은데 끝이 안 좋은 것을 우리는 '용두사미'라고 한다.

미국에도 이 같은 것을 **A good beginning makes a bad ending**이라고 표현한다. **A flash in the pan**에서 **flash**는 '잠깐 번쩍이다, 번쩍거리다'의 뜻이다. 잠시 반짝하고 마는 인간은 되기 싫다는 뜻이다.

유사 표현 문장

- **The plan failed miserable after a good start.** 그 계획은 용두사미로 끝났다.
- **Long running conflicts are being brought to an end.** 장시간 갈등은 끝이 안 좋다.
- **This is just a flash in the pan.** 이것은 단지 일시적인 성공일 뿐이다.
- **We don't want this to be a flash in the pan.** 우리는 이 일이 일시적인 성공이 아니길 바란다.

Conversation

A) **I heard you made a big profit, why do you work hard again?**
제가 듣기론 돈을 많이 버셨다던데, 왜 그렇게 열심히 또 일하세요?

B) **Because I don't want to be the man who is a flash in the pan.**
왜냐하면 전 반짝하고 마는 사람이 되긴 싫어요.

A) **I see, you're a real business man anyway!**
그렇군요, 아무튼 당신은 대단한 사업가세요.

215

I'll consider it over and over again.

대박영어 심사숙고하겠습니다.

영어공부를 하면서 기본적으로 익혀야 할 숙어들이 있다. 바로 **think twice**이다. **Think twice before you + 동사원형**을 쓰면 '~하기 전에 한번 더 ~ 생각하세요'이다. 다시 말해서 '그녀랑 교재 하는 것 결혼 하기 전에 한번 더 생각해 보는 게 어떠세요?'라고 한다면 **Why don't you think twice before you marry her?**라고 하는 것이다. 비슷한 뜻을 가진 표현으로는 **over and over again**이 있다. 글자 그대로 '거듭해서~'라는 뜻이다. **He gave a lecture to me over and over again.** (그 사람 나한테 계속 지적질을 하지.) **Do not make same mistake over and over again.** (같은 실수를 반복하지 말아라.)

It's good for you looking before and after to make a decision도 비슷한 뜻이다. '결정을 내리기 전에 앞뒤를 살펴보는 것이 좋겠다.' **It's good for you looking both sides of the shield to make a decision**도 같은 뜻이다.

유사 표현 문장

- **He didn't think twice before helping me.** 그는 조금도 망설이지 않고 나를 도와주었다.
- **Saying it over and over again doesn;t change it.** 그걸 계속 말한다고 상황이 바뀌진 않아.
- **I told you over and over again.** 난 네게 몇번이나 말했지.
- **Stop singing that song over and over again.** 그 노래 좀 제발 자꾸 부르지 마

Conversation

A) **I am thinking of studying abroad.**
전 유학을 갈까 생각 중입니다.

B) **But please think twice before you go there.**
그러나 거기 가기 전에 한 번 더 생각하세요.

A) **Okay, I'll consider it over and over again.**
네, 심사숙고하겠습니다.

216
Epic English

I'll keep that in mind.
꼭 명심하겠습니다.

Keep에는 '(상태) 등을 유지하다', 혹은 '계속 있게 하다' 그리고 '지키다' 등의 뜻이 있다. **We huddled to keep warm.** (우리는 온도를 유지하기 위해 함께 바짝 붙어 있었다.) **What's keeping the bus?**는 '왜 버스가 안 오지?'이고 **keep quiet**는 '침묵을 지켜라' 즉 '조용히 해라'이다. 또한 **keep in touch**(연락 계속 해)나 **keep going**(계속 가라), **keep doing**(계속 해라) 등은 계속되는 상태를 의미하는 말들이다. 하지만 '지키다'는 의미도 있다. 그래서 **keep**은 곧잘 **obey**와 같이 쓰인다.

그리고 **keep**에는 '간직하다'의 의미도 있어 **Please keep my picture**라고 하면 '내 사진 간직하세요'가 된다. 여기서 **keep**에 대한 숙어 몇 가지를 알고 가도록 해보자. 먼저 **keep on**이다. '~으로 갈 때 계속 가시오', '계속하시오'를 나타내는 말이다. 그리고 **keep up**이다. **The rain kept up all day.** (비가 온종일 계속 내렸다.) 즉 '계속 되다'를 의미한다. **Keep away**는 '~계속 ~에서 멀리하다, 떨어져 있다'이고 **keep an eye on** ~는 '계속 주시하고 있어라'이다. **Please keep an eye on my bag.** (계속 해서 제 가방을 좀 눈 여겨봐 주십시오.) 또 **keep in mind**는 '계속 마음에 두다, 명심하다'이고 **keep that in mind** 역시 '그것을 마음에 두겠다'이니 '명심하겠습니다'가 되는 것이다.

유사 표현 문장

- **Please keep in mind what I said.** 내가 한 말을 잘 기억하시오.
- **Keep in mind that he is not your friend any more.** 그가 더 이상 당신 친구가 아니라는 것을 명심하시오.
- **I work out three times per week to keep fit.** 나는 건강을 유지하기 위해 일주일에 세 번 운동합니다.
- **So keep that in mind this if you're driving on weekend.** 주말에 운전하실 때는 이것을 명심해 두셔야 합니다.

Conversation

A) **You must stay out of her way okay?**
그녀랑 더 이상 접촉하지 마세요, 아셨죠?

B) **All right, I'll keep that in mind.**
명심하도록 하겠습니다.

A) **Be sure please.**
확실하게 하셔야 해요.

쉬면서 알고 가는 영어표현

T

Tell me about it. 그것에 대해서 한 번 말해 보세요.

Thank you for calling. 전화 주셔서 감사해요.

Thanks for everything. 여러 가지로 고마워요.

Thanks for the compliment. 칭찬해 주셔서 감사합니다.

Thanks for the ride. 차를 태워다 주어서 고마워요.

Thanks, but no thanks. 감사해요. 그러나 사양할게요.

That figures. 알겠네요.

That happens. 그런 일이 일어나지요.

That should help. 도움이 될 것입니다.

That sound good. 듣기에 좋군요.

That will be the day. 그렇게 되면 오죽 좋겠어요.

That's steal. 거저 가져가는 셈이지요. 쌉니다.

That's all right. 괜찮습니다.

That's all there is to it. 그렇게 하면 되는 그게 전부야.

That's enough about that. 그것은 그 정도로 충분합니다.

That's enough. 이제 되었어요.

That's good. 잘 되었어요.

색깔 있는 영어

- grey area 애매한 영역
- grey-haired 머리가 센
- grey pound 노인층의 구매력
- the grey hours 먼동이 틀 때

일상생활에 자주 사용되는 영어 표현들입니다.

That's hard to say. 말하기 곤란한데요.

That's a nice surprise! 이거 뜻밖인데요.(좋다는 의미)

That's not fair. (That's unfair) 불공평합니다.

That's the way to go. 바로 그겁니다.

That's what I mean. 그게 제가 말하는 것이지요.

There you are. 여기 있습니다.

Things will work out all right. 일이 잘 될 것입니다.

This is just between you and me. 우리들끼리의 비밀입니다.

This is not much. 약소합니다.

This is urgent. 긴급입니다.

This one? 이것 말이에요?

Time will tell. 시간이 말해줄 것입니다.

Time's up. 이제 시간이 되었어요.

Too bad! 안되었군요.

Too expensive. 너무 비싸네.

To the best of my knowledge~ 내가 알기로는~

Trust me. 나를 믿으세요.

색깔 있는 영어
- brown-bag (고동색 봉투에 싸는) 도시락 • brown rice 현미 • brown-nose (윗사람에게) 아첨하다
- brown study 심사숙고

217

I know that woman by sight not personally!
나는 그 여자를 본 적은 있지만 개인적으로 아는 것은 아닙니다!

'공은 공, 사는 사'를 영어로 Personal is personal, business is business!라고 한다. 또한 '그건 사적인 질문입니다'는 That's too personal이나 That's a personal matter라고 한다. 물론 personal matter가 '사적인 일'도 된다. Personal space는 '개인적인 공간'이고, personal ad는 '개인광고'이다. 은행ATM(현금지급기)에 personal code number를 입력하라고 나오는데, '비밀번호'를 말하는 것이다.

그리고 personal effects는 '개인 소지품'이고 personal circumstance는 '개인사정'을 말한다. 하지만 personality가 되면 '성격, 인격'의 뜻이 된다. 그래서 My wife has a strong personality 하게 되면 '우리 집사람은 성격이 강하다'가 되고, double personality는 '이중인격자' multi personality는 '다중인격자'를 의미한다. 하지만 부사인 personally~라고 하게 되면 주로 문장 앞에 붙는 단어로 그 뜻은 '나로써는~ 개인적으로 말하면~'의 뜻이다. 하지만 take personally 혹은 take something personally는 '개인적으로 ~ 받아들이다'의 뜻 말고도 '나쁘게 받아들이다'의 뜻이 있다. 그래서 영화에서는 곧잘 Don't take it personally라고 하곤 한다. 즉 '나쁘게만 받아들이지 마시오'이다.

우리가 비교적 잘 알고 있는 단어인 private 역시 형용사로써 '사유의, 개인의'의 뜻이 있다. 그래서 in private는 '개인적인 공간에서, 사람이 없는 데서'의 뜻을 가진 숙어이다. 예를 들어 I'd like to get together with her in private.(그녀와 개인적으로 사귀고 싶습니다.)

유사 표현 문장

- I want to talk to you privately. 개인적으로 상의할 일이 있습니다.
- I only know him by name. 난 오로지 그의 이름 정도만 압니다.
- At least I know his name and his job. 적어도 그의 이름하고 직업은 압니다.
- I've never met the man, but I know him by sight. 나는 그 남자를 따로 만난 적은 없지만, 본 적은 있습니다.

Conversation

A) Do you know anyone by the name of Tommy?
타미라는 이름을 가진 사람을 혹시 알고 계신가요?

B) Well, I know that man by sight not personally.
그게요, 그 사람을 본 적은 있지만 개인적으로 아는 것은 아닙니다.

A) You mean you know of him but not know him.
그 사람이 누군지 알기는 하지만 아는 사이는 아니라는 거로군요.

218 It's not a time to be laughing!
Epic English

지금 웃고 있을 때가 아닙니다!

Time은 '시간, 때'의 뜻이 함께 있다. 그래서 There is a time and a place for everything이라고 하면 '모든 것에는 때와 장소가 있습니다'이다. It's a time to 다음에 동사원형이 오면 '~할 시간입니다' 혹은 '~할 때입니다'이다. 물론 과거인 is 대신에 was time to~ 동사원형이면 '~했어야 할 때입니다'가 된다. 여기서 it's not a time to 동사원형이면 '~해야 할 시간(때)가 아닙니다'이다.

'지금 옥신각신할 때가 아닙니다'는 It's not a time to quibble이라고 한다. 또한 '지금 화낼 때가 아니다' 역시 It's not a time to be upset이라고 하는 것도 알아두자.

It's time for 뒤에는 명사가 온다. It's time for bed. (자야 할 시간이야.) It's time for lunch. (점심 먹을 시간이다.) It's time for study. (공부할 시간이야.) It's time for moving forward. (앞으로 나아가야 할 때야.) It's time for the big step. (크게 움직일 시간이다.)

유사 표현 문장

○ It's not a fun time to talk right now. 지금은 즐겁게 이야기 할 수 있는 시간이 아니에요.
○ It's not a good situation to talk about business. 지금은 사업에 관해 이야기 할 상황이 아닙니다.
○ There is a time and a place to talk about movie. 영화에 관해 이야기 하는 것도 때와 장소가 있습니다.
○ There is the Do's and Don'ts of studying English. 영어공부에 있어 해야 될 것과 하지 말아야 될 것이 있습니다..

Conversation

A) Would you like to go party tonight?
오늘 밤에 파티 가실래요?

B) Sorry, it's not a time to go somewhere.
미안해요, 지금은 어디 갈 상황이 아닙니다.

A) Okay, let's make it next time.
그래요, 다음번엔 꼭!

219 What is your favorite song?

대박영어

당신이 제일 좋아하는 노래는 어떤 건가요?

'개인이 제일 좋아하는 것'을 **favorite**라고 한다. 먼저 **favor**은 명사로서 '호의, 친절'의 뜻이다. 그래서 **treat a person with favor** 라고 하면 '~을 호의적으로 다루다, 취급하다 의'뜻이 된다 또한 우리가 잘 아는 **Would you do me a favor?**라고 하면 '부탁 하나 드려도 되나요?' 이다.

하지만 **favorite**는 형용사형이다. 그 뜻은 '마음에 드는, 매우 좋아하는, 총애하는'의 뜻으로서 **That is my favorite food**이라고 하면 '그것이 내가 제일 좋아하는 음식이다'가 된다. 여기서 **food** 대신에 **dish**를 쓰기도 한다. **dish**에는 '접시' 말고 '음식'의 뜻도 함께 있다. 그래서 '메인 요리'는 **main dish**이고, **side dishes**라고 하면 '주위에 있는 음식'이라는 뜻으로 '반찬'이 된다. **There are many side dishes today.**(오늘은 반찬이 아주 푸짐하군요.) 원래 **good**이나 **nice**는 '좋은'이고 비교급은 **better** 최상급은 **best**이다. 반대의 경우는 **bad**(나쁜), **worse**(더 나쁜), **worst**(최고로 나쁜)이 있다. 그렇다면 '좋은 게 좋은 거죠 뭐!'는 어떻게 표현할까? 이것은 영어로 **All is well that ends well!**이라고 한다. 말 그대로 '좋게 끝나는 것이 좋은 것이다'라는 말이다.

Favorite 다음에 명사가 온다는 것에 유의 하자. **favorite car, favorite movie, favorite sports** 등 자기가 좋아하는, 애용하는 것을 **favorite**라고 한다.

유사 표현 문장

- **What is your favorite car?** 당신이 제일 좋아하는 차는 어떤 건가요?
- **My favorite subject is English.** 내가 제일 좋아하는 과목은 영어입니다.
- **What do you like most about yourself?** 당신이 가장 마음에 드는 것은 어떤 점인가요?
- **What do you like about that person most?** 그 사람의 어떤 점이 가장 좋습니까?

Conversation

A) **What is your favorite book?**
당신이 제일 좋아하는 책은 어떤 건가요?

B) **My favorite book is Epic English.**
제가 제일 좋아하는 책은 대박영어입니다.

A) **What else?**
그 밖에는요?

220 Epic English

You must do it whether you like or dislike it!
당신은 좋든 싫든 그것을 해야 합니다!

미국영화를 시청하다 보면 **You must face the music**이라는 표현이 종종 나온다. '노래를 해야 한다'라고 오해하기 쉽지만 이 말은 '울며 겨자 먹기라도 해야 한다' 즉 '하기 싫어도 해야 한다'의 뜻이다. **Now you must face the consequences** 역시 '결과를 직시해야 합니다'로 종종 **We must up to** 즉 '받아들일 것은 받아들여야 한다', '현 상황을 직시해야 한다' 의 의미다. **We must move with the time**은 '시간에 맞게 움직여라'라는 말로 '현실에 맞게 행동해라'이다.

whether는 접속사로서 '~인지 아닌지', 혹은 '~든지 아니든지'의 뜻이다. 그래서 **I don't know whether to laugh or cry** 하게 되면 '웃어야 할지 울어야 할지 모르는 상황이다'이고, **whether for good or for bad** 역시 '좋건, 나쁘건~'의 뜻으로 문장 앞에 주로 자주 쓰인다. 그리고 **whether right or wrong**은 '맞고 틀리고를 떠나서 ~'의 뜻이다.

You must do it whether you like or not(dislike it)는 그래서 '싫든 좋든 당신은 그것을 해야 합니다'의 의미다. **Although** 역시 접속사로서 '~이긴 하지만'의 뜻으로 문장 앞에 자주 쓰이는 단어이다. **Although the sun was shining it wasn't very warm.**(비록 해가 비치고 있지만 날씨가 따뜻하지는 않다.)

유사 표현 문장

- **I will go there even if (though) I have to walk.** 난 걸어서라도 거기에 갈 겁니다.
- **I told him not to follow me, nevertheless he did.** 그에게 따라오지 말라고 했음에도 그는 나를 따라왔다.
- **In spite of his age he is still studying English.** 그는 나이가 있음에도 불구하고 영어공부를 한다.
- **We must study English whether we like or not.** 우리는 좋든 싫든 영어공부를 해야 합니다.

Conversation

A) We must meet them whether we like or not.
우리는 일단 싫든 좋든 그 사람들을 만나야 합니다.

B) But in this situation it's meaningless.
그러나 이런 상황에서는 무의미 합니다.

A) We have no choice.
우리에겐 선택의 여지가 없어요.

221

대박영어

Just use your common sense, okay?
그냥 상식적으로 생각하세요, 아셨죠?

Common sense는 '상식'이다. '양식'의 뜻도 함께 가지고 있다. 그래서 미국 드라마나 영화를 보면 **Just use your common sense, okay?**라고 하는 것이다. **Sense**는 우리가 알고 있는 '감각'이다. 그래서 **the five senses**라고 하면 '오감'이다. 즉 사람이 가지고 있는 5가지 감각이라는 뜻이다. 여기 **sixth sense**를 보자. 이것은 '육감'이다.

즉 '그가 여기 올 것이라는 것을 육감적으로 느꼈다(알았다)'라고 한다면 **I know it by my sixth sense that he comes here**라고 하는 것이다. **Sensitive**는 형용사형으로 '세심한 배려있는' 뜻으로 **a sensitive and caring man** 하게 되면 '세심하고 배려있는 남자'의 뜻이고 **sensible**은 '분별있는, 합리적인'의 뜻이다. **She is a sensible sort of person.** (그녀는 합리적인 사람이다.)

그리고 **sense of duty**는 '의리'를 의미하고 **have sense of language**는 '언어적 감각이 있다'가 된다. 그래서 흔히들 **I have no sense of language**라고 하는데 이는 '나는 어학적 감각이 없다'이다. 그렇다면 이번에는 **fashion**을 써서 **I have no sense of fashion**이라고 해보자. '나는 패션감각이 없다'가 될 것이다.

유사 표현 문장

- **I sensed that he was lying.** 그가 거짓말을 하고 있다는 걸 알고 있었다.
- **It doesn't make sense to do it again.** 그것을 다시 한다는 건 말이 안 돼요.
- **She become a sensation overnight.** 그녀는 하루아침에 돌풍을 일으키는 존재가 되었다.
- **We must use our common sense.** 우리는 상식적으로 생각해야 한다.

Conversation

A) **The more I meet him the more, I don't understand his attitude.**
그 사람을 만나면 만날수록 그 사람 태도를 이해 못하겠어요.

B) **Forget it just use your common sense okay?**
신경 쓰지 마시고 그냥 상식적으로만 생각하세요, 아셨죠?

A) **He's playing hard to get.**
그 사람 너무 튕긴다구요.

222

I don't mean to disparage your company.

당신의 회사를 폄하하고 싶은 생각은 없습니다.

Epic English

She says something in people's back이라는 말이 있다. 이 말은 '그녀는 사람들 뒤에서 뒷말하기를 좋아한다'이다. '험담'인 것이다. '험담'은 **bad mouthing**이라고 한다. '당신 말속에 뼈가 있군요'라고 한다면 **There is an anger in your word**라고 하고 **Why do you always twist my word?**는 '왜 당신은 항상 내 말을 비꼬는 거죠?'이다.

여기서 **disparage**는 동사형으로 '폄하하다, 험담하다'의 뜻을 가진 단어이다. '비난하다'의 뜻도 있어 **I don't like to disparage the new fellow**라고 하면, '나는 그 신입생을 비난하고 싶지는 않습니다'이다. 그 밖에 **criticize, attack, blame, reproach** 등이 다 '비난하다'의 뜻을 가진 동사이다. **Criticize**의 과거형은 **criticized**이고 현재분사는 **criticizing**이다.

예문을 보자. **We were taught how to criticize poems.**(우리는 시를 비평하는 법을 배웠다.) **Blame**의 용도는 **Why do I always get the blame for everything that goes wrong?** (왜 항상 무슨 일이 잘못되기만 하면 내 탓을 하는 겁니까?) **Reproach** 또한 '비난하다', 명사형의 '비난, 책망, 나무람'의 뜻으로 **His voice was full of reproach**(그의 목소리는 비난이 가득했다)가 있다.

유사 표현 문장

○ **He reproached himself for not tell her truth.** 그는 그녀에게 진실을 말하지 않은 것을 자책했다.
○ **I don't want to say something in bad way.** 나쁘게 말하고 싶지는 않습니다.
○ **I do not say that to disparage the effort.** 나는 그 노력을 폄하하는 그런 말을 하지는 않습니다.
○ **I don't want to disparage about his class.** 그의 수업을 비난하고 싶지는 않습니다.

Conversation

A **I don't mean to disparage about your company but this is too much!**
당신 회사에 대해 폄하하고 싶지는 않습니다만, 이건 너무 하잖습니까!

B) **Personal is personal, business is business.**
공은 공이고 사는 사입니다.

A) **Why always me?**
왜 늘 나만 갖고 그러세요?

223 She has a strong attachment to life!

대박영어

그녀는 삶의 애착이 강하다!

Be+possessive는 '애착을 갖다'이다. 그리고 '애착을 느끼다'는 have affinity라고 하거나 feel affinity라고 한다. 즉 '집에 대한 애착'이라고 한다면 attachment to one's house이다. 여기서 attachment는 명사형으로 '애착'이다. 그러나 attachment는 '애착' 말고도 '애정, 정'의 뜻도 있다. Affection와 같은 뜻으로 사용되곤 한다. 그래서 human affection이 '사람의 정, 인간의 정'을 뜻한다.

다시 말해 '사람의 정이 그립습니다'라고 한다면 I long for warm human affection이라고 한다. I miss the human affection이라고 해도 같은 뜻이다. 요즘은 누구나가 컴퓨터를 하고 e-mail을 한다. 메일을 하다 보면 첨부파일을 보내야 하는 경우가 있다. 이것을 영어로 attachment라고도 하지만 attached file이라고 하는 게 일반적인 표현이다. 그래서 attached file won't open 하게 되면 '첨부파일을 열수가 없습니다'가 되는 것이다. '첨부파일을 보내다'는 send an attached file이고 '첨부파일을 받다'는 get an attached file 그리고 '첨부파일을 보다'는 see an attached file이다. 다음 두 가지 문장을 살펴보자. Could you please send another attachment?(첨부파일을 다시 한 번 더 보내주시겠습니까?) Please check the attached file below(아래 첨부파일을 확인하세요)가 있다.

유사 표현 문장

- Our desire change over the years. 우리의 욕망은 미래를 바꾼다.
- That man's desire is sex, drugs and greed. 그 사람의 욕망은 섹스, 마약, 탐욕이다.
- A child's strong attachment to its parents. 자기 부모에 대한 아이의 강한 애착.
- As a teenager she formed a strong attachment to one of her teachers. 그녀는 10대 때 그녀의 선생님 중 한 분을 몹시 사모하게 되었다.

Conversation

A) She has a strong attachment to her life.
그녀는 삶에 대한 애착이 아주 강하더군요.

B) Yes, because she has two children.
네, 왜냐하면 그녀는 자녀가 두 명이나 있거든요.

A) That sounds makes sense.
이해가 갑니다.

224

Epic English

Do you want to be a know-it-all?
그렇게 나대고 싶니?

Do you want to stand out that much? '그렇게 서고 싶냐?' 정도 밖에는 무슨 뜻인지 감이 잘 오지 않는다. 하지만 숙어형으로 **stand out**은 '튀다, 나서다'의 뜻이 있다. 그래서 결국 '그렇게 튀고 싶은 거냐?'가 되는 것이다. 참고로 '설치다'는 **Run wild**, 혹은 **be unruly**를 쓴다. **Why are you running wild this early in the morning?**(왜 그리 아침부터 설치고 다니는 거니?) 하지만 정작 회화에 많이 쓰는 '깝죽거리다, 나대다'는 영어로 표현하기가 쉽지가 않다. 숙어형으로 **be a know-it-all**도 있고 **be a know-all**도 있다. 그래서 **He's such a smart-alecky know-it-all as if he know anything about design**라고 하면 '그는 디자인에 대해 뭘 좀 아는 것처럼 깝죽거린다'가 된다. **Behave frivolously**나 **act flippantly**

그리고 **act lightly** 등도 '깝죽거리다'의 숙어형이다. 또 하나 **act like all that**이라는 표현 '잘난 체하다'의 뜻이다. 그렇다면 이것은 어떤 뜻일까? **She acts like she knows everything.** (그녀는 자기가 모든 것을 다 아는 것처럼 행동한다)이다. **Like**는 '~처럼'이니 결국 **He acts like there is no tomorrow** 역시 '그는 내일이 없는 것처럼 행동한다.' 즉 '막 간다'라고 할 때 쓰는 표현 이다.

유사 표현 문장

- **I wash my hands of her.** 그녀에게 두 손 두 발 다 들었어요.
- **She acts like she is all that.** 그녀는 자기가 대단한 척 행동해요.
- **She is trying to stand out in front of people.** 그녀는 사람 앞에서 튈려고 노력해요.
- **I don't like to stand out.** 저는 나서는 것을 좋아하지 않습니다.

Conversation

A) **Do you want to be a know-it-all that much?**
그렇게 나대고 싶어요?

B) **No, you have the wrong person.**
아니요, 당신 사람 잘못 봤어요.

A) **Don't avoid the issue.**
말 돌리지 마세요.

What are you good at then?
그럼 당신이 잘 하는 건 뭡니까?

학창시절 끔찍이도 외우던 숙어가 a good at ~ ing and a poor at ~ ing이다. Good at ~ ing는 '~을 잘한다'이고 poor at ~ ing는 이와 반대되는 상황을 의미한다. 그래서 '그는 영어회화를 잘 합니다'라고 할 때 He is a good at speaking English라고 하고 반대로 '그는 돈 버는 재주는 없습니다'는 He is a poor at making money라고 하는 것이다.

다른 표현으로 '저는 계산이 서툽니다'라고 한다면 I am a poor at figure라고 해도 되고 I am a poor hand at figure라고 해도 된다. '~에 소질이 있다'는 have talent for ~라고해도 무방하지만 같은 뜻의 숙어형으로 have an aptitude for 나 have a bent for 역시 '~에 소질이 있다'이다. 영화를 보면 She has the making of money라고 나오는데 여기서 has the making of ~이 '~에 소질이 있다'이다. 이 뿐만이 아니다. Have the quality of ~ 역시 '~에 소질이 있다'이고 '~에 일가견이 있다'는 is second to none of ~를 쓴다. She is second to none in that field. (그녀는 그 방면에는 천하무적이다.) He has the quality of singing. (그 노래에 소질이 있습니다.) have talent for도 자주 사용해보자.

예) **I have a talent for language.** (저는 어학에 소질이 있습니다.)

유사 표현 문장

○ **We must develop our talent (for)~** 우리는 소질을 개발해야 합니다.
○ **By going after what she was good at, she became a teacher.** 그녀는 적성을 살려 교사가 되었다.
○ **He has a talent for golf.** 그는 골프에 소질이 있습니다.
○ **He is a good at playing the piano.** 그는 피아노를 잘 칩니다.

Conversation

A) **I don't have talent in that sense.**
저는 그런 감각에 소질이 없습니다.

B) **What are you good at then?**
그럼 당신이 잘 하는 건 대체 뭡니까?

A) **When it comes to music, I'm tone deaf.**
음악에 관한 한, 저는 음치라구요.

226

Epic English

I don't see anything I like!
마음에 드는 것이 하나도 없군요!

I don't like any of it은 '마음에 드는 게 하나도 없구나'이다. I can't find anything I like 역시 팝송이나 영화에 자주 나오는 표현으로 '마음에 드는 게 하나도 없군요!'이다. 다시 말해서 '당신의 행동이 하나도 마음에 드는 게 없군요'라고 한다면 I don't like any of your act가 될 것이다. '내 마음은 당신이 알아주는군요'는 You read my mind 라고 한다. 말 그대로 '내 마음을 읽어준다'이다. 또한 '네 얼굴에 다 씌여 있다'라고 한다면 영어로는 Your face tells it이라고 한다. '네 얼굴이 말해준다'라고 표현하는 것이다. 그래서 단어를 많이 아는 것만이 능사가 아니다.

많은 영어책을 탐독하는 것도 영어회화를 잘 할 수 있는 길 중에 하나다. 또한 I don't see the ends of ~ing나 명사는 '~해도 해도 끝이 없다'이다 말 그대로 'end가 보이지 않는다'이다. 예를 들어 I don't see the end of studying English.(영어공부는 해도 해도 끝이 없다.) 그리고 '~한다고 세상이 다 끝나는 게 아닙니다'는 It's not the ends of the world that S+V이다. '영어 못한다고 세상 끝나는 게 아닙니다'가 있다면 이렇게 표현 하면 될 것이다. It's not the ends of the world that I don't speak English!

유사 표현 문장

○ **I don't like the looks of him.** 그의 외모가 마음에 안 듭니다.
○ **I don't like who I am.** 나는 내가 마음에 들지 않는다.
○ **I don't like in our relationship.** 우리 관계가 마음에 들지 않습니다.
○ **I don't like the idea of being a guinea pig.** 난 실험대상이 된다는 그 생각이 마음에 안 든다.

Conversation

A) **I don't see anything I like no matter what you do.**
당신이 뭘 어쩌려고 해도 마음에 드는 건 하나도 없어요.

B) **Please see me in good way.**
좋게 좀 봐주세요.

A) **Sorry, you're not my favorite.**
죄송해요, 당신은 제 취향이 아닙니다.

227 It is well known that time is gold!

대박영어

잘 알려진 바와 같이 시간은 돈이다!

As의 용법은 백만 번을 강조해도 지나치지 않다. 먼저 **as a ~** 명사는 '**~와 같이**'의 뜻이다. 그래서 **act as a writer**하게 되면 '작가답게 행동해라'이다. **Act like a writer**(작가처럼 행동하라)와는 다소 차이가 있다. 그리고 **as soon as** '~ 하자마자' **as soon as possible** '가능한 한 빨리' **as often as possible** '가능한 한 자주' **as good as** '~와 마찬가지로' **as long as I live** '내가 사는 동안에' **as matter of fact** '~사실은요' 등 수 없는 as의 용법이 있다. '잘 알려진 바와 같이'로는 **as you know** 가 있고 **you know**는 '저 있잖아, 그 왜 있잖아~의' 뜻으로 의미 없이 문장 앞에 붙여 쓰는 단어이다. 그래서 미국인들은 곧잘 **you know, you know**를 반복해서 말하고 한다.

I know와 **I see**의 차이점도 있다. **I know**는 알고 있는 어떠한 상황이나 일들을 들었을 때 **I know** '나도 알고 있어요!'의 뜻이고 **I see**는 이와 반대로 몰랐던 사실을 알았을 때 **I see** '아, 알겠습니다'의 뜻이다. **Be + well known** 은 숙어형으로 '~알려지다' 혹은 '알려져 있다'의 뜻이고 **famous for+**명사는 '~으로 유명하다'의 뜻이다. 예를 들어 '베트남은 커피로 유명하다'라고 한다면 **Vietnam is famous for coffee**이다. 참고로 **as you well know** 나 **you know well**~은 다 같이 '네가 잘 알다시피'이다.

유사 표현 문장

- **Doesn't happen often, as you well know.** 잘 알다시피 자주 있는 일은 아닙니다.
- **I know every inch of here.** 여기는 제가 구석구석 훤히 알고 있습니다.
- **Egyptian art was the most advanced art ever known.** 이집트 예술은 알려진 바와 같이 가장 발달한 예술이다.
- **The beast is well known for their man eating reputations.** 그 짐승은 사람을 잡아먹는 것으로 잘 알려져 있다.

Conversation

A) **He is well known about making money well.**
그 사람 돈을 잘 벌기로 이미 정평이 나 있습니다.

B) **Wow, I need to talk to him.**
와, 그와 이야기 한번 해야겠네요!

A) **Do I arrange a meeting?**
제가 한 번 면담을 주선할까요?

228

I don't know how to + 동사원형
난 ~ 하는 법을 모른다!

Epic English

영어회화에서 가장 중요하고 많이 사용하는 것이 바로 **~ how to + 동사원형**이다. 즉 '**영어 공부하는 방법이 필요하다**'라고 한다면 **I need how to study English**이고 '**그 사람은 말하는 방법을 모른다**' 즉 '**말 주변이 없다**'는 **He doesn't know how to talk**이다. 또한 인사성이 없는 사람에겐 **She doesn't know how to say hello**라고 한다. 즉 '**hello하는 방법을 모른다**'라는 뜻이다. 그리고 운전하는 법을 모르거나 지리를 몰라 약속장소에 갈 수 없을 때도 그들은 **I don't know how to drive** 그리고 **I don't know how to get there!**라고 한다.

영어를 잘 할 수 있는 방법이 있다. 어려운 문장 하나를 외웠으면 최대한 여러 가지 상황들을 머리 속에 설정하고 응용해서 여러 가지 표현을 하는 것이다. '**여자만 만나면 숙맥이 된다**'는 **I don't know how to talk when I meet woman** (여자만 만나면 말을 못하겠어요)인데 이를 **He doesn't know how to save the money**(그 사람은 돈을 절약할 줄 몰라요) **You don't know how to control your feeling**(너는 너무 성격이 급해) 등 수없이 많은 표현으로 응용해서 써보는 것이다.

유사 표현 문장

- **I don't know how to cook.** 난 요리하는 법을 모릅니다.
- **She doesn't know how to do business.** 그녀는 사업을 몰라요.
- **We don't know how to study English.** 우리는 영어 공부하는 방법을 모릅니다.
- **He doesn't know what is the family.** 그는 가족이 뭔지 몰라요.

Conversation

A) Tom quarreled with his friend.
탐이 친구들 하고 싸웠어.

B) Really? He doesn't know how to talk.
그는 말이 좀 거칠어.

A) That's just a tip of the iceberg.
그건 단지 빙산의 일각이라구.

229 I am not asking you to pay okay?

대박영어

당신보고 돈 내라고 하는 건 아닙니다, 알아요?

'~하라고 한 건 아닙니다!'는 영어로 **I am not asking** 목적격 **to** 동사원형 꼴이다. **Ask**에는 '묻다'라는 뜻만 있는 것이 아니다. '부탁하다'의 뜻도 함께 있다. 그래서 위 문장이 '당신보고 돈 내라고 부탁한 건 아닙니다'가 되는 것이다. 예를 들어 '나를 도와달라고 한 건 아니야!'라고 한다면 **I am not asking you to help me**이다. '설마 ~하는 건 아니죠' 역시 '설마'에 생각이 많아지면 혀가 굳는다. (**tongue tied**) 이럴 때는 그냥 **Please don't tell me** +주어+동사를 쓰면 된다. 그래서 **Please don't tell me you're busy everyday?**라고 하면 '설마 매일 바쁘다고 하는 건 아니죠?'이다. 그래서 단어위주로 영작을 하면 올바른 영어표현을 할 수가 없다. '오히려'라는 단어가 있다고 생각해 보자. '오히려 영어공부를 해야 할 사람은 당신이다'라고 표현할 때, 무엇보다도 '오히려'라는 단어가 걸림돌이 된다.

이 문장을 보자. **You're the one who must study English.** (영어를 공부해야 할 사람은 당신이다.) 여기에 '오히려'가 빠졌다. 하지만 **You're the one**이 결국 '오히려'라는 뜻을 나타낸다. '오히려 화를 낼 사람은 나다, 그런데 왜 당신이 화를 내는 겁니까?'를 영작해 보자. **Why you get angry me, I am the one who get angry!**

유사 표현 문장

- **I am not asking her to go there.** 그녀에게 거기에 가달라고 부탁한 건 아닙니다.
- **I am not asking him to buy me a bike.** 그에게 자전거를 사달라고 한 건 아닙니다.
- **I am not asking you to go there and fix my car.** 당신보고 거기 가서 내 차를 고쳐달라고 한 건 아닙니다.
- **I am not asking you to be a number one student.** 최고의 학생이 되라는 건 아닙니다.

Conversation

A) **I am not asking you to go with me!**
당신보고 저랑 같이 가자고 했던 건 아닙니다.

B) **But you always push me.**
그러나 항상 당신은 나에게 강요를 하잖아요.

A) **I didn't mean it.**
그런 뜻이 아니었습니다.

230 What do you think of Korean movie?
Epic English
한국영화를 어떻게 생각하세요?

많은 사람들이 실제적인 필요성 때문에 영어공부를 한다. 하지만 여전히 영어에 대한 컴플렉스가 많다. '~에 콤플렉스가 있습니다'는 **I have a complex ~**보다는 **I have a hang up about** +명사가 흔히 쓰인다. 그러므로 '영어에 대한 콤플렉스가 있습니다'라고 한다면 **I have a hang up about English**이다. 다시 본론으로 돌아오자. 많은 분들이 영어공부를 하고 있지만 **What do you think of** +명사 와 **How do you feel about** +명사 차이를 모르고 있다. 하물며 **What do you think of ~**를 **How do you think of ~**라고 표현하는 사람도 있다. 그 차이를 알아보자. **What do you think of ~**는 상대방의 생각을 묻는 것이고 **How do you feel about me?**는 느낌을 묻는 말이다.

예를 들어 '그 여자에 대한 느낌(감정)이 어때요?'라고 물을 때 **How do you feel about her?**라고 하고 **How do you like** +명사는 '~이 어떻습니까?' 느낌과 생각을 종합해서 묻는 말이다. **How was ~**는 '~이 어땠습니까?'로 **How was your weekend?** (주말 어땠습니까?)가 있고 **how about** + 명사는 '~이 어떻습니까?'의 뜻이다. 상대방의 의사를 묻고자 할 때 주로 **how about ~**식을 쓴다. 예를 들어 **How about coffee?** '커피 어때요?'이다.

유사 표현 문장

○ **What do you think of my coffee?** 내 커피 맛이 어떻습니까?
○ **How was your summer vacation?** 여름 휴가가 어땠습니까?
○ **How about going to see a movie tonight?** 오늘 저녁 영화 보러 가는 건 어때요?
○ **How's weather today?** 오늘 날씨는 어때요?

Conversation

A) **What do you think of his plan?**
　　그 사람의 계획이 어떻습니까?

B) **That's outstanding I think.**
　　제 생각에는 정말 기가 막힌 것 같습니다.

A) **Please tell me more.**
　　좀 더 말씀해 주세요.

231

대박영어

Shallow people tend to make a big show!
실속 없는 사람이 겉만 요란한 법이요.

미국인과 자주 대화를 하는 사람이라면 **That is really no more than froth!**이라는 표현을 들었을 것이다. **Froth**는 '거품'이다. 그래서 **a glass of beer with thick froth on top**이 '위에 거품이 가득 얹힌 맥주 한잔'이다. **This is really no more than froth**는 '거품 말고는 없다'이니 결국 '정말 실속이 없다'라는 뜻이다. 우리나라 속담 '빛 좋은 개살구'는 그냥 **It's a good for nothing**이라고 한다. 겉은 좋은데 안은 **nothing**이라고 표현한 것에서 비롯됐다. '실속'의 뜻을 가진 단어로는 **substance**가 있어 **Be + substantial**라고 하면 '실속이 있다'이고 반대의 경우는 **be + nominal**을 쓴다. '실속을 챙기다'는 **take what really matters**로, **he always want to take what really matters**라고 하면 '그는 항상 실속을 챙기려고 한다'가 된다. 형용사 **Hollow** 역시 '속이 빈'의 뜻으로 **hollow ball**이라고 하면 '속이 비어있는 공'이란 뜻이고, **hollow**는 **useless**(쓸모없는, 헛된), **worthless**(가치 없는, 쓸모없는) 등과 같이 종종 쓰인다. **Shallow** 역시 형용사로서 '얕은, 얄팍한'의 뜻으로 **Shallow people tend to make a big show**라고 하게 되면 '얄팍한 사람들은 크게 뭔가 보여주려는 경향이 있다'라는 말로 '실속 없는 사람들이 큰 것을 만들려는 경향이 있다'라는 뜻이다. 그래서 '잔머리를 굴리는 사람'을 **Shallow person**이라고 한다. **He is a man of shallow brained**. (그는 어리석은 사람이다.)

유사 표현 문장

- **You should choose substance over appearance**. 보기 좋은 것 보다 실속을 택해라.
- **This movie is really no more than froth**. 이 영화는 정말 실속이 없다.
- **We must eat something more substantial**. 우리는 뭔가 실속 있는 것을 먹여야 한다.
- **Do not make a big show of yourself toright, please**. 오늘 밤엔 제발 네 자신을 과시하지 말아라.

Conversation

A) **He looks like very gentle and handsome**.
그 사람은 정말 신사답고 잘 생겼어.

B) **What good is overward appearance without the content**.
허우대만 멀쩡하면 뭐해 실속이 있어야지.

A) **You mean, shallow people tend to make a big show?**
그 말은, 실속없는 사람이 겉만 요란하다는 거죠?

232

Epic English

I shacked up with her for 2 years!
난 그녀와 2년 동안 같이 동거를 했다!

인기드라마 Sex and the City를 보면 '난 결혼은 반대지만 동거는 OK야'라는 말을 한다. 그래서 드라마 방송 직후 동거에 대한 기사가 나왔다. **Young people are afraid to get married, so they shack up**이다. 이 말의 뜻은 '요즘 젊은이 들은 결혼이 두려워서 동거를 한다'이다. 동거가 영어로 **shack up**이다. 물론 동거를 **live together**라고 해도 뜻은 통한다.

하지만 이 같은 경우에는 뒤에 뭐가 붙여야 어떤 의미의 **live**인지 알 수 있다. 연인으로 같이 사는 것인지 아니면 친구나 단순한 **roommate**인지. **We're living together without being legally married.** (우리는 법적 결혼 없이 동거를 하고 있다.) **Cohabitation**은 명사형으로 '동거'이고 동사형인 **cohabit**은 '남녀가 동거를 하다'의 뜻이다.

That couple has cohabited for many years. (그 커플은 수년간 동거를 하고 있다.) 옛 여자 친구는 **ex**가 들어가서 **ex-girl friend**라고 하고 '옛 남편'이나 '전 처' 같은 경우에도 **ex-husband**, **ex-wife** 식으로 표현한다. 마지막으로 '전 ~'의 경우는 **former**가 붙는다. '전직 대통령'을 **former president**라고 하지 않던가?

유사 표현 문장

- **He is former president of USA.** 그는 미국의 전직 대통령이다.
- **She is my ex-wife.** 그녀는 나의 전처입니다.
- **She insists that Tom and her were shaked up for 5 years.** 그녀는 톰과 자기가 5년간 동거했다고 주장했다.
- **Write down the names of family members who live with you.** 동거하고 있는 가족의 이름을 적으시오.

Conversation

A) **I don't mind personal questions.**
개인사에 대한 질문도 괜찮습니다.

B) **I heard she is your ex-girl friend. Is that true?**
듣기로 그녀가 당신의 전 여자 친구였다던데 그게 사실인가요?

A) **Yes I shacked up with her.**
그래 그녀와 동거까지 했었지요.

233

Isn't there anyway out?
뽀족한 방법이 있을까요?

대박영어

Way는 '길'이다. 그래서 **one way**는 '일방통행'이고 **two way street**는 '쌍방통행'이다. '사랑은 주고받는 것이다'라고 한다면 **Love is two way street**라고 한다. 팝송 제목 중 **One way ticket**이라는 노래가 있다. '편도 티켓'이라는 뜻이다. '왕복'은 **round trip ticket** 혹은 **return ticket**이라고 한다. 하지만 **way**에는 '길' 말고도 '방식', '방법'의 뜻이 더 많다고 해도 과언이 아니다.

예를 들어 **I don't like the way you talk**라고 한다면 여기서 **way**는 '방식'으로 해석한다. 이 문장의 뜻은 '나는 네가 말하는 방식(스타일)이 마음에 들지 않는다'이다. 여기서 살짝 말을 바꿔서 '그가 일하는 방식이 마음에 들지 않는다'라고 한다면 **I don't like the way he works**가 된다. 우리가 속담으로 알고 있는 '뜻이 있는 곳에 길 있다'는 영어로 **Where there is a will there is a way**다. 그리고 '오는 도중에 ~ 좀 해주세요'라고 할 때에는 **on the way**를 쓴다. 예를 들어 **Please buy me a coke on the way to come home.** (집에 오는 도중에 콜라 하나 사오세요.) 하지만 '~하는데 뽀족한 방법이 없을까요?'는 **way out**에는 '비상구'의 의미도 있다. 예를 들어 '부자가 되는 뽀족한 방법이 어디 없을까요?'라고 한다면 **Isn't there any way out to be a rich?**라고 하면 되는 것이다. 다음 표현도 익혀두자. **No way out.** (탈출구 없음. 막힌 길.) **It's a dead-end.** (막다른 길이야.)

유사 표현 문장

- **Isn't there anyway out to meet her?** 그녀를 만날 수 있는 뽀족한 방법이 어디 없을까요?
- **Isn't there anyway out to speak English well?** 영어로 말 할 수 있는 뽀족한 방법이 없을까요?
- **I need a way out to get a job.** 취직을 할 수 있는 뭔가의 방법이 필요하다.
- **I am trying to figure a way out, that's all.** 난 방법을 찾으려는 거야, 그게 다야!

Conversation

A) **What wrong with you?**
뭐가 잘못되었나요.

B) **Isn't there anyway out to get out of here? I'm locked out.**
여기서 빠져 나갈 수 있는 뽀족한 방법이 없을까요? (문이 밖으로 잠겨서) 갇혔습니다.

A) **Wait, I'll find out for you.**
제가 알아봐 드릴게요.

234

She answered my question brusquely!
그녀는 아주 무뚝뚝하게 나에게 대답했다!

Epic English

Unfriendly는 우리가 알고 있다시피 '정답지 못하다'라는 뜻이다. 물론 반대는 friendly이다. 그래서 '그는 무뚝뚝한 태도로 손님을 대했다'라고 한다면 He treated the visitor in an unfriendly manner라고 하곤 한다.

그렇다면 '무뚝뚝하다'의 뜻을 가진 단어로는 어떤 것들이 있을까? Curt, brusque, abrupt, gruff 그리고 unfriendly나 cold 역시 '무뚝뚝하다'라고 할 때 쓰이는 단어들이다. 먼저 be + curt to는 '~에 무뚝뚝하다'이고 a gruff manner는 '무뚝뚝한 태도'이다. Rugged-kindness 역시 '무뚝뚝한 친절'을 말한다. '까칠하다'에는 sass나 scabrous를 써서 Don't be scabrous, it's the same things (까칠하게 굴지 마, 다 같은 거야)도 있다. 하지만 '잠을 잘 못 자서 얼굴이 까칠할 때'에는 haggard를 써서 My face is haggard from the lack of sleep이라고 한다. Cranky 또한 '괴팍한, 까칠한, 까다로운'의 뜻으로 He is so cranky라고 하면 '그는 정말 까칠한 사람이다'이다.

그리고 '도도하다'라고 할 때에는 Haughty 나 arrogant 그리고 stuck-up이나 snooty를 쓴다. 또한 '새침때기'나 '새침하다'는 coy를 쓴다. She had a coy expression on her face.(그녀는 새침한 표정을 지었다.) 우리가 잘 아는 '까탈스럽다'는 일반적으로 fussy를 쓴다.

유사 표현 문장

○ Don't be fussy over small things. 사소한 것에 목숨을 걸지 마라.
○ She always keeps her presence of mind. 그녀는 언제나 냉정하다.
○ He was staring me with cold eyes. 그는 차가운 시선으로 나를 바라보았다.
○ She is very blunt in his bearing(manner). 그의 태도는 참으로 무뚝뚝하다.

Conversation

A) Why she have such a long face this morning?
오늘 아침 그녀가 왜 그렇게 시무룩한 거죠?

B) It's usual. She has a curt manner.
늘 그래요. 그녀는 아주 무뚝뚝한 사람이에요.

A) I see, that's way she answered my question brusquely.
아 그렇군요, 그래서 제 대답에 그렇게 무뚝뚝하게 대답했군요.

쉬면서 알고 가는 영어표현

T U W

Try again. 다시 해 보세요.

Uh-uh. 오오 아닌데요.

Unbelievable. 믿을 수가 없네.

Up to here. (목까지 손으로 대어 보이면서) 폭발 일보전입니다.

Up, or down? 올라가요? 아니면 내려가요?

Watch out! 위험해, 주의해요.

Watch your language. 말조심해요.

We are in the same boat. 우리는 같은 처지/운명이지요.

Welcome home! 집에 온 것을 환영합니다.

Well done. 잘했어요.

What a nerve! 뻔뻔하군요.

What a relief! 이제 맘이 놓인다.

What a shame. 이게 무슨 창피한 노릇인가?

What about it? 그게 어떤데요?

What about you? (What about me?) 당신은 어때요? (나는 어때요?)

What brings you here? 어떻게 오셨지요?

What did you say? 뭐라구요?

색깔 있는 영어

- Purple Heart (미국: 전투 중 부상병에게 주는) 훈장 • purple state (미국) 공화, 민주 양당 경합주
- turn purple 몹시 노하다 • ware the purple 제위(帝位)에 오르다

일상생활에 자주 사용되는 영어 표현들입니다.

What do you do? 직업이 뭐지요?

What do you know? 무엇을 알고 있지요?

What did you say? 뭐라고 말하셨나요?

What do you think of it? 이것에 대해서 뭐라고 생각하세요?

What do you think? 무엇이라고 생각하세요?

What for? (For what?) 뭐 때문이지요?

What makes you say that? 무슨 근거로 그렇게 말하세요?

What? 뭐라구요?

What's it called? 그것을 뭐라고 부르지요?

What's today's special? 오늘 특선 요리가 뭐지요?

Whatever you say. 뭐라고 하시던지요.

What's happening? 어떻게 지내요?

What's new? 그동안 새로운 거 있었어요?

What's the big deal? 뭐가 그 난리에요?

What's the point? 요점이 뭐지요?

What's up? 어떠세요? (인사말)

What's wrong? 뭐가 문제에요?

색깔 있는 영어

- gold-digger 꽃뱀 · fool's gold 빛 좋은 개살구 · good as gold 예의 바른
- gold-collar 두뇌노동자

235 Do as I say not do as I do!
대박영어
내 말은 따라 하되, 행동은 따라 하지 마세요!

'~처럼 행동하라'는 act as a ~ 명사를 쓰면 된다. 다시 말해서 '작가답게 행동하시오'라고 한다면 **Please act as a writer**가 된다. 여기서 **do as**는 '~처럼 하라'이다. 그래서 **Don't talk back and just do as I said**라고 한다면 '말대답하지 말고 내가 그냥 하라는 대로만 해!'의 뜻이다. 반대로 **Do as you please**나 **Do as you want**는 '네가 원하는 대로 하세요'가 된다. 그러나 위의 문장 표현처럼 **Do as I say, not do as I do**라고 한다면 '내 말대로 하되 행동은 나를 따라 하지 마시오!'가 되는 것이다.

또한 **do as a gentleman** 하면 '신사답게 행동하시오'이고 속담인 **When you in Rome, do as the Romans do**는 '로마에 가면 로마법을 따르시오'이다. TV나 영화에 자주 나오는 표현인 **do as one is told**는 '명령대로 행하다, 지시대로 행하다' 또는 '시키는 대로 하다'의 뜻이고 **do as one please**는 '임의대로 하다'의 뜻이다. **As**는 전치사이다. 뜻은 '~처럼, ~같이'의 뜻이다. 예) **I am drinking coffee as usual.**(나는 여느 때와 같이 커피를 마시고 있다.) **Such as~**는 '예를 들어, ~와 같이'이다. 예) **Wild flowers such as primroses are becoming rare.**(예를 들어 앵초와 같은 야생화들이 점점 희귀해 지고 있다.) **As well as**는 '~에 더하여, 게다가'이다. 예) **All this as well as discounts at thousands of hotels worldwide.**(여기 뿐 아니라 전 세계 수천 개의 호텔에서 숙박료 할인을 받을 수 있습니다.)

유사 표현 문장

○ **I have come to see you and to have a talk as well.** 당신 얼굴도 보고 이야기할 것도 있고 해서 겸사겸사 왔습니다.
○ **You can have as much as you want.** 원하시는 만큼 가지세요.
○ **There were as many as 200 people at the lecture.** 그 강연에는 무려 200여명이나 와 있었다.

Conversation

A) **Do as I say not do as I do, okay?**
내 말은 따라 하되 내 행동은 따라 하지 마, 알았지?

B) **What? No, I'll carry out my intention.**
뭐라구요? 아니요, 전 제 소신대로 할 겁니다.

A) **Right. Please act like a CEO.**
좋아. CEO처럼 행동해봐.

236

Epic English

That is the microcosm of the life!
그것은 인생의 축소판입니다!

영화의 단골 표현 중 하나가 **At the crossroad**이다. **Crossroad**는 '갈림길'이다. 그래서 이 대사의 뜻은 '갈림길에 서 있다'이다. '이러지도 저러지도 못하는 상황'을 영어로는 **I am in rock and hard place**라고 한다. 한쪽은 바위고 한쪽은 험한 길이다. 말 그대로 '진퇴양난'을 말하는 것이다. 영어숙어에 **in a catch 22- situation** 라는 게 있다. 이것 역시 '옴짝달싹 못하는'의 뜻으로 '진퇴양난'이다. 또한 '내 인생은 파란만장했습니다'는 **My life was full of ups and downs**라고 한다 말 그대로 '올라갔다 내려갔다 제 맘대로 했다'는 뜻이다. **Ups and downs**는 숙어형으로 '기복, 오르내림, 고저'의 뜻이다. 또한 '성하였다가 쇠하였다가'의 뜻도 있다.

그렇다면 '축소판'은 영어로 뭘까? 출판물이나 종이 신문의 경우 **A tabloid edition**이 '축소판'이고 **form small edition** 역시 '축소판을 이루다'의 뜻이다. 또한 **reduction**도 '축소판'이고 단행본에 자주 쓰이는 용어인 **abridged edition** 역시 '축소판, 요약판'의 뜻이다. 문장에 쓰인 **microcosm**도 재미있는 단어이다. 원래 **micro**의 뜻은 작'은, 소규모'의 뜻이다. 또한 명사형으로 '초미니, 아주 작은 것, 극소의 것'의 뜻이다. 그래서 **micro computer**는 '소형 컴퓨터'를 말하는 것이고 **micro organism**은 '미생물'의 뜻이다. **Microscope**는 '현미경'이고 **microplasia** 는 '소인, 난장이'의 뜻이다. **We should check micro and macro sides to the problems**. (우리는 그 문제의 크고 작은 측면을 모두 점검해야 한다.)

유사 표현 문장

- The house is a microcosm of the city. 집은 도시의 축소판이다.
- The family is a microcosm of society. 가족은 사회의 축소판이다.
- That club is a microcosm of society. 그 클럽은 사회의 축소판이다.
- Sports game is a microcosm of the life. 스포츠 경기는 인생의 축소판이다.

Conversation

A) I think that is the microcosm of the life!
제 생각엔 그게 인생의 축소판 같아요.

B) Yes! Right things don't always go our way!
네 그러게요, 세상사 뜻대로만 되는 게 아니죠!

A) Of course.
물론입니다.

237 You don't need to be aware of others!
대박영어   남을 의식할 필요는 없습니다!

'의식하다'의 동사형으로는 **be conscious**나 **be aware of**를 쓴다. 명사형으로는 **consciousness**가 있다. 그래서 '남을 의식하다'라고 할 때에는 **be + aware of other**라고 하고 '위험을 의식하다, 인식하다'는 **be + aware of danger**라고 하는 것이다. '카메라를 의식하다'는 **be conscious of the camera**인데 이 표현은 영화에 자주 등장한다.

예) **You shouldn't be conscious of the camera when you take picture.** (사진을 찍을 때 카메라를 의식할 필요가 없습니다.) **Aware**는 '인식하다, 자각하다'의 뜻이 있다. '인식하다'로는 물론 **recognize**을 쓰기도 한다. 예) **I recognized him by his voice.** (그의 목소리를 듣고서야 그임을 알았다.) 또한 **recognized**는 '인식하다' 말고도 '인정하다'의 뜻도 함께 있다. **I recognized the game is over.** (난 그 경기가 이미 끝났음을 인정했다.) **Acknowledge** 역시 '인정하다'의 뜻이 있다.

예) **I acknowledged that was my mistake.** (그것이 나의 실수였음을 인정합니다.) 물론 우리가 잘 아는 단어 **care** 역시 **I don't care someone else** 하게 되면 '전 다른 사람은 신경 쓰지 않습니다'가 된다. '남을 의식할 필요 없습니다'라고 할 때 **Don't need to be aware of others**외에 **Don't need to care others sight** 라는 표현도 있다. '남의 시선을 신경 쓸 필요는 없습니다'라는 뜻이다.

유사 표현 문장

○ **She doesn't need to be aware of him.** 그녀가 그를 의식할 필요는 없습니다.
○ **She was not aware of having offended him.** 그녀는 그를 의식할 필요가 없습니다.
○ **I was aware of others too much all the time.** 난 항상 남을 지나치게 의식하곤 했었지요.
○ **Why are you aware of her?** 왜 그녀를 의식하는 겁니까?

Conversation

A) **You don't need to be aware of others!**
다른 사람을 의식할 필요는 없습니다.

B) **I am trying to do that but it's not easy.**
저도 노력을 하고 있습니다만 그게 쉽지가 않네요.

A) **Calm down and relax.**
진정하세요, 긴장 푸시고.

238

Epic English

Don't rub it in like that!
그딴 식으로 염장 지르지 마라!

영화를 보다 보면 유난히 자주 나오는 표현이 있기 마련이다. 여기서는 **You're rubbing salt into my wounds**를 소개하고자 한다. 이 말은 '내 상처에 소금을 뿌린다'이다. 그러니 결국 의역하면 '내 아픈 곳을 찌르는 군요!'이다. 번역도 중요하지만 의역도 잘해야 비로소 영어의 고수가 될 수 있다. **You twist my word**는 '내 말을 비트는군요'이니 결국 '비꼬지 마라'이고 **Stop being sarcastic** 역시 '비아냥거리지 마시오'이다. **Don't get me all riled up with that kind of word!**라고 하면 '그런 말하여 상대방에게 염장을 지르지 마시오'인데, **rile**은 동사형으로 '화나게 하다, 휘젓다'의 뜻이 있다. **Don't rock the boat** 역시, '괜히 평지풍파 일으키지 마시오!'로 자주 사용되는 말이다.

원래 **rub**은 동사형으로 '닦다, 문지르다, 윤기를 내다, 비벼대다'의 뜻이다. 그래서 **rub one's face with one's hands**라고 하면 '손으로 얼굴을 문지르다'가 된다. **Rub one's hands warm** 역시 '손을 비벼서 따뜻하게 하다'의 뜻이다. **Rub it in**은 숙어형으로 '잔소리를 늘어놓다, 듣기 싫게 계속 되뇌다'의 뜻이 있다. 그래서 '듣기 싫은 소리 계속 되뇌지 마시오!'에서 비롯된 표현이다. **Rub off**은 습관, 생각 등이 '남에게 미치다 영향을 주다'이고 **rub out**은 '지워져 없어지다, 사라지다'이다. 마지막으로 **rub up ~**는 '접촉하다'의 뜻이다.

유사 표현 문장

○ **Why you can't see things straight?** 왜 매사에 그리 삐딱하십니까?
○ **It's not everything you see.** 눈에 보이는 게 전부는 아닙니다.
○ **There is an anger in your word.** 당신 말속에 뼈가 있네요.
○ **There is a touch of irony in what you say.** 너의 말에는 비꼬는 데가 있다.

Conversation

A) **Why do you rub it in like that all the time?**
왜 그렇게 매사에 염장을 지르십니까?

B) **What? Ridiculous!**
뭐라구요? 어처구니가 없네요.

A) **I can't get just a wink last night because of you.**
당신 때문에 어젯밤에 한숨도 못 잤다고구요.

239 She tends to look down on people!
대박영어 — 그녀는 사람을 경시하는 경향이 있습니다!

①'~하는 경향이 있다' 혹은 ②'~하곤 한다'라고 할 때의 표현을 살펴보면 ①번은 **tend to ~ 동사원형**을 쓰고 ②번은 **used to ~ 동사원형**을 쓴다. 그래서 **She tends to think money is easy**라고 하면 '그녀는 돈을 너무 쉽게 보는 경향이 있다'이고 **He used to be fit as a fiddle**은 '예전에 그는 원기왕성했었는데'이다. '~하는 경향이 있다'를 **be + apt to do** 의 숙어형으로 쓰는 경우도 많다.

예) **Teenagers are apt to smoke when in groups.**(여럿이 모였을 때 10대들은 담배를 피우는 경향이 있다.) 여기서 한 가지 공부해야 할 것은 '경향'을 뜻하는 단어다. '추세'의 경우에는 **tendency**를 쓰고 '성향'은 **trend**을 쓴다는 것을 알아두자. '~하는 경우가 있다'를 **I often do ~** 식으로 쓰기도 한다. **often**은 횟수를 나타낼 때 자주 쓰는 단어다. 그래서 '얼마나 자주 회식을 하시나요?'라고 할 때 그들은 **How often do you eat out?** 식으로 묻곤 한다. 횟수를 말하고자 할 때 우리는 **How many times ~**를 쓰는 경우가 많지만 숫자의 개념보다 횟수를 의미할 때는 **How often do you + 동사원형**을 쓴다는 것에 유의하자. '~에 대한 버릇이 있다'는 숙어형인 **habit of ~ing**인데 **I got a habit of smoking everywhere**라고 하면 '나는 장소를 불문하고 흡연을 하는 버릇(경향)이 있다'가 된다.

유사 표현 문장

- **An only son is apt to lack understanding.** 외동아들은 이해심이 부족한 경향이 있다.
- **He tends to flatter his superiors.** 그는 윗사람에 아첨하는 경향이 있다.
- **He has a tendency to twist another person's word.** 그는 남의 말을 잘 곡해하는 경향이 있다.
- **They tend towards conservatism.** 그들은 보수적이 경향이 있다.

Conversation

A) **She tends to look down on people!**
그녀는 남을 경시하는 경향이 있습니다.

B) **Why do you want to talk to her then?**
그런데 왜 그녀와 대화하시려고 하십니까?

A) **That's the best way to solve the facing-up problem.**
그것이 당면과제를 해결하는 최선의 방법이니까요.

240 Epic English

They don't get on so well as before!
그들 사이가 서로 서먹서먹해졌습니다!

영어를 잘 하는 사람과 그렇지 못한 사람의 차이는 같은 표현을 얼마나 다양하게 많이 알고 있는가에 있다. 한 가지 표현만 알고 있다면 대화 시 답답할 수 있지만, 많은 표현을 알고 있다면 그 만큼 재미있는 대화를 이어갈 수 있다. 그러므로 다소 귀찮더라도 가능한 많은 표현을 숙지하도록 애를 써보자. 여기에 **Don't get on so well**이라는 문장이 있다. '사이가 나빠졌다'는 뜻이다. **Get on**은 '~에 타다' 즉 '차를 타다, 버스를 타다'(get on the bus)의 뜻도 있지만 '~와 잘 지내다' 뜻도 있다. 그 숙어형이 **get on with somebody**인데 She is never really got on with her sister라고 하면 '그녀 언니와 결코 잘 지내본 적이 없다'이다. 또한 **get something on ~** 하게 되면 '남의 약점을 쥐다'의 뜻으로 영화에서는 다음과 같은 표현이 자주 나온다.

She get something on him, so threatened him.(그녀는 그의 약점을 잡고 그를 협박했다.) 이처럼 같은 단어가 들어간 숙어에도 여러 가지 의미가 있으므로 깊이 공부해야만 비로소 원어민과 만났을때 자유자재로 대화를 이어갈 수 있을 터이다. **Get along** 역시 '사이좋게 지내다, 가까워지다, 무고하게 지내다'의 뜻이 있는 숙어이다. 그래서 **He can't seem to get along with the people he works with**라고 하면 '그는 같이 일하는 사람들과 사이가 원만하지 못한 것 같다'의 뜻이 된다. 그러므로 결국 **get along**은 '궁합이 맞다, 궁합'도 되는 것이다.

유사 표현 문장

- **I am in bad with her.** 그녀와 사이가 영 안 좋다.
- **There's no love lost between her and her in-laws.** 그녀는 시댁식구들과 사이가 좋지 못하다.
- **We are on cat-and-dog terms.** 우리는 사이가 안 좋다.
- **I am really hot water with my boss.** 난 사장과 사이가 영 안 좋다.

Conversation

A) **I think you don't get her on so well as before?**
제 생각엔 그녀와 그 전처럼 사이가 좋지 않은 듯 하네요.

B) **I don't know, I am not on speaking terms with her for long time.**
모르겠어요, 말 안 건낸지도 오래 됐어요.

A) **Why don't you square with her like before?**
예전처럼 그녀와 잘 지내도록 해보세요.

241

He wants to bring me to my knees!
날 굴복시키고 싶은 거겠죠! (날 무릎 꿇리고 싶은 거겠죠!)

대박영어

'굴복하다'의 숙어형은 **submit to, yield to, succumb to, give in to** 그리고 **surrender to** 여러 가지가 있다. 그래서 '위협에 굴복하다'는 **submit to threats**라고 하고 '위세에 굴복하다'는 보통 **be awed into obedience**를 쓰는 게 일반적이다. 또한 '권력에 굴복하다'는 **succumb to authority**를 쓰고 '압력에 굴복하다'는 **bow to one's pressure**를 쓴다. 반대로 '저항하다'에는 **resistance**(대항, 항거)의 명사형이 있고 동사형인 **resist**는 '대항하다, 항거하다'이다. 하지만 숙어형인 **make a strong stand**를 쓰면 '완강히 저항하다'가 된다. '공격에 저항하다'는 **resist an attack**이고 '끝까지 저항하다'는 **resist to the bitter end**를 쓴다.

그렇다면 '권력에 저항하다'는 어떻게 쓸까? **Kick against authority**라고 한다. 이 단어나 숙어는 **CNN** 방송에서도 여러 번 소개되었던 숙어이다. **Oppose a resistance**나 **fight back** 역시 숙어형으로 '저항하다'의 뜻이니 알아두면 좋다. **Oppose**는 동사형으로 '(계획, 정책 등에) 반대하다'의 뜻도 있고 간혹 '겨루다'의 뜻도 있다. 그래서 **We would bitterly oppose the re-introduction of the planned econmy**라고 하면 '우리는 계획경제 재도입에 극구 반대합니다'이다.

유사 표현 문장

- **Some people bring a person to their marrowbone for no reason.** 어떤 사람들은 이유 없이 남을 굴복시키곤 한다.
- **Reduce the crown to submission.** 왕을 굴복시키다.
- **They use power to bring the opponent to his knees.** 그들은 힘으로 상대를 굴복시킨다.
- **They refused to bow to pressure.** 그들은 압력에 굴복하기를 거부했다.

Conversation

A) **I don't know what his game is.**
그 사람이 무슨 생각을 하고 있는지 모르겠어요.

B) **Maybe he wants to bring you to your knees.**
아마도 당신을 굴복시키고 싶은 거겠죠.

A) **Are you sure?**
정말로요?

242

Epic English

Don't count too much on your parents!
부모님에게 너무 기대지 마세요!

'기대다, 의지하다'는 **lean**인데 '몸을 의지하는지', 아니면 '경제적 지원을 의지하는지'에 따라 영어 표현이 약간씩 다르다. '종교에 의지 한다'면 **depend on religion**이라고 한다. **Rely**에 역시 '의지하다, (정신적)신뢰하다'의 뜻이 있어 **I rely on my lover**라고 하면 '난 내 연인에게 의지하고 있다'가 된다. '원조에 의지하다'는 숙어형으로 **count on aid**를 쓰는 것이 일반적이며 **refer**도 동사형으로써 '참고하다, 의지하다, 조사하다'의 뜻이 있다.

유명한 할리우드 스타들이나 메이저리그 스타 출신들이 약물에 의존했다고 실토한 적이 있다. 이것이 영어로 **depend on drugs**다. **Drugs** 대신에 **medication**을 쓰기도 한다. **Dependence on**이나 **reliance on**, **depend on**, **rely on**, **be dependent on**, **turn to** 등이 전부 '~을 의지하다, 의존하다'의 뜻을 가진 숙어형들이므로 반복해서 공부할 필요가 있다. 또 하나 **depend on intuition**은 '직감에 의존하다'의 숙어 표현이다.

Count on somebody에는 '믿다, 확신하다, 기대다'의 뜻이 있다. **I wouldn't count on you in any case.** (어떤 경우든 너에게 기대지 않을께.) **Can I count on your support?** (지지해 주시리라 믿어도 되죠?)

유사 표현 문장

- **Please don't count on your girlfriend.** 당신 여자 친구에게 의지하지 마세요.
- **He walked leaning on his stick.** 그는 지팡이에 의지하며 걸었다.
- **She leans upon her elbow.** 그녀는 팔꿈치에 몸을 의지했다.
- **I must depend on my father at the moment.** 나는 지금 당장은 우리 아버지에게 의지해야 한다.

Conversation

A) **Don't count too much on your parents.**
당신 부모님에게 너무 의지하지 마세요.

B) **But I have no other choice at the moment.**
그러나 지금 당장은 선택의 여지가 없어요.

A) **Here's a job offer for you.**
여기 취직자리가 났어요.

243

I am really sick and tired of your antics now.
이젠 당신 뒤치다꺼리하는 것도 진절머리가 납니다.

Be+sickand tired of ~는 '~하는 것에 정말 진절머리가 난다' 혹은 '정말 ~ 지긋지긋하다'의 뜻이다. 그래서 '그녀를 만나는 것은 이제 지긋지긋하다'라고 한다면 I am really sick and tired of meeting her가 된다. '~한다는 것은 고역이다, 고통스럽지, 지긋지긋하다'라고 한다면 ~ is a pain in the neck을 쓴다. I know I was a pain in the neck. (나도 내가 골칫덩이였다는 걸 알아.) 그리고 비교적 우리가 잘 아는 숙어형인 be + fed up 역시 '~한다는 것은 이제 지긋지긋하다'의 뜻이 있다.

예) I am fed up with poverty. (가난이라면 정말 지긋지긋하다.) 참고로 I've had enough 역시 '이제 지긋지긋하다'라고 할 때 쓴다. '할만큼 했다, 충분히 했다'는 의미다. 형용사형인 infernal 역시 '지긋지긋한'의 뜻을 가진 단어이고 horrible 역시 '지긋지긋한, 끔찍한'의 뜻을 가진 단어이다. 우리가 비교적 잘 알고 있는 disgusting은 '역겨운, 구역질나는, 넌더리나는'의 뜻을 가진 형용사다. 그렇다면 antics는 무슨 뜻의 단어일까? 사전을 살펴보면 명사형으로 '익살스러운 행동, 괴상한 행동, 이상야릇한 행동'의 뜻이 있다. 그래서 '너의 이상야릇한 행동에 지긋지긋함을 느낀다'이니 결국 '너의 뒤치다꺼리에 환멸을 느낀다'의 뜻이 되는 것이다.

유사 표현 문장

- **Do you expect me to clean up after you forever?** 내가 언제까지 네 뒤치다꺼리를 해야 하나?
- **I must put things in order after a party.** 파티의 뒤치다꺼리를 해야 합니다.
- **I ended up having to straighten out the mess my friend had made.** 결국 친구가 저질러 놓은 일을 내가 뒤치다꺼리해야 했다.
- **You should spare a thought for the person who cleans up after you.** 당신 뒤에 뒤치다꺼리하는 사람도 좀 생각해 주세요.

Conversation

A) **I am really sick and tired of her antics.**
그녀 뒤치다꺼리하는 것도 이젠 지긋지긋합니다.

B) **But you are the only one who can care her.**
그렇지만 그녀를 돌볼 수 있는 사람은 당신이 유일합니다.

A) **She's my pain in the neck.**
그녀가 제 골칫거리입니다.

244 He makes fun of my face.

그는 자꾸 내 얼굴 가지고 놀립니다.

'조롱하다, 놀리다'에 제일 많이 쓰는 단어는 우리가 잘 아는 동사형의 **tease**이다. 하지만 이것 말고도 **banter**나 **chaff**도 있고 숙어형인 **make fun of ~**도 있다. 그래서 **He makes fun of my face**라고 하면 '그는 내 얼굴을 가지고 놀립니다'가 되고 '억양을 가지고 놀린다'라고 할 때에는 **face** 대신에 **accent**만 쓰면 된다. 또 **joke on**이나 **jest at** 역시 숙어형으로 '놀리다'의 뜻이 있다. 어느 영화장면에 **The children jeered at him**이라고 나오는데 '아이들이 그를 놀렸다(조롱했다)'이다. 여기서 **jeered**는 '놀리다, 조롱하다, 야유하다'의 뜻을 가진 단어이다.

예) **They jeered at the performer.** (그들은 연기자를 야유했다.) **befooling** 역시 '놀리다'의 뜻이 있어 **There is a limit in befooling one**이라고 하면 '사람을 놀리는 것도 한계가 있다'이다. **Fooling** 역시 같은 뜻으로 사용된다. **She is fooling me.** (그녀가 날 놀려요.) 여기서 **be + fooling**은 '놀리다'의 숙어이다. 마지막으로 '비웃다, 조롱하다'에는 **sneer**와 **gird** 그리고 **taunt**도 있다. 또한 **mocker**는 '놀리는 사람'이라는 뜻이고 **mock**는 동사형으로 '놀리다, 조롱하다'이다. **It was a mockery of a trial.** (그것은 엉터리 재판이었다.) 그래서 **hold a person up to mockery**은 '남을 조롱하다'로, **make a mockery of a person**과 같은 뜻이다. **He holds her neighbours up to mockery.** (그녀는 자기 이웃들은 비웃는다.) 숙어형으로 쓰이는 **poke fun at**도 '조롱하다, 웃음거리로 삼다'이다.

유사 표현 문장

○ **Who doesn't make fun of the boss?** 이 세상에 사장님 욕 안 하는 사람이 어디 있습니까?
○ **He was not trying to make fun of me.** 그는 나를 놀리려고 한 것이 아니었습니다.
○ **We must not make fun of the handicapped.** 장애우들을 놀리면 안 됩니다.
○ **Joke a person on his baldness.** 남의 대머리를 놀리다.

Conversation

A) **He makes fun of my English accent.**
그는 나의 영어발음을 보고 놀립니다.

B) **Don't make a big deal, your accent is very good!**
신경 쓰지 마세요, 당신 발음은 아주 좋아요.

A) **Thank you for saying that.**
그렇게 말해줘서 고맙습니다.

245

대박영어

I only came there out of courtesy!
예의상 거기 갔던 것뿐입니다!

우리나라 말에도 '예의상 ~한다'라는 표현이 많다. 이것을 영어로 표현하면 **out of courtesy** 나 **as a courtesy**라고 한다. 그래서 '예의상 물어본 것입니다'라고 하면 **I ask her about that as a courtesy**라고 한다. '무늬만 ~입니다'는 숙어형으로 **in name**이다. 그래서 '그들은 무늬만 부부입니다'라고 한다면 **They are man and wife in name!**이라고 한다. '형식상 ~ 한다'라고 할 때 '형식상'은 **as a matter of form**이라는 숙어형이 있고 부사형인 단어 **formality**도 있다. 그래서 **I have to ask you some question as a matter of form**이라고 하면 '형식상 당신에게 몇 가지 질문을 하겠습니다'이고 **It appears to be a formality**라고 하면 '그것은 형식상의 절차인 것 같다'의 뜻이 된다.

또한 **for form's sake** 역시 숙어형으로 '형식적, 절차상'의 뜻으로 자주 쓰이는 숙어형이다. **To start medical check, it need your agreement for form's sake.** (의료검사를 시작하려면 절차상 당신의 동의가 필요합니다.) 그리고 서류를 검토하다 보면 **A copy is attached for reference**라는 문구를 볼 수 있는데, 이 뜻은 '복사본이 참고용으로 첨부되었다'의 뜻으로 여기서 **reference**는 '참고용'의 뜻이다. 그래서 **I only need it for reference purpose**라고 하면 '난 그것이 단지 참고용으로 필요할 뿐이다'의 뜻이 된다.

유사 표현 문장

○ **I met her as a courtesy**. 난 예의상 그녀를 만났다.
○ **We must go there and report to them as formality**. 형식상 우리는 그곳에 가서 보고를 해야 한다.
○ **I need two pictures just in case**. 만약의 경우를 대비해서 2장의 사진이 필요하다.
○ **This card should be kept on file for reference**. 이 카드는 참고용으로 철해두어야 한다.

Conversation

A) **I have no idea why you go there and meet her**.
난 당신이 왜 거기 가서 그녀를 만났는지 알 수가 없네요.

B) **I told you I just met her as a courtesy**.
말했잖아요, 예의상 그녀를 만났다고.

A) **But that was a private party**.
하지만 그건 사적인 파티였다구요.

246

It's tantalizing that you teach me like that!

그렇게 가르쳐 주니 정말 감질납니다!

Irritating은 형용사형으로 '화나게 하는, 애타게 하는, 약 올리는' 등의 뜻이 있다. 그래서 **she has an irritating habit!** (그녀는 짜증나게 하는 습관이 있다.) 또한 '네가 그런 식으로 일하면 나는 정말 짜증난다'라고 할 때에도 **I feel irritating by the way you work**라고 한다. 여기서 **you work**를 **you study**나 **you say**로 바꾸면 '그런 식으로 공부하는 건 정말 짜증난다'가 되고 역시 **say**를 쓰면 '그런 식으로 말하는 건 정말 짜증난다'이다. 그렇다면 이것은 무슨 뜻일까? **I am tantalizing that she feeds me like this!** 이 말은 '그녀가 먹는 것을 이런 식으로 주니 감질난다'이다. 이 밖에도 **never satisfied** ~나 **feel dying for more** 역시 숙어형으로 '감질나다'의 뜻을 가졌다.

Feel eager to eat (have) more 역시 '늘 감질나다'로 해석할 수 있다. **Make insatiable**이나 **feel tantalize** 역시 '늘 감질나게 하다'의 뜻을 가진 숙어이다. '감질나다'가 긍정적인 뉘앙스로 쓰이는 경우도 있다. **Let's have another drink, I am all the more thirsty** 이 말은 '한 잔 더 합시다 감질나네요!(무엇보다 목이 마르네요)'이다. 그리고 **a tantalize**가 '감질나게 하다'의 뜻이지만 **a tantalizing situation**이라고 하게 되면 '조마조마한 국면'의 뜻이 된다는 것도 참고적으로 알아둘 필요가 있다.

유사 표현 문장

○ **It's tantalizing to see this sample but not be allowed to touch it.** 이 샘플을 볼 수만 있을 뿐 만지지 못하니 안타깝다.
○ **It's tantalization to see not be allowed to eat it.** 보기만 하고 먹지를 못하니 감질나네.
○ **It's tantalizing that way to teach me.** 그렇게 가르쳐주니까 감질나네요!
○ **Don't tantalize me, just come out with it.** 사람 감질나게 하지 말고 속 시원하게 말해보세요.

Conversation

A) **It's tantalizing that I must drink this one like this.**
이것을 이렇게 마시니까 정말 감질나네요!

B) **But it's better than nothing.**
그래도 없는 것 보다는 낫잖아요.

A) **Bottoms up. That's what I want to be.**
단숨에 들이킵시다. 그게 내가 원하는 겁니다.

247 How can I take it on?

대박영어 어찌 더 이상 버티겠어요?

'버틴다?' 우리가 비교적 가장 많이 아는 단어는 **resist**나 **oppose** 그리고 **stand**다. 숙어형으로는 **do not give in**이나 **stand up** 그리고 **hold one's ground**를 주로 쓴다. **stand up** 대신에 **stand out**도 자주 사용되는 숙어이므로 숙지해 두면 영어로 말할 때 도움이 된다. 하지만 '자기주장을 굽히지 않고 버틴다'라고 할 때면 **insist**나 **persist**를 쓴다. 위 문장에서는 '버티다'를 **talk it on**으로 썼다. **Take it on** 역시 '버티다'인데 '돈 없이 여기서 어떻게 버티겠습니까?'라고 한다면 **How can I talk it on without money here?**가 되는 것이다. 미국에서나 외국에서는 언어장벽이 가장 큰 걸림돌이다. '영어 없이 어떻게 버티겠습니까?'라고 한다면 **money** 대신에 **English**만 쓰면 될 것이다. '참고 견디세요'라는 표현도 영화에서 자주 접할 수 있는데 이것은 영어로 **Hang in there!**라고 한다. **Linger** 역시 '버티다, 견디다'의 뜻이 있어 **She lingered on for several months after the heart attack** 하게 되면 '그녀는 심장발작을 일으킨 후에도 몇 달간을 버텼다'이다. **Get on** 역시 '버티다'의 뜻이 있다. 그렇다면 이 단어들은 무슨 뜻일까? **Bear, endure, tolerate.** 이 단어들 역시 '견디다, 버티다'의 뜻이고 숙어형으로 유명한 **put up with** 역시 '견디다, 감수하다'의 뜻이다.

유사 표현 문장

- **Bear all the troubles of one's life.** 인생의 온갖 곤란을 견디다.
- **Endure the weariness of a long railway journey.** 기나긴 기차여행의 무료함을 달래다.
- **You must put up with it.** 당신은 그것을 감수해야 합니다.
- **No one can withstand that thing.** 그 누구도 이 일을 견딜 수 없습니다.

Conversation

A) **We must overcome all the difficulties.**
우리는 모든 어려움을 극복해야 합니다.

B) **What? How can I take it on?**
뭐라고요? 어떻게 더 이상 버텨요?

A) **Like gum if don't have any teeth.**
이가 없으면 잇몸으로!

248

Epic English

Please have the courage to try it!
그것을 시도할 수 있는 용기를 가지세요!

'용기'에 해당하는 영어로는 우리가 잘 아는 **courage**가 있다. 하지만 **nerve**에도 '용기로'의 뜻이 있다. 원래 **nerve**는 명사형으로는 '신경, 신경조직, 체력, 정력, 담력, 정신력'의 뜻이 있고 '용감한 사람, 담대한 사람'의 뜻도 있다. 하지만 '신경질, 과민, 우울'의 뜻도 있고 '건방짐, 철면피, 뻔뻔스러움'의 뜻도 함께 있다. 동사형으로는 '격려하다, 용기를 북돋우다, 용기를 내다, 기운을 주다' 등의 뜻도 있다. 그래서 **He could not even nerve himself to look directly at her**라고 하면 '그는 그녀를 똑바로 볼 용기조차 없었다'이다. 여기서 '용기'의 뜻을 가진 단어들을 더 살펴보자. 먼저 **prowess**가 '용감무쌍한, 용기있는 뛰어난 솜씨' 등의 뜻을 가진 단어이며 명사형으로는 '용기, 역량'의 뜻이다.

Spunk 역시 '용기, 기운'의 비격식적 명사형으로 **get my spunk up**하면 '기운을 내다'의 뜻이고 **pluck** 역시 명사형으로 '용기, 결단'의 뜻이 있다. 동사형으로는 '깃털들을 잡아 뽑다, 잡아 뜯다, 꺾다'로 사용되고 속어의 뜻으로 '물건 등을 강탈하다, 옭아내다, 우려먹다'의 뜻도 있다. 비교적 우리가 잘 알고 있는 **bravery**는 명사형으로 '용감한 정신, 행위, 씩씩함'의 뜻이 있다. 형용사형인 **brave**는 '용감한, 늠름한, 두려움을 모르는'의 뜻으로 **He is brave to go there and fight** 하게 되면 '그는 거기 가서 싸울만한 용기 있는 사람이다'의 뜻이다.

유사 표현 문장

- **Gathered my courage and returned his stare.** 용기를 내어 그의 얼굴을 되받아 노려보았다.
- **Your words have encouraged me.** 당신 말에 용기를 얻었습니다.
- **Everybody admired the general for his bravery.** 사람들 모두가 장군의 용기를 칭송했다.
- **I lost my courage to talk to her.** 그녀에게 말할 용기를 잃었습니다.

Conversation

A) You have what it takes please have the courage.
당신 능력 있잖아요 용기를 내십시오.

B) Talk is easy but I can't do it.
말은 쉽죠, 그렇지만 그렇게 할 수가 없네요.

A) You're an able woman, please do not hesitate.
당신은 능력 있는 여자라구요, 주저하지 마세요.

If this keeps up I'll go nuts!
계속 이렇게 간다면 내가 미쳐버릴 겁니다!

249 대박영어

If this keeps up은 '계속 이런 식으로 가다가는~'의 뜻이고 will go nuts은 '미쳐버릴 것이다'인데 여기서 nuts는 형용사형으로 '미친, 제 정신이 아닌'의 뜻이다. Nut은 '견과, 땅콩' 등의 뜻이고 nuts은 nonsense의 뜻으로 '말도 안 되는 소리'의 뜻이다.

우리가 '미치다'라고 할 때에는 막연히 crazy라는 단어만 연상한다. 또한 '화를 내다'라고 할 때에도 angry라는 단어만 떠올린다. 하지만 이것들 단어 말고도 많은 단어와 표현들이 있다. 먼저 '노발대발하다'는 hit the celling이 있다. 천장을 칠만큼 분노 폭발이라는 뜻이다. 또한 속어로서 blow one's top 역시 '노발대발'이다. 우리 말 속어 중 '뚜껑 열렸다'에 해당하는 표현이다. 간혹 영화에서 burn with wrath 또는 boil with anger를 쓰기도 하는데 역시 '노발대발'이나 '이게 정말 끓어오르는구만!'의 뜻이다. '화내다'의 경우 get angry나 get mad를 회화에서 가장 많이 사용하는데 temper 역시 '화, 기질'로 사용되는 단어이므로 눈여겨볼 필요가 있다. 예) His temper is equal to any trial. (그는 어떠한 일에도 화를 내지 않습니다.)

참고로 '그것은 화 낼만한 것이 못 된다'라고 할 때에는 It's not worth getting angry about이라고 한다. '그녀가 왜 나에게 화가 났는지 이해가 안됩니다'라고 한다면 I don't understand why she got angry with me?가 되는 것이다.

유사 표현 문장

- **I am not gonna let it slide if you keep doing this.** 이렇게 계속한다면 용서하지 않을 겁니다.
- **You will be sorry if you keep doing this.** 계속 이렇게 하면 당신 후회하게 될 겁니다.
- **If you keep doing this I can stand it anymore.** 계속 이런 식으로 한다면 더 이상 참을 수가 없습니다.
- **If this keeps up we'll be bankruptcy.** 계속 이렇게 하다가는 우리가 파산합니다.

Conversation

A) **Are you still holding against me?**
아직도 나한테 꿍해 있는 겁니까?

B) **I told you if this keeps up we'll be bankruptcy.**
제가 말했잖아요 이런 식으로 가다가는 다 망한다고요.

A) **Now I'm preparing back-up plan.**
지금 대체 계획을 마련하는 중입니다.

250 Are you sparing of yourself like that?

Epic English

왜 그렇게 몸을 사리는 겁니까?

　Spare는 형용사형으로 '남는, 여분이 있는'의 뜻이고 동사형은 '내다, 내어주다, 할애하다'의 뜻이다. 명사형으로는 '여분, 여벌, 예비품'의 뜻이 있다. 그래서 우리는 운전하다가 타이어에 펑크(flat tire)가 나면 spare tire를 쓰곤 한다. 이 단어에는 또한 '할애하다, 내어주다'의 뜻도 있다. **Can you spare some time tonight?** (오늘 저녁시간 좀 내어 줄 수 있습니까?) 하지만 '아끼다'의 개념은 사뭇 다르다. 원래 '아끼다'의 뜻으로 사용되는 단어로는 **save (on) a economize (on)** 그리고 '돈을 아끼다'라고 쓸 때 사용되는 단어 **be thrifty**나 **be frugal** 등을 자주 쓴다.

　또한 **improve** 역시 '아끼다'의 뜻이 있어 **improve every minute**이라고 하면 '촌음을 아끼다, 일분일초도 아끼다'의 뜻이 된다. **Begrudge** 역시 '아끼다'의 뜻을 가진 단어이다. **She begrudge she's eating.** (그녀는 먹는 것도 아낀다.) **Grudge**에는 '원한'의 뜻도 있지만 '뒤끝'의 뜻도 있어 **She hold any grudges.** (그녀는 뒤끝이 있다.)

　어쨌든 '몸을 아끼다, 혹은 몸을 사리다'의 뜻으로는 일반적으로 **be + sparing of** ~을 쓴다. 또한 **spare one's bone** 역시 '몸을 사리다, 아끼다'의 뜻이 있음도 알아둘 필요가 있다.

유사 표현 문장

- **He tried to spare his bones at the company.** 그는 회사에서 몸을 아끼려 했다.
- **I feel like you're pulling your weight!** 자네는 몸을 아끼지 않고 맡은 일을 하는 것 같아.
- **I am saving myself for the tomorrow.** 전 내일을 위해 몸을 아끼는 중입니다.
- **I think you're trying to spare of yourself.** 내 생각에 너는 몸을 너무 사리는 것 같아.

Conversation

A) Why are you sparing of yourself that much?
왜 그렇게 까지 몸을 사리는 겁니까?

B) What? Ridiculous!
뭐라고요? 참 내 어처구니가 없네요!

A) Try to death or try your humanly best please.
죽을 만큼 해보든지 아니면 사람이 할 수 있는 만큼 열심히 해보세요.

251 You lost my face!

대박영어

내 체면을 당신이 다 잃는군요!

'내가 왜 당신의 눈치를 봐야 하죠?'는 영어로 **Why do I have read your face?**라고 한다. 말 '그대로 당신의 얼굴을 읽는다'라고 표현한다. '네 얼굴에 다 씌어있다'라고 할 때에도 **tell**을 써서 **Your face tells it**이라고 한다. 영화에서 **Why do I have to fawn you?**라는 대사가 나왔는데 이 또한 '내가 왜 당신에게 아양을 떨어야 하죠?'의 뜻으로 '눈치를 보다'와 비슷한 뜻을 가진 문장이다. '체면'을 영어로는 뭐라고 할까? 여러 단어가 있지만 **face**나 **honor** 그리고 **dignity**가 가장 많이 쓰인다. '명성'에는 **reputation**나 **name**을 쓰기도 한다. 그래서 **I lost my name**이라고 하면 '난 명예를 잃었습니다'가 되는 것이다. 반대로 '체면을 지키다'는 **save face**를 쓴다. 그래서 흔히들 **He is trying to save his face all the time**이라고 하면 그'는 체면을 지키기 위해 항상 전전긍긍한다'가 된다. 그럼 여기서 '체면'에 대한 숙어형 몇 가지를 살펴보자. 먼저 '체면을 세우다'는 **save one's face**이고 '체면을 잃다'는 **lost one's face**이다. 그리고 '체면이 서다'는 **keep one's appearances**라고 하고 '체면이 없다'는 **disregard one's honor**이다. 이와 반대로 '체면이 있다'는 일반적으로 **be honorable**나 **be respectable**을 쓴다.

유사 표현 문장

- **Thank you for saving my face.** 제 체면을 살려주셔서 감사합니다.
- **Do I look ok with egg all over my face?** 완전히 체면 구겨도 나 괜찮아 보여?
- **I lost my face because of your behave.** 너의 못된 행동 때문에 내 체면을 잃었다.
- **I don't let anyone diminish me.** 누가 나를 깎아 내리려 하면 가만있지 않겠다.

Conversation

A) **You lost my face because of your manners.**
네 매너 때문에 내가 체면을 다 잃었다.

B) **What did I do wrong?**
내가 뭘 잘못 했습니까?

A) **Think your dignity.**
네 품격을 생각해라.

252 Epic English

Do you think you're something special just because you study?
공부가 무슨 벼슬입니까?

'벼슬'이라는 우리나라 말을 영어로 옮기자면 정확한 표현이 없다. '~하는 게 무슨 벼슬이냐?'라고 한다면 **Do you think you are something special just because** 주어 + 동사로 쓰면 된다. 말 그대로 '뭔가 특별한 것을 한다고 생각하니?' 정도의 의미다. 다시 말해서, '여기서 일하는 게 무슨 벼슬입니까?'라고 한다면 **Do you think you're something special just because you work here?**가 된다.

자랑거리는 영어로 **pride and joy**이다. 영화에서는 **a source of pride**라는 표현도 널리 쓰인다. 글자 그대로 '자랑의 근거'라는 뜻이다. 그래서 '그는 나의 자랑거리 이다'라고 한다면 **He is my pride and joy**가 된다. **Pride**만 사용해도 '자랑거리, 자부심'의 뜻을 나타내기에 무리가 없지만, **joy**를 덧붙임으로서 '자랑'의 단계가 살짝 상승하는 맛을 낼 수 있는 것이다.

예) **The new sports stadium is the pride of this town.** (그 신설 경기장은 이 도시의 자랑거리이다.) 숙어형으로 **feather in his cap**(모자에 꽂힌 깃털) 역시 '자랑거리'의 뜻이다. **This certificate was his only real feather in his cap.** (그 상장은 그의 유일한 자랑거리다.)

유사 표현 문장

○ **Don't put on airs.** 잘난 체 좀 하지 마세요!
○ **He used to feel his oats to everyone.** 그는 모두에게 잘난 체를 한다.
○ **She acts like she is all that.** 그녀는 항상 잘난 체 한다.
○ **He is always trying to stand out from the people.** 그는 항상 사람들 앞에서 잘난 체를 하려고 (튈려고) 한다.

Conversation

A) **Why do you never listen to me because I am helping your job?**
왜 내 말을 듣지 않는 겁니까? 내가 당신 일을 도와주고 있는데.

B) **Do you think you're something special just because you're helping me?**
내 일 좀 도와주는 게 무슨 벼슬입니까?

A) **Don't say that again, please. Irrespective of any situation.**
그런 식으로 말하지 마세요. 어떠한 상황이 되더라도.

쉬면서 알고 가는 영어표현

W

Where are you?   우리가 어디에 있지요?

When did you stay?   어디에 머물렀지요?

When do you live?   어디에 사세요?

Where is a drugstore?   약국이 어디에 있지요?

Which one?   어느 것이요?

Who cares?   알게 뭐야 상관하지 않아.

Who knows?   누가 알겠어.

Who's calling?   (전화를 받으면서) 누구시지요?

Why didn't I think of that?   왜 그걸 생각 못했지?

Why not?   왜 아니지요?

Win-win situation.   둘다 이기는 셈이지요.

With pleasure.   기쁨으로 해 드리지요.

Would you like some?   좀 해 볼래요?

Y

Yes and no.   Yes나 No.라고 할 수 없네요.

You are a lucky duck.   당신은 행운아입니다.

You are driving me crazy.   나를 신경질 나게 만드네요.

You are getting better.   당신은 점점 좋아지네요.

색깔 있는 영어

- silver band (은색 금관악기들로 구성한) 브라스밴드 • silver bullet aycor, 특효약
- silver tongue 굉장한 언변   silver key 뇌물

일상생활에 자주 사용되는 영어 표현들입니다.

You are soaked! 흠뻑 젖었군요.

You are teasing me. 나를 놀리시는 군요.

You're telling me. (당신이 말 안 해도) 안 들어도 알고 있어요.

You are too much. 당신 너무 하는군요.

You bet. (내기를 해도 좋을 만큼) 틀림없어요. 물론이지요.

You bet? 내기 할래?

You cannot fool me. 날 속이지는 못하지요.

You can say that again. 지당한 말씀이지요.

You flatter me. 칭찬이 과하세요.

You have a wrong number. 전화를 잘못 거셨어요.

You got it. 이해를 하셨군요.

You have lost me. 저를 놓치셨어요. (제가 말을 놓쳤네요)

You must be crazy. 당신을 미쳤군요.

You name it. 말씀만 하세요.

You should get in shape. 몸을 좀 가꾸는 게 좋겠는데요.

You stay out of it. 넌 이것에 끼어들지 마.

You went too far this time. 이번엔 좀 과하셨군요.

색깔 있는 영어

- yellow boys 금화
- yellow dirt 돈
- yellow-journalism 선정적 언론, 황색 언론
- yellow-belly 겁쟁이

EPIC ENGLISH 대박영어
마흔에도 미국 드라마가 들린다 ❷

초판 1쇄 인쇄 2016년 9월 5일
초판 1쇄 발행 2016년 9월 10일

지은이 | 우보현·장원재

펴낸곳 | 북앤피플
대　표 | 김진술
펴낸이 | 김혜숙
디자인 | 박원섭
캐릭터 | 윤연경

등　록 | 제2016-000006호(2012. 4. 13)
주　소 | 서울시 송파구 삼학사로14길 21
전　화 | 02-2277-0220
팩　스 | 02-2277-0280
이메일 | jujucc@naver.com

ⓒ2016, 우보현·장원재

ISBN 978-89-97871-26-1 13740

잘못된 책은 구입하신 서점에서 바꾸어 드립니다.
값은 표지 뒤에 있습니다.